U0514539

# 全球价值链嵌入对中国制造业绿色创新的影响研究

胡电喜 著

Research on the Impact of Global Value
Chain Embeddedness on Green Innovation of China's
Manufacturing Sector

中国财经出版传媒集团
经济科学出版社
Economic Science Press

图书在版编目（CIP）数据

全球价值链嵌入对中国制造业绿色创新的影响研究／
胡电喜著． -- 北京：经济科学出版社，2023.5
ISBN 978 - 7 - 5218 - 4751 - 2

Ⅰ.①全… Ⅱ.①胡… Ⅲ.①制造工业 - 技术革新 -
研究 - 中国 Ⅳ.①F426.4

中国国家版本馆 CIP 数据核字（2023）第 080626 号

责任编辑：杨 洋 赵 岩
责任校对：孙 晨
责任印制：范 艳

全球价值链嵌入对中国制造业绿色创新的影响研究
胡电喜 著
经济科学出版社出版、发行 新华书店经销
社址：北京市海淀区阜成路甲 28 号 邮编：100142
总编部电话：010 - 88191217 发行部电话：010 - 88191522
网址：www. esp. com. cn
电子邮箱：esp@ esp. com. cn
天猫网店：经济科学出版社旗舰店
网址：http：//jjkxcbs. tmall. com
北京季蜂印刷有限公司印装
710 × 1000 16 开 14.25 印张 240000 字
2023 年 5 月第 1 版 2023 年 5 月第 1 次印刷
ISBN 978 - 7 - 5218 - 4751 - 2 定价：56.00 元
（图书出现印装问题，本社负责调换。电话：010 - 88191545）
（版权所有 侵权必究 打击盗版 举报热线：010 - 88191661
QQ：2242791300 营销中心电话：010 - 88191537
电子邮箱：dbts@ esp. com. cn）

前言

由于全球经济和创新环境的快速变化，开放式创新逐渐成为绿色技术创新的主流范式之一。随着全球价值链（global value chain，GVC）参与广度和深度的不断提升，目前中国已经成为诸多产业 GVC 的重要环节。然而在产品内分工阶段，产品生产与消费的地理隔离引起二氧化碳和污染物的排放从发达国家向发展中国家转移，这导致经济效益和环境损失之间存在严重的不对称。在新常态背景下，能源消耗、环境污染和生态承载力等问题备受关注，鉴于制造业在中国经济增长乃至全球制造业发展中的重要地位，迫切需要探索绿色技术创新模式。由于绿色技术创新具有典型的双重外部性，中国制造业内部往往缺乏足够的绿色创新动力；这就需要借助于环境规制政策的有效干预，主动对接 GVC 中高端环节各参与主体的知识和绿色技术溢出，通过整合与优化创新资源配置方式，进而内化为绿色创新能力的提高。

当前，多数研究成果从区域尺度分别基于进出口贸易或国际投资的视角探索宏观层面的绿色发展问题，鲜有文献从行业角度综合研究开放经济条件下的绿色技术创新问题，具体的作用机理与影响路径有待于进一步厘清。GVC 已成为一种分析全球产业专业化分工和贸易的主流方法，相应的 GVC 嵌入是全面系统衡量开放情境的一体化指标。因此探究 GVC 嵌入对中国制造业绿色技术创新过程的影响机理，对于融入全球创新网络、高效集聚创新资源与优化创新生态环境就显得十分重要。本书开展了下列创新性的研究工作。

一是基于整体维度，本书结合环境规制研究了 GVC 嵌入对中国制造业绿色技术创新的影响。GVC 嵌入地位对绿色技术创新效率的直接促进作用，主要表现在对绿色技术进步效率的改善上；环境规制正向调节了 GVC 嵌入地位与绿色技术创新效率之间的关系且存在双门槛效应。在异质性考察方面，GVC 嵌入地位对清洁生产型行业绿色技术创新效率的促进作用与显著性水平优于污染密集型行业，对知识密集型行业绿色技术创新效率的影响高度显著且回归系数明显大于劳动密集型行业和资本密集型行业。此外，GVC 嵌入程度对绿色技术创新效率的直接影响为正向促进但不显著，GVC 嵌入对绿色技术创新的整体影响主要体现在 GVC 嵌入地位的提升上。

二是基于绿色"技术研发—成果转化"创新子维度，研究了 GVC 嵌入对制造业两阶段绿色创新价值链的影响。以创新价值链为理论基础，打开绿色创新过程内部的第一个"黑箱"。GVC 嵌入地位对绿色技术研发效率、绿色成果转化效率和绿色创新价值链整体效率均为正向显著影响，其中对绿色技术研发效率的影响程度大于绿色成果转化效率。进一步讨论发现：(1) GVC 嵌入程度对绿色技术研发效率、绿色成果转化效率和绿色创新价值链整体效率多为负向影响且显著性水平下降，这反映出 GVC 嵌入对两阶段绿色创新价值链的促进作用主要源于 GVC 嵌入地位的提升。(2) 若忽视中间产出的"绿色化"特质，将高估 GVC 嵌入对普通创新价值链的影响结果。(3) 以 GVC 嵌入程度为门槛变量考察 GVC 嵌入地位对绿色技术研发效率、绿色成果转化效率以及绿色创新价值链整体效率的影响分别存在单门槛、双门槛以及单门槛，均呈现边际递减的趋势。

三是基于绿色"工艺—产品"创新子维度，揭示了 GVC 嵌入程度、绿色工艺创新和绿色产品创新之间的中介机制。在拓展经典 A－U 技术创新过程模型基础上，构建了以绿色工艺创新为中介变量的递推回归模型，打开绿色创新过程内部的第二个"黑箱"。本书研究发现：(1) 绿色工艺创新完全中介了 GVC 嵌入程度和绿色产品创新之间的关系，且存在被环境规制调节的部分中介效应。(2) 将中介变量绿色工艺创新细分为清洁生产技术创新和末端治理技术创新，以及将解释变量 GVC 嵌入程度分解为GVC 前向嵌入和 GVC 后向嵌入。清洁生产技术创新完全中介了 GVC 嵌入程度和绿色产品创新之间的关系，绿色工艺创新部分中介了 GVC 前向嵌入与绿色产品创新影响之间的关系，清洁生产技术创新完全中介了 GVC 前向嵌入与绿色产品创新之间的关系。

本书的主要贡献如下：（1）在理论研究上，系统地建构了 GVC 嵌入对绿色技术创新整体维度以及绿色"技术研发—成果转化"创新和绿色"工艺—产品"创新两个子维度影响的作用机理框架，从而实现绿色技术创新由"结果导向"到"过程导向"的转变，丰富了开放式创新的理论成果。（2）在研究方法上，一是将通过 IPC 分类号检索获取的绿色发明专利申请数量作为彰显中间环节的绿色化特质，应用于关联型超效率网络 SBM – DEA 模型方法（Super – NSBM）测度了绿色创新价值链相关效率；二是将经典的 A – U 技术创新过程模型拓展至绿色技术创新过程以及对接 GVC 嵌入这一开放式情境，构建了中介效应递推回归模型。（3）在应用实践上，本书为制造业整合外向型绿色创新资源及实施绿色"创新驱动发展战略"，进而为实现"中国制造"的节能减排目标和高质量增长提供了决策支持，同时为其他发展中国家制造业的绿色低碳转型发展提供一定的范式参考。

# 目录

全球价值链嵌入对中国制造业绿色创新的影响研究

第1章

# 绪　论

## 1.1 研究背景及意义

### 1.1.1 研究背景

制造业发展是推动我国实体经济持续增长的重要引擎,同时也是直接影响国家综合实力和国际竞争力的重要体现[①]。20 世纪 90 年代以来,我国制造业凭借要素成本优势以及优良的基础设施逐步嵌入由发达国家主导的全球价值链（global value chain, GVC）分工体系中,最初定位在以劳动密集型行业为主中低技术含量的生产制造、加工组装等环节,实现了制造业的高速增长以及贸易量的迅速扩大。中国作为"世界工厂",目前有 220 多种工业产品的产量位居全球第一。世界银行数据显示,我国进出口贸易额从 1978 年的 206.4 亿美元提高到 2019 年的 46224.2 亿美元,年均增长

---

①　Tian Y., Xiong S., Ma X., Ji J. Structural path decomposition of carbon emission: A study of China's manufacturing industry [J]. Journal of Cleaner Production, 2018 (193): 563 – 574.

率达 14%；其中，2019 年我国制造业增加值高达 3.9 万亿美元，远远超过美国、日本、德国等发达国家，保持世界"制造大国"的领先地位[①]。

近年来，国际生产网络的组织方式发生了深刻的变化，逐步从产业间分工、产业内分工转向产品内分工，这也使得制造业的发展格局越来越复杂[②]。在 GVC 产品内分工模式下，跨国公司拆解了研发、设计、生产、销售等不同工序的增值环节，将同一产品的不同生产环节分布在不同国家或地区，形成了有序衔接的完整链条。伴随着国际贸易自由化进程的深化，产品增加值被进一步分解并被各国企业分享，生产分割程度不断加深并表现为"碎片化"的特征[③]。新的 GVC 分工体系虽然带来生产率的提升和贸易政策的调整，但也产生了潜在的环境风险问题。发达国家往往凭借人力资源优势以及先进的科技手段控制 GVC 高端环节，而将位于价值链底端的环节转移到发展中国家；同时，发达国家通过进口替代国内生产实现了产品制造与商品消费的地理分隔，减少了自身的能源消耗、二氧化碳以及污染物的排放。在此经济贸易体系中，发展中国家以及新兴经济体的制造业整体处于 GVC 中低端区域，在经济效益和环境损失之间存在严重的不对称，直接挑战了以节能减排为核心内容的可持续发展目标。

当前，我国制造业存在"大而不强、全而不精、高效却不环保"的问题，尤其是中小制造企业面临自主创新弱、能源消耗高和污染排放强的困境，成为约束制造业高质量发展的瓶颈。《2020 年国民经济和社会发展统计公报》显示，我国能源消费总量为 49.8 亿吨标准煤，比上一年增长 2.2%；其中煤炭占总消费量的 56.8%，远超过 30% 的世界平均水平。《2022 年全球环境绩效指数评估报告》公布，中国 2022 年的得分仅仅为 28.4，在 180 个国家和地区中排名第 160 位。据统计，我国制造业的环境污染排放占总排放量的 70% 以上，每年产生约 7 亿吨危险废物。可见，中国制造业以要素驱动为主的高速发展导致了能源和资源的过度消耗及严

① 唐青青，王珏. 全球价值链嵌入影响制造业企业出口产品质量研究 [J]. 财经论丛，2022 (4)：3 - 14.

② Yu C., Luo Z. What are China's real gains within global value chains? Measuring domestic value added in China's exports of manufactures [J]. China Economic Review, 2018 (47): 263 - 273.

③ 盛斌，陈帅. 全球价值链如何改变了贸易政策：对产业升级的影响和启示 [J]. 国际经济评论，2015 (1)：85 - 97，86.

重的环境污染等问题，这反映了传统的"先污染后治理"粗放型发展模式难以为继。制造业是中国环境污染的重要来源，也是实施绿色创新的参与主体；在历史和未来交汇的新起点，制造业肩负着从"中国制造"向"中国清洁创造"、从"制造大国"向"制造强国"迈进的新使命，以技术创新为核心的绿色革命势在必行。

在产业高度模块化以及新型国际分工布局下，全球经济增长格局发生新的嬗变，欧美等发达国家实施的再工业化战略引领了高端制造业"回流"，而新兴经济体也凭借廉价劳动力、优惠政策等优势吸引与承接国际制造加工"分流"，因此中国制造业面临"双向挤压"的严峻形势。当前，中国制造业面对激烈的全球市场竞争态势，低端产业的优势在快速削弱而高端产业的优势却尚未建立，致使制造业产值占 GDP 的比重下降得过早、过快。随着国际分工的不断深化、国家之间利益分配格局的调整以及部分发达国家逆全球化浪潮的蔓延，中国制造业正在经历着新一轮大规模的GVC 重构，迫切需要探索绿色低碳循环发展新模式，向价值链的中高端转型升级。

我国政府部门历来非常重视制造业绿色创新发展、循环经济、价值链升级等热点堵点问题，先后出台以及参与了诸多政策法规，为本书的现实背景提供了支撑依据，具体内容如表 1.1 所示。

表 1.1　　　　中国制造业绿色创新的相关政策和现实背景

| 时间 | 部门或来源 | 主要内容 |
|------|-----------|---------|
| 2014 年 12 月 | 中央经济工作会议 | 环境承载力已经达到或者接近上限，推动绿色低碳循环发展新方式 |
| 2015 年 1 月 | 《中华人民共和国环境保护法》新修订 | 企业优先使用清洁能源，采用资源利用率高且污染排放少的工艺、设备，以及废弃物综合利用、污染物无害化处理技术 |
| 2015 年 5 月 | 国务院《中国制造2025》 | 加强节能环保技术、工艺、装备的推广应用，全面推行清洁生产；围绕产业链部署创新链，围绕创新链配置资源链，加速科技成果产业化；加速制造业绿色改造升级，构建高效、清洁、低碳、循环的绿色制造体系 |
| 2015 年 10 月 | 《中国共产党第十八届中央委员会第五次全会会议公报》 | 贯彻五大发展理念：创新、协调、绿色、开放和共享 |

全球价值链嵌入对中国制造业绿色创新的影响研究

| 时间 | 部门或来源 | 主要内容 |
|---|---|---|
| 2016 年 3 月 | 《国民经济和社会发展第十三个五年规划》 | 强化原始创新、集成创新和引进消化吸收再创新，着力增强自主创新能力；实施绿色制造工程，推进产品全生命周期绿色管理；全面促进国际国内要素有序流动、资源高效配置、市场深度融合，加快培育国际竞争新优势 |
| 2016 年 5 月 | 中共中央、国务院《国家创新驱动发展战略纲要》 | 发展智能绿色制造技术，推动制造业向价值链高端攀升；全面绿色改造传统制造业；抢抓全球创新资源加速流动的机遇，提升创新资源配置能力 |
| 2017 年 10 月 | 党的十九大报告 | 构建市场导向的绿色技术创新体系，壮大节能环保、清洁生产、清洁能源等产业；构建清洁低碳、安全高效的能源体系 |
| 2017 年 12 月 | 国家发展改革委《增强制造业核心竞争力三年行动计划（2018－2020 年）》 | 加快推进制造业智能化、绿色化、服务化，增强核心竞争力以及迈向 GVC 中高端 |
| 2018 年 7 月 | 国务院《打赢蓝天保卫战三年行动计划》 | 重点行业污染治理升级改造；壮大绿色产业规模；培育发展新动能 |
| 2019 年 3 月 | 工信部、国家开发银行《关于加快推进工业节能与绿色发展的通知》 | 实施传统能源改造，推动能源消费结构绿色低碳转型；重点行业企业实施清洁生产改造，在钢铁等行业实施超低排放改造，从源头减少废气、废水及固体废物产生 |
| 2019 年 5 月 | 国家发展改革委、科技部《关于构建市场导向的绿色技术创新体系的指导意见》 | 推动绿色技术创新日益成为支撑高质量发展的重要动力，发挥企业在绿色技术研发、成果转化、示范应用和产业化中主体作用 |
| 2021 年 2 月 | 国务院《关于加快建立健全绿色低碳循环发展经济体系的指导意见》 | 确保实现碳达峰、碳中和目标；推进工业绿色升级；构建市场导向的绿色技术创新体系，鼓励研发绿色低碳技术，加速科技成果转化 |
| 2021 年 10 月 | 《生物多样性公约》第十五次缔约国大会 | 中国将陆续发布重点领域和行业碳达峰实施方案，构建"1＋N"政策体系 |
| 2021 年 10 月 | 国务院《2030 年前碳达峰行动方案》 | "十四五"期间，绿色低碳技术研发和推广应用取得新进展，普遍推行绿色生产方式；推进国家绿色技术交易中心建设，加强绿色低碳技术和产品知识产权保护；完善绿色低碳技术和产品检测、评估、认证体系 |

综上，上述政策对于加快推动我国制造业迈向 GVC 中高端，以及实现绿色转型升级提供了有力的制度保障。目前，中国制造业既面临国内日益凸显的资源短缺与环境恶化约束，又面临着全球经济下行和贸易保护主义抬头的复杂外部环境。这迫切需要经济增长方式实现从原有的要素驱动、资本驱动向创新驱动转变，为可持续发展范式提供新动能。一方面，全球化浪潮与国际分工合作的深化使 GVC 逐步成型，嵌入 GVC 已成为中国制造业不可逆转的发展模式，广泛且深入的开放式创新触角为寻求外部创新资源提供了机会；另一方面，绿色创新被普遍视为实现节能减排目标、缓解气候灾害以及促进高质量增长的根本性手段。因而中国制造业嵌入 GVC 能否促进绿色技术创新水平的改善成为破解资源与环境难题的关键之一。

### 1.1.2　问题提出

开放经济条件下，能源消耗、环境污染和生态承载力等问题备受国内外关注。与西方发达国家相比，我国的绿色技术起步较晚且发展速度相对缓慢；而绿色技术创新融合了技术创新与生态系统，兼具知识溢出与环境保护的外部性，可以同时兼顾经济效益、环境效益和社会效益的协调。广泛的研究认为，一个国家或地区技术创新能力的提升除了依靠自主研发外，还可以依托中间品进出口贸易、外商直接投资（foreign direct investment，FDI）和对外直接投资（outward foreign direct investment，OFDI）等多种外源性渠道的技术溢出效应，学习与吸收发达国家的先进生产技术。目前学界大多从国际贸易或投资的角度分别研究经济全球化、环境污染效应与绿色发展问题，较少从 GVC 的视角切入。事实上，GVC 作为一种分析全球产业专业化分工和贸易的主流方法，GVC 嵌入是全面系统衡量开放情境的一体化指标；GVC 既涵盖了中间产品及最终产品的贸易自由化又囊括了以 FDI、OFDI 为媒介的产业转移，对生态环境的"绿色化"影响更为全面和客观。那么，中国制造业如何最大限度地发挥嵌入 GVC 优化与配置技术资源的作用，高效利用国际技术溢出进而推动绿色创新是值得探讨的话题。

面对日益严峻的环境挑战，创新驱动和绿色发展是实现可持续发展的根本方式。为此，结合人口红利消减、资本回报下降和资源环境约束趋紧的多重现实背景以及绿色创新等相关理论的梳理，有必要对以下主题进行深入探讨。从行业角度，考察嵌入 GVC 到底是改善还是恶化了中国制造业的整体绿色创新水平？在全球生产网络中，如何剖析与透视绿色技术创新过程内部的子环节"黑箱"，其具体的影响机理和作用路径到底是什么？绿色知识技术溢出是怎样通过绿色创新价值链（green innovation value chain，GIVC）以及绿色"工艺—产品"创新转化为制造业绿色技术创新能力的？当进一步考虑环境规制情形时，嵌入 GVC 对绿色技术创新的具体过程与整体结果又会产生哪些差异化的影响？然而，上述诸多疑问尚未引起学界的足够重视，亟待从理论和实证层面予以厘清，这成为落实绿色"创新驱动发展战略"以及实现高质量经济增长的重要问题。正确解决以上难题对于提高中国制造业绿色全要素生产率以及优化全球价值链布局具有鲜明的理论价值和实践意义。为此，本书着重围绕"嵌入 GVC 对中国制造业绿色创新及其过程的多重影响"进行细致深入地研究，具体凝练了三个方面亟待解决的关键科学问题，以期层层打开绿色技术创新内部的"黑箱"。

第一，在绿色技术创新整体维度，系统梳理 GVC 嵌入地位对制造业绿色技术创新整体影响的作用机理、实现路径和行业异质性，以及充分考虑环境规制情境约束条件下的调节效应和门槛效应。这是由于中国制造业原有的粗放发展模式很容易被锁定在加工组装环节且屡遭国外绿色贸易壁垒的制约，提升制造业绿色技术创新水平迫在眉睫。

第二，结合创新价值链理论，探究 GVC 嵌入对制造业绿色技术研发阶段和成果转化阶段的影响机理，揭开绿色创新内部的第一个"黑箱"。由于中国绿色创新发展基础相对薄弱、起步又较晚，若想尽量缩小与世界领先绿色制造水平的差距甚至实现弯道超车。一方面，这需要加大国内的绿色研发投入力度，强化自主创新能力；另一方面，还要善于整合外向型绿色创新资源，借助对外开放途径吸收发达国家的知识和技术溢出，实现绿色创新成果的高效转化。

第三，结合环境规制的调节效应，研究 GVC 嵌入、绿色工艺创新和绿色产品创新三者之间的复杂影响关系，即透视绿色创新内部的第二个"黑箱"。基于绿色创新的应用对象层面，将绿色技术创新划分为绿色工艺创新和绿色产品创新①；也就是说，可以独辟蹊径从生产制造过程环节研究GVC嵌入影响绿色技术创新的内部作用机理，进而为制造业节能减排的政策制定提供崭新的思路。

### 1.1.3　研究意义

**1. 理论意义**

（1）本书系统探讨了 GVC 嵌入对中国制造业"绿色化"价值创造过程及其实现结果的多维影响机理，完成了对绿色技术创新的关注由"结果导向"到"过程导向"的转变。具体而言，实证了环境规制在影响 GVC 嵌入和绿色技术创新综合效率之间关系的调节效应和门槛效应，GVC 嵌入对两阶段绿色创新价值链的差异化影响，以及被环境规制调节的 GVC 嵌入、绿色工艺创新和绿色产品创新三者之间关系的中介效应。

（2）本书在"五大发展理念"的指导下，创造性地构建了 GVC 嵌入影响绿色技术创新的整体分析框架，弥补了之前文献大多从创新价值链或绿色创新某一方面进行研究的不足。绿色技术创新是一个复杂连续的多环节过程，可以视为各类创新资源要素在创新目标下的流动与实现过程，任何子环节都会影响技术创新的最终结果，本书有助于为绿色创新的路径优化提供准确的理论依据。

（3）在开放式创新时代，拓宽了外源性绿色创新资源的渠道范畴，进一步丰富与拓展了开放经济和绿色创新领域的理论知识体系。以往的研究较多关注增加研发经费和人员数量等资源型投入促进绿色创新；而本书充分考虑外部 GVC 嵌入对中国制造业绿色技术创新的全面影响，其结论更加符合当前制造业摆脱环境困境的客观实际，有利于推动我国绿色"创新驱

---

① El - Kassar A. - N., Singh S. K. Green innovation and organizational performance: The influence of big data and the moderating role of management commitment and HR practices [J]. Technological Forecasting and Social Change, 2019 (144): 483 - 498.

动发展战略"的实施。

**2. 现实意义**

（1）为通过 GVC 嵌入促进中国制造业"绿色化"转型升级与高质量经济增长提供有针对性的决策依据。经济新常态背景下制造业绿色发展的大环境和驱动力发生了变化，本书准确抓住绿色创新过程的着力点，有利于构建集成技术创新、模式创新与管理创新多维协同的绿色发展路径，进而推动制造业绿色发展迈上新台阶，助力"碳达峰、碳中和"目标的尽早达成。

（2）彰显了中国制造业对其他后发国家绿色创新发展的示范价值。后发国家通过参与 GVC 分工实现产业升级是非常必要的[①]，其中的知识和技术溢出效应等对绿色创新产生了积极影响。以中国制造业嵌入 GVC 的绿色技术创新为范例，一方面，尽可能化解我国在全球生产网络中收益获取与环境成本的不匹配问题，为行业尺度环境治理对策的优化提供改进方向以及经验证据；另一方面，也可为发展中国家特别是新兴经济体制造业的绿色低碳转型发展提供一定的实践参考。

## 1.2 国内外研究现状与评述

### 1.2.1 GVC 嵌入与绿色技术创新相关研究

国内外学者的相关成果较多，但尚未形成一致的研究结论，主要观点分为促进论、抑制论和不确定论。第一类为促进论，汉弗莱和施密茨（Humphrey & Schmitz，2002）较早肯定了 GVC 嵌入或垂直专业化的技术进步效应，即发达国家通过鼓励与支持发展中国家的代工企业进行生产，

---

[①] Gereffi G. International trade and industrial upgrading in the apparel commodity chain [J]. Journal of International Economics, 1999, 48 (1): 37 – 70.

使后者获得技术溢出；刘志彪等（2008）认为嵌入 GVC 对产业技术创新的促进作用；克里斯库奥洛和利弗（Criscuolo & Leaver，2005）实证表明美国、英国、日本等发达国家通过 GVC 分工很好地推动东道国企业的技术进步，并验证参与 GVC 国际分工给发达国家的跨国公司和全球产业组织的领导者也带来技术进步。黄先海等（2013）、刘琳（2015）认为嵌入 GVC 能促进发展中国家企业的技术吸收能力，增强与价值链上下游跨国公司的关联度，进而有利于摆脱"低端锁定"困局。吕越等（2016）则基于先发国家知识与技术外溢促进后发国家技能升级的角度，指出后发国家深度嵌入 GVC 可以引进新生产组织模式。许冬兰等（2019）分析了 GVC 嵌入程度显著促进中国工业低碳全要素生产率（total factor productivity，TFP）的内在传导机制及其影响因素。中间品进口是嵌入 GVC 的一个重要特征[1]，进口机械设备一直被视为发展中国家实现产业技术进步的重要途径[2]；埃尔多安（Erdogan，2014）认为贸易自由化通过促进资源的更有效利用和清洁技术的扩散，有效地减少了污染；中间品进口是企业获取多种类、更高水平专业技术和创新知识的重要渠道，进而增强企业创新能力[3]；在生产过程中进口企业可以模仿、吸收与再创新，所以能促进生产率的提高[4]。此外，发达国家企业为了防止价值链条上的某个企业因竞争力不足而影响整个链条的运作，往往会通过技术援助、操作指导、专业培训等方法，不断提升发展中国家企业员工的技术水平[5]。芬斯加和汉森（Feenstra & Hanson，1997）则发现外包将增加发展中国家对熟练劳动力的需求，以及促进技术水平的提高。总之，上述文献从 GVC 嵌入、贸易自由化、中间品进

① Gereffi G. , Lee J. Why the world suddenly cares about global supply chains [J]. Journal of Supply Chain Management, 2012, 48 (3): 24 – 32.

② Cavallo M. , Landry A. The quantitative role of capital goods imports in US growth [J]. American Economic Review, 2010, 100 (2): 78 – 82.

③ Seker M. , Rodriguez – Delgado J. D. , Ulu M. Imported intermediate goods and product innovation: Evidence from India [R]. World Bank Working Paper, 2011.

④ Bas M. , Strauss – Kahn V. Input – trade liberalization, export prices and quality upgrading [J]. Journal of International Economics, 2015, 95 (2): 250 – 262.

⑤ Ivarsson I. , Alvstam C. G. Supplier upgrading in the home – furnishing value chain: An empirical study of IKEA's sourcing in China and South East Asia [J]. World Development, 2010, 38 (11): 1575 – 1587.

口、外包等方面直接或间接佐证了嵌入 GVC 对技术创新或者环境效应的积极影响。

第二类为抑制论。其中，施密茨和克罗林格（Schmitz & Knorringa，2000）研究表明融入 GVC 的发展中国家制造业企业向微笑曲线两端价值链高端环节升级存在很大困难，即嵌入 GVC 对产业技术创新有反向抑制作用。阿尔塞等（Arce et al.，2012）则指出中国经济的高质量发展承受着装备制造业出口结构低和极度依赖进口等弊端的掣肘，致使中国这个全球最大的"工厂经济体"成为"隐含能源的净出口国"。茨昌和戈德斯坦（Tschang & Goldstein，2010）认为发展中国家的技术储备、人力资本等高端要素不足导致技术创新与吸收能力较低，其参与 GVC 分工不能取得明显的技术进步，难以改变其位于低端环节的局面。还有一些研究认为，由于技术吸收能力不足、对技术外溢的过度依赖以及发达国家的俘获政策等原因，GVC 嵌入对企业研发创新行为具有显著抑制作用①。企业参与 GVC 虽能通过高质量中间品进口和技术溢出外生来提高全要素生产率，但价值链俘获效应内生抑制了企业自主创新能力②。可见上述观点不仅仅指出了抑制作用的结果，且同时分析了产生抑制效果的根本原因。

第三类为不确定论。杨等（Yang et al.）研究发现 GVC 参与对创新绩效具有倒 U 型影响，而 GVC 地位对创新绩效的影响为正向促进③。王玉燕等（2014）也实证了 GVC 嵌入与中国工业行业技术进步之间存在倒"U"型关系。潘闽等（2019）则认为随着 GVC 嵌入程度和产业集聚程度的加深，对技术进步分别起到促进与阻碍作用，而二者对于技术进步的共同

---

① 吕越，陈帅，盛斌. 嵌入全球价值链会导致中国制造的"低端锁定"吗？[J]. 管理世界，2018, 34（8）：11 - 29；刘琳，盛斌. 全球价值链和出口的国内技术复杂度——基于中国制造业行业数据的实证检验 [J]. 国际贸易问题，2017, 34（8）：3 - 13；Sampath P. G., Vallejo B. Trade, Global Value Chains and Upgrading: What, When and How? [J]. European Journal of Development Research, 2018, 30（3）：481 - 504.

② 高静，韩德超，刘国光. 全球价值链嵌入下中国企业出口质量的升级 [J]. 世界经济研究，2019（2）：74 - 84.

③ Abbas A., Avdic A., Xiaobao P., Hasan M. M., Ming W. University - government collaboration for the generation and commercialization of new knowledge for use in industry [J]. Journal of Innovation & Knowledge, 2019, 4（1）：23 - 31.

影响存在相互加强的效应。汉弗莱等（Humphrey et al.，2000）发现嵌入半层级价值链在早期阶段对发展中国家生产商有益，但深度嵌入 GVC 后生产商很可能被锁定，由于领先企业阻止其功能升级，因而技术溢出受限。葛等（Ge et al.，2018）认为嵌入 GVC 的企业能够利用国际知识溢出实现技术进步，但溢出并非自动直接地转移过程，要求具备相应的吸收与利用能力。卡塔内奥等（Cattaneo et al.，2010）也认为本国企业从 GVC 发包企业提供的技术溢出中受益的程度取决于吸收能力。此外，尽管技术差距可刺激知识重组与技术整合[1]，但也导致隐性知识转移难度的增加，不利于吸收与获取成熟知识的创新价值[2]。总之，上述研究结论较为辩证地探讨了特定情境与发展阶段等因素在嵌入 GVC 对创新绩效影响过程中的作用。

### 1.2.2 GVC 嵌入与创新价值链相关研究

现文献有关 GVC 嵌入对创新价值链的直接影响研究很少，由于科技创新活动与创新价值链最为接近且息息相关，为此梳理 GVC 嵌入对科技创新活动影响的研究成果。其中，王玉燕（2014）认为基于技术溢出与"低端锁定"双重效应的共同作用，GVC 嵌入程度对科技创新的影响表现倒"U"型关系；赵梦垠等（2018）认为后发国家利用技术溢出效应学习与吸收先发国家的高端生产技术，是促进科技创新能力提升的一条可行性路径。然而，阿尔德堡（Altenburg T.，2008）发现东道国企业的 GVC 地位可能影响了创新能力，当创新活动符合发达国家跨国公司的利益时会受到大力支持，反之将被阻挠；徐宁（2017）发现国内价值链（national value chain，NVC）比 GVC 更加有助于中国企业实现市场规模对技术的驱动效应；陈爱贞（2018）也认为 GVC 严重阻碍中国装备制造业提升科技创新能力与市场竞争力。可见，上述研究大多将科技创新活动看成一个整体，

① Guan J. C., Yan Y. Technological proximity and recombinative innovation in the alternative energy field [J]. Research Policy, 2016, 45 (7): 1460 - 1473.

② Capaldo A., Lavie D., Messeni Petruzzelli A. Knowledge maturity and the scientific value of innovations: The roles of knowledge distance and adoption [J]. Journal of Management, 2017, 43 (2): 503 - 533.

尚未针对创新系统内部不同阶段开展细致的探究。

近年来，将创新价值链细分为不同的阶段进行研究是一大趋势，这样更便于探索价值链中各个创新环节的异质性特点。其中，冯冰（2017）将高技术产业创新过程细分为技术研发阶段和技术转化阶段，运用随机前沿分析（stochastic frontier analysis，SFA）模型方法测度两阶段的效率值，发现前者效率较高而后者效率较低；江剑等（2008）尽管将创新活动分解为研发创新和科技成果转化两个子阶段，但是将两阶段视为相互独立的子过程，采用传统数据包络分析（data envelopment analysis，DEA）模型分别测度我国工业行业的两阶段创新效率。罗良文等（2016）采取 DEA 的规模收益可变模型测度中国区域工业企业绿色技术创新的绿色技术开发和绿色技术成果转化两阶段效率值。之后，官等（Guan et al.，2010）考虑两阶段之间的联系，利用关联型 DEA 模型对我国区域高技术产业创新效率进行测度，并检验创新效率的影响因素；而肖仁桥等（2015）则从价值链角度出发，构建关联型两阶段 DEA 型测度效率并比较中国区域层面不同性质企业的科技研发和成果转化差异，利用 Tobit 模型实证效率的影响因素；张等（Zhang et al.，2019）认为创新过程的上游研发和下游商业化两阶段存在共享研发投入，应用 Russell 网络 DEA 模型测算 2009～2013 年中国区域高技术产业的创新绩效。此外，余泳泽（2013）在创新价值链理论的基础上将创新价值实现过程分为知识创新、科技创新以及产品创新，实证三阶段创新效率的空间外溢效应；刘树林等（2015）将高技术产业创新系统划分为技术开发阶段、技术转化阶段和产业化阶段，提出与应用扩展的三阶段链式网络 DEA 模型求解各阶段的效率值并加总得到最终效率。

客观而言，从创新价值链的角度探究创新系统内部不同阶段的价值实现过程确实是比较新颖的思路，然而以上文献均未涉及 GVC 嵌入对行业尺度下绿色创新价值链多阶段效率的影响研究。

### 1.2.3　GVC 嵌入与绿色产品创新、绿色工艺创新相关研究

当前文献对 GVC 嵌入与绿色产品创新、绿色工艺创新直接相关的研究尚不充分，需要对绿色技术创新过程与企业绩效有关的成果进行梳理。越

来越多的研究发现，不同类型的创新并非独立存在，而是存在一定的关联性。伊尔凯尔·穆拉塔（Ilker Muratar，2012）发现土耳其140家制造业样本企业绿色产品创新正向显著影响了企业业绩和竞争力；阿莫雷斯—萨尔瓦多等（Amores–Salvadó et al.，2014）认为企业绿色产品创新正向促进了经济绩效，公司绿色形象调节了二者的关系；解等（Xie et al.，2019）发现企业的绿色产品创新是绿色流程改进和经济绩效之间的重要中介变量，这种关系的识别对于促进绿色技术创新的升级具有重要作用。王等（Wang et al.，2021）发现企业的绿色工艺创新和绿色产品创新能够有效提高经济绩效，环境绩效和市场竞争力是经济绩效提升路径中的重要中介变量，绿色工艺创新可以积极推动绿色产品创新；陈等（Chen et al.，2016）研究表明中国台湾地区上市公司绿色产品创新和绿色过程创新与企业竞争力正相关；陈等（Chan et al.，2016）以环境规制为背景并采用问卷调查的方式，实证发现绿色产品创新和绿色生产创新均促进了企业绩效；陈劲等（2002）利用绿色审计的方法研究发现绿色工艺创新对企业环境绩效的影响最大，其次是末端治理技术、绿色产品创新。程等（Cheng et al.，2014）则发现产品、流程、组织三个层面的绿色技术创新均对企业业绩产生积极的作用。综上所述，研究结论大多肯定绿色了产品创新、绿色工艺创新对企业绩效的正相关关系。

还有一些文献研究了环境规制对绿色产品创新的影响。例如，当环境管制宽松时相对的污染成本较低，企业可能拒绝投资于绿色产品创新以实现利润最大化；而严厉的环境政策吸引公众关注，创造绿色产品的市场需求，确保企业绿色产品创新投资的长期价值，使企业更有可能增加投资[①]。也有部分学者持相反观点，斯塔基等（Stucki et al.，2018）证实环境法规对绿色产品创新的投资产生了挤压态势；王等（Wang et al.，2019）对经合组织主要产业部门的实证分析发现，环境监管薄弱可以促进绿色产品创新，但严格的环境监管对投资具有挤出效应，从而对绿色产品创新产生不利影响。

---

① Lanoie P.，Patry M.，Lajeunesse R. Environmental regulation and productivity: New findings on the Porter hypothesis [J]. Journal of Productivity Analysis，2008，30（2）：121–128.

## 1.2.4  环境规制与 GVC 相关研究

此类研究主要体现在环境规制对中间品贸易或 GVC 活动以及产业竞争力的影响上，这是由于 GVC 分析框架是探究一国产业竞争力的主要方法之一[①]，GVC 嵌入指标在某种程度上也反映了行业的竞争实力。其中，合理的环境规制会激发被规制企业的技术创新，提升资源优化配置水平和技术创新及进步的能力，进而提高产业的国际竞争力[②]；拉诺伊等（Lanoie et al.，2008）发现长期来看环境规制能促进企业的产出和生产效率，有利于提升行业的国际竞争力；大卫·波普（David Popp，2009）认为严格的环境规制引发成本增高，可能会降低污染品的出口竞争力。奥利弗·申克（Oliver Schenker，2013）结合一般均衡模型实证发现较严格的气候政策促进污染密集型产业生产环节的外向转移，分别导致低碳排放强度行业、高碳排放强度行业的垂直专业化程度下降、上升。刘岑婕等（2015）也认为环境规制强度从长期看可借助于"创新补偿效应"和"先行优势效应"抵消"遵循成本效应"，影响各国各行业的比较优势和中间品贸易，以及 GVC 嵌入位置及其程度。然而，安贝克和巴尔拉（Ambec & Barla，2016）指出环境污染控制支出同时取决于环境规制强度和管理效率等多种综合因素，共同作用于环境规制与企业竞争力之间的不确定性。李宏兵和赵春明（2013）发现环境规制强度的变化会影响污染工序转移和中间品贸易模式，发达经济体转移污染工序采取更为隐蔽的外包和中间品贸易等形式。总之，以上结论多肯定了环境规制对 GVC 的影响，为后文考虑环境规制的间接作用研究奠定了基础。

## 1.2.5  环境规制与绿色技术创新相关研究

环境规制的理论依据是负外部性、市场失灵、产权模糊性、环境产品

---

① 黄平. 我国制造业低碳技术创新与产业升级关联研究 [D]. 哈尔滨：哈尔滨工程大学，2015.

② Brunnermeier S. B.，Cohen M. A. Determinants of environmental innovation in US manufacturing industries [J]. Journal of Environmental Economics and Management，2003，45（2）：278 – 293.

公共性和稀缺性。作为解决环境污染负外部性的重要手段，环境规制与绿色技术创新一直是研究的热点，涉及到区域、行业乃至企业等层面，研究成果广泛但结论不尽相同。

一些研究发现，环境规制促进了绿色技术创新。其中，波特（Porter, 2005）基于动态视角提出的"创新补偿理论"认为严格的环境规制促使企业基于成本的原因进行技术创新以获取补偿和先动优势；李等（Lee J. et al., 2010）发现环境监管标准水平与绿色技术创新的促进作用成正比，并影响随后的技术变化；梅尔（Meier）认为美国制造业的环境规制正向促进了环境专利产出[①]；陈诗一（2010）也发现长期的环境规制能够促进企业生产效率和产出水平的改善，验证了波特假说的存在；蒋伏心等（2013）认为由弱到强的环境规制对技术创新和企业竞争力的影响体现在从"抵消效应"向"补偿效应"的转变。

得出抑制作用结论的相关文献有，潘德·钦特拉卡纳（Pandej Chintrakarn, 2008）发现美国制造业严格的环境规制显著负向作用于技术效率，阻碍了绿色技术创新的产生；格林斯通等（Greenstone et al., 2012）指出严格的空气质量法规导致美国制造业全要素生产率降低约 2.6%，臭氧法规虽然降低颗粒物和 $SO_2$ 排放的效果明显，但对 TFP 有特别大的负面影响；伯奎斯特等（Bergquist et al., 2013）认为瑞典环境监管措施大幅降低了金属冶炼等行业排放量，同时也降低了生产率；马尔库斯·瓦格纳（Marcus Wagner, 2007）构建负二项和二进制离散模型，实证发现环境规制实施的标准水平一定程度上阻碍了德国制造型企业的绿色技术创新。

存在非线性关系结论的文献主要有，蒋伏心等（2013）实证表明环境规制与绿色技术创新之间呈现"U"型先抑制后促进的动态关系；殷宝庆（2012）结合垂直专业化分工过程研究了污染工序转移问题，在遵循成本效应和创新补偿效应的综合作用下导致环境规制与中国制造业绿色全要素生产率（green total factor productivity，GTFP）之间存在"U"型关系。而陈超凡（2018）考虑行业异质性时环境规制对 GTFP 的驱动效

① Brunnermeier S. B., Cohen M. A. Determinants of environmental innovation in US manufacturing industries [J]. Journal of Environmental Economics and Management, 2003, 45 (2): 278–293.

应存在差异，但发现不同类型环境规制与 GTFP 之间的关系均呈现倒"U"型；袁宝龙等（2018）却认为环境规制政策下实质性创新对 GTFP 促进作用显著，而策略性创新的影响不显著。此外，还有研究发现两者存在门槛效应。

综上所述，由于研究的对象、时限和方法等的不同，研究结论存在较大的差异性，但大多数相关研究尚未考虑开放经济条件这一现实背景。

### 1.2.6　文献评述

通过对当前文献中的前沿和热点问题进行梳理，不难发现涉及 GVC 嵌入、环境规制与绿色技术创新两两之间相关的研究逐渐增多；从不同角度的分析非常深刻且富有启发性，并取得一些价值性较强的学术成果。尽管由于研究对象、数据来源、研究方法的差异导致结论尚存在较大分歧，但仍为本研究的作用机理分析和研究假说提供了较好的理论铺垫。然而，现有研究侧重于区域层面对绿色创新效率、绿色增长或绿色发展的整体影响上，而鲜有研究从行业尺度探究 GVC 嵌入影响绿色技术创新的作用机理，直接制约了绿色发展与实践对策的有效性。通过聚焦中国制造业嵌入 GVC 对绿色技术创新影响的科学问题，发现创新过程内部的影响路径和规律尚不清晰，有待于实施深层次、多维度地探讨与挖潜。

第一，现有文献未将 GVC 嵌入、环境规制和绿色技术创新（效率）纳入同一框架进行拓展研究，没能充分意识到该研究的理论价值和现实意义。

由于现有研究大都分别基于 GVC 嵌入或者环境规制的某一侧面探究对（绿色）技术进步的影响，这无疑忽视并割裂了 GVC 嵌入与环境规制的内在关联对绿色技术创新的复杂性影响关系。分析发现 GVC 嵌入对绿色技术创新的影响作用受环境规制水平的约束，同时环境规制对绿色技术创新的促进作用又受 GVC 嵌入的影响。因此，非常有必要将三者整合同一框架实施拓展性探究，分析环境规制对 GVC 嵌入和绿色创新效率之间关系影响的调节效应以及门槛效应，尤其是借助于门槛效应模型可以有效识别及判断 GVC 嵌入与绿色创新效率之间的非线性关系。

第二，GVC 嵌入对两阶段绿色创新价值链内部的影响缺乏深入的机理分析和实证探究。

严格来说，绿色技术创新活动是一个复杂的绿色创新价值链体系，现有研究一般将其视为一个投入产出的系统"黑箱"处理，并不清楚研发资源输入是如何转化为中间产出以及最终产出的，忽略了创新价值链的内部结构及其运行机理。虽有部分学者把绿色技术创新活动划分为绿色技术研发和绿色成果转化两个阶段，但在评价各阶段效率时往往作为独立串联的子系统分别进行测度，这无形中分裂了各创新环节的内在关联关系。尽管有部分学者考虑运用网络 DEA 模型打开创新系统的"黑箱"，但是在绿色中间产出的处理上往往用行业普通专利替代了绿色专利，这显然难以彰显绿色创新网络的本质特征。

第三，忽视了 GVC 嵌入、绿色工艺创新和绿色产品创新之间作用机制与多维关系的探索。

大多研究习惯上将整个绿色创新活动视为只有单一投入产出关系的系统，对创新内部过程作用路径的重视程度不够；虽然绿色产品创新和绿色工艺创新旨在环境保护与资源节约，但是其侧重点各异并且分别属于不同的创新环节，混淆两者可能导致研究结果的失真[1]。为此，开放经济条件下探究 GVC 嵌入通过绿色工艺创新对绿色产品创新的间接传导机制，以及考虑环境规制对中介效应模型的调节作用，就更加显得十分必要和重要；最终为优化我国制造业绿色技术创新路径找到更加可靠的理论和经验依据。

概括而言，目前文献有关 GVC 嵌入对制造业绿色技术创新的研究不足，缺乏针对过程机理的深入阐述。大多文献仅关注于绿色创新的特定视角和单一环节，鲜有文献从研发投入、中间产出再投入到绩效产出对绿色创新进行全链条的系统研究，部分关键环节的"黑箱"有待于进一步打开。这正是本书重点剖析的核心内容，力求其研究结论与对策更加公允、客观。

---

① Stucki T., Woerter M., Arvanitis S., Peneder M., Rammer C. How different policy instruments affect green product innovation: A differentiated perspective [J]. Energy Policy, 2018, 114: 245 – 261.

## 1.3 研究内容和研究方法

### 1.3.1 研究内容

本书的研究目标在于阐释并验证 GVC 嵌入对制造业绿色技术创新及其过程的多重复杂影响规律，首先从整体维度探究 GVC 嵌入对绿色技术创新的综合影响，然后针对绿色技术创新的实现过程"黑箱"分别从绿色"技术研发—成果转化"创新、绿色"工艺—产品"创新两个子维度进行探究，从而为制定差异化绿色创新政策提供理论和经验支撑。具体内容的框架结构安排如下：

第 1 章为绪论。主要介绍了本书的选题背景，凝练并提出科学问题，阐述研究的理论价值和现实意义，对国内外现有 GVC 嵌入、绿色技术创新和环境规制等相关的文献进行整理及论述，提出本书的研究目标、研究内容、研究方法、技术路线以及可能的创新之处。

第 2 章为概念界定及理论基础。具体界定了 GVC、绿色技术创新、绿色创新价值链等概念，梳理了与研究主题密切相关的资源基础理论、外部性理论、市场失灵理论、波特假说理论、技术进步后发优势理论和开放式创新理论等，并凝练与剖析了有关理论的发展脉络和学术观点。

第 3 章为 GVC 嵌入影响制造业绿色技术创新的作用机理研究。首先阐释了本书机理研究的设计思路，接着详细分析 GVC 嵌入对绿色技术创新整体影响和两个子维度影响的作用机理，最后构建了本书作用机理的总体框架，进而为实证研究奠定理论根基。

第 4 章为变量的测度方法和结果分析。介绍了测度 GVC 嵌入指标、绿色技术创新效率以及绿色创新价值链效率等的方法演进，分别选择了基于总出口价值分解的 KPWW 核算方法、EBM – GML 指数方法、关联型超效率网络 SBM – DEA 模型测度了相应变量，同时初步描述与分析了数据的基本特征和变化趋势。

第 5 章为 GVC 嵌入影响制造业绿色技术创新整体的实证研究。研究了 GVC 嵌入对制造业绿色技术创新总体效率的直接影响以及作用路径，同时探索了考虑环境规制情景的调节效应和门槛效应，最后从行业异质性、比较研究和环境规制三个方面展开了一系列讨论。

第 6 章为 GVC 嵌入影响制造业绿色技术研发—成果转化创新的实证研究。基于创新价值链理论分析框架，侧重于围绕绿色"技术研发—成果转化"创新子维度，透视绿色创新过程内部的第一个"黑箱"，重点研究了 GVC 嵌入地位对制造业绿色创新价值链两个阶段以及整体效率的影响规律。

第 7 章为 GVC 嵌入影响制造业绿色工艺创新和绿色产品创新的实证研究。着眼于绿色技术创新应用对象的细分结果，基于绿色"工艺—产品"创新子维度，打开了绿色创新过程内部的第二个"黑箱"。在拓展与改进 A－U 技术创新过程模型的基础上，构建面板数据模型实证探讨了 GVC 嵌入、绿色工艺创新与绿色产品创新之间的中介关系；同时考虑了环境规制的调节作用，以及 GVC 嵌入程度、绿色工艺创新再细分层次的中介作用路径。

第 8 章为研究结论、政策建议及展望。一是归纳提炼全书的主要研究结论；二是分别从深层次嵌入 GVC 推动整体绿色技术创新、攀升 GVC 中高端撬动绿色创新价值链以及提高 GVC 嵌入度驱动绿色工艺—产品协同创新提出了相应的对策建议；三是就本书现有研究可能存在的不足指明未来研究的方向。

## 1.3.2　研究方法

本书主要采取理论研究与实证分析相结合的方法，探索 GVC 嵌入对中国制造业绿色技术创新的整体影响以及两个子维度创新的影响。在此过程中将管理学思想、资源环境经济学和计量经济学手段紧密结合，主要运用以下研究方法。

### 1. 文献研究法

在现有研究成果的基础上，主要采用文献研究和理论归纳等方法界定 GVC、绿色技术创新及绿色创新价值链等基本概念，以及梳理波特假说、资源基础观、技术进步后发优势、开放式创新等理论；结合文献综述和理论分析凝练本书的研究视角、研究思路以及研究方法等，进一步阐明 GVC 嵌入对制造业绿色创新"从结果到过程"全链条的影响机制，为实现研究目标夯实基础。

**2. 数据包络分析**

考虑到 DEA 方法可以解决多投入、多产出（含非期望产出）以及多阶段问题的优越性，本书利用 MaxDEA Ultra 软件分别测度绿色技术创新整体效率，以及绿色创新价值链的两阶段子效率和总体效率。一是选取考虑非期望产出同时兼具径向和非径向松弛变量的混合距离模型（epsilon - based measure，EBM）测度制造业绿色技术创新综合效率指数；二是构建关联型超效率网络 SBM - DEA 模型（Super - NSBM）测度绿色研发阶段和成果转化阶段效率以及绿色创新价值链总体效率，这是基于网络 DEA 的优势在系统内部结构层次评价上的应用。

**3. 实证研究法**

为了验证 GVC 嵌入对中国制造业绿色创新的多重复杂影响机理，借助于 Stata、Excel 和 Matlab 等多种软件的综合应用，分别构建相应的面板数据模型，克服了单纯用时间序列数据或者截面数据模型的不足。分别实证了环境规制对 GVC 嵌入地位和绿色创新效率之间影响关系的调节效应、门槛效应，GVC 嵌入地位和程度指数对绿色技术研发阶段、成果转化阶段效率的差异化影响，以及绿色工艺创新对 GVC 嵌入程度与绿色产品创新之间关系影响的中介机制。

## 1.3.3　技术路线

本书遵循"关键问题凝练→基本理论阐述→影响机理分析→实证定量检验→对策建议提出"的研究思路，力争理论研究有所突破、实证结论客观可靠、对策方案操作可行，继而为促进 GVC 嵌入背景下中国制造业的绿色技术创新发展提供决策支持。本书技术路线如图 1.1 所示。

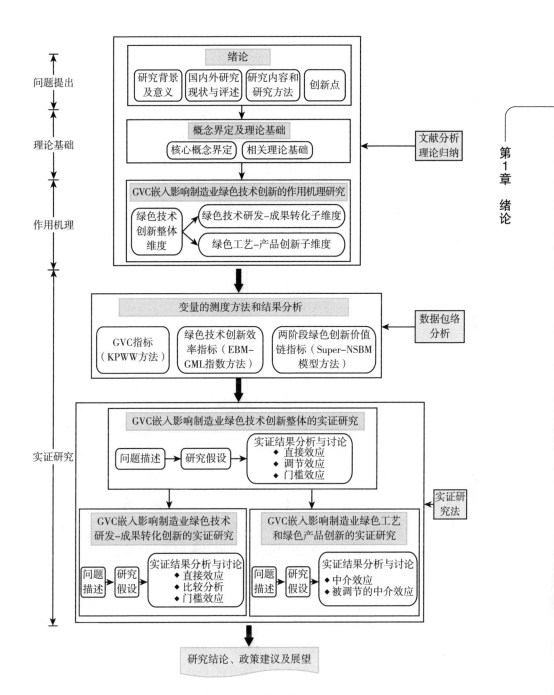

图1.1　技术路线

与已有研究成果相比，本书的主要创新之处在于以下几方面。

（1）从行业尺度探究了 GVC 嵌入地位对绿色技术创新整体维度的影响，验证了环境规制对 GVC 嵌入位置与绿色技术创新效率之间关系的正向调节效应、门槛效应。而现有文献大多从国家或地区的尺度探讨 GVC 对碳排放效率、节能减排、环境效应等的影响；分别探讨 GVC 嵌入、环境规制对（绿色）技术进步的影响，无疑忽视与割裂了 GVC 嵌入和环境规制的共同作用对绿色技术创新复杂性影响的内在关系。

（2）创造性地探讨了 GVC 嵌入对绿色"技术研发—成果转化"创新子维度的影响，打开了 GVC 嵌入影响绿色创新价值链的"黑箱"。现有成果要么以区域为研究对象分别测度两个阶段的绿色创新效率值，忽视了各阶段创新要素投入的关联型特征；要么以产业为研究对象而未考虑中间产出和最终产出的绿色化特质，难以客观反映对绿色创新的影响结果。本书按照国际专利分类号，通过查看各专利的摘要并结合绿色技术及绿色产品的内涵进行识别而获得行业层面的绿色发明专利申请数量，将其作为绿色研发的中间产出和成果转化的投入之一；采用关联型超效率网络 SBM - DEA 模型测度绿色创新价值链整体效率和两阶段的效率值，实证 GVC 嵌入对绿色创新价值链的影响。这样既能够弥补传统投入产出系统忽略中间产出转化信息的不足，又有助于揭示子过程要素配置的规律。

（3）在拓展经典 A - U 技术创新过程模型的基础上，构建以绿色工艺创新为中介变量的递推回归模型，探索 GVC 嵌入对绿色技术创新过程内部另一个"黑箱"的影响。现有文献大多探究绿色工艺和产品创新对企业绩效的影响，未充分考虑开放经济条件下 GVC 嵌入与绿色产品和产品创新之间的关系。本书验证了绿色工艺创新在 GVC 嵌入程度和绿色产品创新之间关系的完全中介效应，存在被环境规制调节的部分中介效应。此外，将中介变量绿色工艺创新划分为清洁生产工艺创新和末端治理技术创新，以及

GVC 嵌入程度细分为前向嵌入和后向嵌入，进一步发现清洁生产技术创新完全中介了 GVC 嵌入程度和绿色产品创新之间的关系，绿色工艺创新部分中介了 GVC 前向嵌入与绿色产品创新影响之间的关系，清洁生产技术创新完全中介了 GVC 前向嵌入与绿色产品创新之间的关系，丰富了开放式绿色创新的中介理论机制。

# 第**2**章

# 概念界定及理论基础

在系统研究 GVC 嵌入对中国制造业绿色技术创新的影响之前，本章首先对 GVC、绿色技术创新、绿色创新价值链等概念进行界定，梳理与主题密切相关的资源基础理论、外部性理论、市场失灵理论、波特假说理论、技术进步后发优势理论和开放式创新理论等，同时针对上述概念和理论进行解读与诠释，为后续研究提供充分的理论依据。

## 2.1 核心概念界定

### 2.1.1 GVC 相关概念

#### 1. GVC 的概念演变

1985 年迈克尔·波特（Michael Porter）在《竞争优势》一书中首次提出价值链理论，其中蕴含的"工序、附加值概念"为 GVC 分工理论演绎奠定了研究基础。之后寇伽特（Kogut，1985）进一步发展了价值增值链理论，反映了价值链的垂直分工特征以及全球生产网络中的区位配置功能，积极推进了 GVC 理论。进入 20 世纪 90 年代，以中间品贸易为特征的国际商品流动愈加兴盛，而生产商品需要劳动分工形成了全球生产网络；在价值链理论的基础上，格里菲等（Gereffi et al., 1994）界定了全球商品链（global commodity chains, GCC）的概念；尽管此理论是围绕着跨国公司的商品概念，但却为提出 GVC 的空间布局提供了思路。格里菲（2001）在全球商品链基础上界定了 GVC 概念，提供了一种研究生产活动在全球空间范围内布局的方法，深刻揭示了世界经济运行中的动态特征。为了克服全球商品链不能准确计量国际贸易增加值以及难以揭示全球生产体系运作机理的问题，由格里菲等（1994）对 GVC 的概念进行了融合和创新，逐渐形成了较为完整的 GVC 理论体系。可见，GVC 理论是在新国际分工体系下重新审视创新与发展的一种宏观和微观相融合的新兴理论，目前普遍认为全球价值链主要用来反映以产品内国际分工为主体的新国际分工格局。

由概念演变可以看出，首先价值链理论不仅系统揭示了产品价值增值环节链条的全貌，还揭示企业之间的竞争不仅仅是价值链某个环节而是价值链各环节的共同竞争，企业在整条价值链上的综合实力决定了竞争能力的强弱。GVC 分工理论深刻解释了跨国公司主导下生产活动的跨地域布局，包含设计、生产、组装、营销、售后服务等一系列价值链环节；产品相应的国别属性也变得越来越模糊，已经难以使用产品的最后出口国进行准确描述。也就是说，全球化实质上是分散的经济活动在全球背景下功能的整合与协调，GVC 的各个增值环节被片段化地分解和组合，构成有序、相互衔接的链条关系。

相关概念的演进关系如表 2.1 所示。

表 2.1 GVC 相关概念演进

| 概念演进历程 | 主要概念 |
| --- | --- |
| 价值链 | 企业在设计、生产、销售、发送与辅助产品的过程中的环节各异但又相互关联的生产经营活动集合体，构成一个创造价值的动态过程[①] |
| 价值增值链 | 价值链基本上将技术与原料和劳动各种投入融合形成的过程，依托组装成最终商品，通过市场交易、消费等环节最终完成价值循环过程；在该链条上实现价值的不断增值，某企业可能只参与单一环节，或将整个价值增值过程都纳入企业等级制的体系中[②] |

| 概念演进历程 | 主要概念 |
|---|---|
| 全球商品链 | 指通过全球生产网络将与产品相关的企业、个人以及相关机构联系到全球经济体系中，包括原材料、生产、运输、营销以及最终消费等多种环节③ |
| 全球价值链 | 指在全球范围内链接生产、销售、回收处理等过程进而实现商品或服务价值的跨企业网络组织，涉及从原料采集与运输、半成品和成品的生产与分销、直到最后消费与回收处理的过程④ |

注：①Porter M. E. The competitive advantage [M]. New York：Free Press, 1985.

②Kogut B. Designing global strategies：Comparative and competitive value – added chains [J]. Sloan Management Review, 1985, 26（4）：15.

③Gereffi G. The organization of buyer – driven global commodity chains：How U. S. retailers shape overseas production networks [M]. Westport：Praeger, 1994.

④Organization U. N. I. D. Competing through innovation and learning – the focus of UNIDO's industrial development 2002/2003 [R]. Vienna, 2002.

在价值链上各环节的利润水平差异显著，在每条 GVC 上总是存在一些能够创造更高利润的战略环节，也存在诸多利润偏少的区间；各国企业凭借自身的比较优势嵌入 GVC 的不同环节，借助市场竞争构建动态的价值链体系。发达国家的跨国公司主要通过垂直一体化、业务外包、战略联盟等形式掌控着 GVC 运作，而发展中国家则主要通过加工配套、原始设备制造商（original equipment manufacturer, OEM）代工以及接包等方式嵌入 GVC。也就是说，GVC 以产品为中心轴衔接全球不同区域的生产组织活动，强调企业间的互动与利益分配；比较优势往往决定了不同发展程度国家嵌入 GVC 位置的区别，进而导致差异化的收益、成本和风险水平。通常情况下，发达国家位于价值链高端环节，聚焦于技术含量高的中间产品，化解外部冲击风险与成本相对较小；而大多数发展中国家处于价值链低端，自然承接了上游国家转嫁的风险与成本，导致自身面临的风险相对更大。

## 2. GVC 驱动类型

根据格里菲（1999）对 GVC 驱动类型的划分标准，将 GVC 的运行机制划分为生产者驱动型 GVC 和采购者驱动型 GVC，不同的运行机制对应着不同的产业竞争和升级内容。就行业层面而言，生产者驱动型产业和采购者驱动型产业分别将向 GVC 上游攀升、向 GVC 下游延展作为产业升级方向。

（1）生产者驱动型 GVC 是指通常由大型跨国制造商扮演核心角色的生产网络，包含这些核心企业的前向和后向关联。以生产者为驱动力的 GVC 更加强调技术的研发、关键零部件制造、生产工艺的及时改进、产品的不断更新，通过产业的垂直一体化强化规模经济效应和加强基础设施等硬件建设方面（张辉，2004）；这样制造商既可以获得更高利润，又可以控制上游的原料供应商以及下游的零售商。

（2）采购者驱动型 GVC 是指以商业资本为动力，由大型零售商、品牌专营商和品牌制造商扮演枢纽角色的产业主导下，形成分散于多个出口型国家的生产网络，更侧重强调市场营销与拓宽销售渠道等获得范围经济方面的竞争优势（张辉，2004）。通常，发展中国家的劳动密集型产业以 OEM、外包等方式嵌入购买者驱动型 GVC 的中低端。

### 3. GVC 升级方式

汉弗莱和施密茨（Humphrey & Schmitz，2002）依据实现 GVC 升级的不同范围与环节将其划分为四种方式，即工艺升级（即通过重组制造过程和生产系统以及引进先进技术促进投入产出效率）、产品升级（即生产更为复杂的产品组合以及创造高附加值）、功能升级（即增加新功能或放弃现有功能提升总体技术含量）和链条升级（即整体转移至全新的生产链），这一分类得到理论界的普遍认同。其中，前三种是同一条价值链从低附加值环节向高附加值环节的移动升级，而第四种却以进入另外一条具有更高附加值的价值链为目标。

整体而言，上述四种升级方式由前至后呈现为一种序贯升级的特征，并成为诸多应用研究的经典范式。然而现有研究显示，发展中国家嵌入价值链升级大多依次遵循上述路径，发达国家通常采取"胡萝卜加大棒"的策略。一方面，通过"主动溢出"，即给予后发国家代工企业学习机会和提供监督与帮助等方式，促进代工企业实现工艺升级和产品升级；另一方面，一旦代工企业进入到功能升级或链条升级阶段，发达国家便会抬高产品进口质量和安全环保等进入壁垒、激化代工企业间的竞争关系等手段，强化市场不对称地位和买方垄断势力，从而阻碍与控制代工企业实现较高级的功能升级与链条升级。

### 4. GVC 治理模式

按照价值链中行为主体之间协调能力的高低，格里菲（2003）将 GVC 的治理模式分为市场型、模块型、关系型、领导型和等级制，这对于研究全球产业转移问题具有重要的意义。一般而言，GVC 治理模式的选择主要由交易的复杂程度、交易的标准化程度、供应商的竞争水平等因素决定，不同模式下产业链升级的层次和路径差异明显。就其本质来说，治理模式是世界经济关系不同模式的具体体现，也是市场经济机制配置全球资源的产物。事实上，以政治、经济和文化为代表的综合实力决定了企业在 GVC 中的等级，这种等级反过来又影响企业自身的竞争能力。

其中，等级制、市场型分别处于价值链行为主体之间协调能力的最高端、最低端。等级制以企业为代表，其运行核心是管理与控制；市场型是组织经济活动最为简单有效的模式，其运行核心主要利用价格机制。而模块型、关系型和领导型均属于网络治理模式。在模块型治理模式中，各厂商之间是优势互补的合作关系而非控制与被控制关系，可借助于技术和限制投资专用性的装备为客户提供关键性产品和服务，其交易过程受监督与控制的程度较低。在关系型治理模式中，普遍存在于中小企业，厂商之间通过信誉、声誉机制而相互集聚，体现了较强的社会同构性、空间邻近性、家族和种族性等特点。由于经济行为个体的规模较小，对市场信息的识别能力较弱，而空间集聚大大改善了个体的市场适应能力。在领导型治理模式中，由于众多中小厂商主要依附于几个大型厂商，相应地受到很强的监督和控制力，这种依附关系的改变需要付出较多的变更成本。

## 2.1.2 绿色技术创新相关概念

### 1. 创新

美籍奥地利经济学家熊彼特（Schumpeter）于 1912 年在《经济发展理论》中首先从经济产出的角度提出"创新"的学术概念，认为"创新就是建立一种新的生产函数，是企业家对生产要素的新组合，其中任何要素的变化都会导致生产函数的变化从而推动经济的发展"；此概念属于广义范畴，凸显了技术创新对于经济发展的重要促进作用。

熊彼特的创新包括五方面内容：（1）引入新产品或改进产品质量（产品创新）；（2）采用新的生产方法（工艺创新）；（3）开辟的新市场（市场创新）；（4）获得新的资源（资源创新）；（5）建立新的组织形式（组织创新）。同时他强调科学技术上的发明创造不能等同于创新，创新必须建立在发明创造的成果商品化的经济行为，缺乏创新的企业难以保持长期增长以及形成持续的竞争优势[①]。在熊彼特观点的基础上，逐渐形成了以"创新"为核心概念的经济学理论，即创新理论。近年来，全球范围内的创新范式不断演变，经历了封闭式创新向开放式创新再到跨组织共生式创新的转变[②]。

### 2. 技术创新

国内外学者和机构针对技术创新及其概念做了大量研究，但迄今尚未形成统一的认识。由于研究的侧重点各异，有的观点认为技术创新是一种新思想或者是一个活动，还有的观点强调技术创新产生的市场经济价值。其中，索洛在 1951 年提出了技术创新成立的两个条件，即新思想的来源和以后阶段的实现与发展（见表 2.2）。

表 2.2 典型的技术创新概念和观点

| 机构或学者 | 概念界定与主要观点 |
| --- | --- |
| 美国国家科学基金会 | 在《1976 年：科学指示器》报告中定义，将新的或改进的产品、过程或服务引入市场的活动 |
| 傅家骥 | 是企业家为了获得商业利润，抓住市场的盈利机会，建立企业的新组织结构，包括科技、金融等一些活动的综合过程* |
| 陈劲等 | 发明不一定属于技术创新，只有把发明作为创新的中间产物，通过技术转化为社会的经济成果，即发挥经济效益的发明才能称为技术创新 |

注：*傅家骥．技术创新学［M］．北京：清华大学出版社，1998.

综合上述观点，技术创新是一个组合概念，侧重于技术创新对经济价值

① 陶冶，张世龙，于俭．重新认识熊彼得的创新理论［J］．经济论坛，2009（13）：15-17.

② 廖明中，胡彧彬．国际科技创新中心的演进特征及启示［J］．城市观察，2019（3）：117-126.

创造以及商业化过程的支撑作用。结合熊彼特的创新思想，技术创新有以下特征：一是技术创新不同于发明创造。发明创造只是一种新概念、新设想、试验品，属于由发明家和革新者推动的科技行为；而技术创新则是将发明创造和其他科技成果引入生产之中，属于由企业家推动的经济行为。二是技术创新是一个过程。始于研究开发，终于市场认可，即以市场价值的实现为最终标志；为此企业家必须考虑消费者的需求，否则之前的一系列活动就不能称为成功的技术创新。三是技术创新具备"准公共产品性"。技术创新的模仿与扩散是创新成果具有创新利益外溢效应的表现，二者都需要一定的成本，且兼具外部性和独占性。其中，模仿有天然的技术堡垒，这给予创新企业一定的技术排他性；而扩散主要是通过创新成果的大面积模仿来实现，不断的技术创新和模仿扩散是经济持续不断发展的动力。四是创造性地"破坏"活动。具体表现为产品、工艺和组织管理的更新，这种建设性的破坏贯穿于技术创新全过程。五是不确定性和盈利机会并存。不确定性即风险，主要源于技术本身、企业内部组织和市场三方面，其中市场的不确定性最大。

### 3. 绿色技术

就本质上而言，技术没有绿色技术（environmentally sound technology）和非绿色（灰色）技术之分；绿色技术仅是从技术和生态层面，根据技术应用能否降低对生态环境的负向影响而判断的技术绿色属性，是一种呈现于绿色技术创新全过程的生态思维方式。绿色技术也被称为"无公害技术""生态技术"等，绿色技术创新其核心就是绿色技术的创新。由于环境公害的出现，欧美一些发达国家较早制订了污染控制的法规并推动了末端技术的创新与发展。最初由罗兹和维尔德（E. Rhodes & D. Wield, 1994）将绿色技术明确定义为"非公共伤害"或"较少公共伤害"技术，并指出绿色技术是减少环境污染、原材料和能源消耗的工艺、技术及产品的总称。从技术范式的角度看，绿色技术是一种新的技术范式，因而绿色技术创新是一种改变技术范式的重大创新[①]。绿色技术是指降低消耗、减

① Geffen C. A. Radical innovation in environmental technologies: The influence of federal policy [J]. Science and Public Policy, 1995, 22 (5): 313–323.

少污染、改善生态，促进生态文明建设、实现人与自然和谐共生的新兴技术，包括节能环保、清洁生产、清洁能源、生态保护与修复、城乡绿色基础设施、生态农业等领域，涵盖产品设计、生产、消费、回收利用等环节的技术[①]。多数学者认为，绿色技术是遵循生态原理和生态经济规律，在创新过程中考虑节约资源和能源，避免、消除或减少生态环境污染和破坏，最终将生态负面影响降至最低。此外，阿西莫格鲁等（Acemoglu et al.，2012）将环境与气候变化模块纳入分析框架，将技术路径区分为肮脏技术与清洁技术，并强调了制度引导技术进步方向的关键作用。

世界知识产权组织（World Intellectual Property Organization，WIPO）根据《联合国气候变化框架公约》的相关准则制定了绿色技术清单，以及公布绿色技术专利的七大类别 IPC，主要包含替代能源生产类、废弃物管理类、能源节约类、农业及林业类、规制和制度设计类、交通运输类、核能发电类。在资源能源和生态环境的约束下，将污染排放等纳入考虑的绿色技术比传统技术更有意义，谋求可持续发展已逐渐成为世界各国的共识；而且绿色技术垂直溢出能够更显著地降低碳强度[②]。国际能源机构认为绿色技术的应用在理论上可为超过 60% 的碳减排目标作出贡献，绿色发展道路对于减少温室气体排放、实现全球经济可持续增长至关重要[③]，可见绿色技术对解决生态环境的积极作用愈发凸显。

### 4. 绿色技术创新

（1）概念与主要观点。

工业文明时代，传统意义的技术创新过分追求经济绩效，忽略了环境的承受能力和资源的可持续利用，无法满足绿色发展的需求。而绿色技术创新的概念由绿色技术和技术创新组合而成，将环境保护与技术创新融为一体。从本质上来看，绿色技术创新是在当前资源环境约束和应对气候变

---

① 国家发改委，科技部. 关于构建市场导向的绿色技术创新体系的指导意见 [EB/OL]. 2019 – 5 – 17.

② Jiao J., Chen C., Bai Y. Is green technology vertical spillovers more significant in mitigating carbon intensity? Evidence from Chinese industries [J]. Journal of Cleaner Production, 2020（257）：120354.

③ Sun H., Edziah B. K., Sun C., Kporsu A. K. Institutional quality, green innovation and energy efficiency [J]. Energy Policy, 2019（135）：111002.

化情景下对传统技术创新的改进升级。最先由布朗和维尔德（Brawn & Wield，1994）提出绿色技术创新的概念，是指能减少污染、降低消耗和改善生态的技术体系的创新，也有学者将绿色技术创新称为环境创新、生态创新和可持续创新等。之后，诸多研究基于不同的理解阐述绿色技术创新的概念和含义，对其中比较典型的观点进行整理，具体如表2.3所示。

表 2.3　　　　　　　　代表性的绿色技术创新概念和主要观点

| 机构或学者 | 概念界定与主要观点 |
| --- | --- |
| 欧盟委员会 | 为遵循生态原理与经济规律，致力于节约能源以及降低环境污染，实现生态负效应的最小化"无公害"或"少公害"的工艺、技术和产品的统称 |
| 经济合作与发展组织 | 指以环境改善为目的而研发或改进新产品、工艺和新营销方法的创造行为[1] |
| 肯普等（Kemp et al.） | 基于避免或减少环境污染的目的，而产生新的或经过改良的工艺、产品和技术，同时将组织管理和制度创新纳入系统创新的范畴[2] |
| 万伦来等 | 基于可持续发展目标，创新主体的生产过程同时追求经济与社会效益，最终实现低成本化、公益化的技术创新[3] |
| 休伯（Huber） | 通过研发与应用新技术，更加清洁高效地生产产品，有助于提高企业经济效益以及减少资源消耗[4] |
| 伯纳尔等 | 在符合生态经济规律的前提下，将环保理念应用产品设计、生产、配送及使用等过程，是指降低环境成本、提高资源利用效率以及改善生态环境的技术创新活动[5] |
| 赫尔斯特罗姆（Hellstrom） | 为了节约资源与降低环境污染，将新产品、新工艺从前端研发设计到最终市场应用的一个完整过程[6] |
| 朱建峰等 | 指依靠现代科技研发绿色产品或进行绿色工艺改造，以节约资源原材料与减少废弃物排放，实现经济、环境和社会效益的协调发展目的[7] |
| 扎列布斯卡等（Zarebska et al.） | 绿色技术创新影响企业当前和未来的可持续发展，既影响企业运作与产品生产又积极影响环境保护和生活质量[8] |
| 刘章生 | 在生产绿色产品过程中，降低环境污染、减少原材料与能源消耗的技术和工艺创新[9] |
| 沈能等 | 通过改进生产工艺与推动产业结构升级，达到生产过程绿色化与环境危害最小化之目标，最终实现可持续经济增长[10] |

| 机构或学者 | 概念界定与主要观点 |
| --- | --- |
| 王锋正 | 在不破坏生态经济规律的前提下，追求生产成本和生态环境负效应最小的技术创新活动[11] |
| 魏龙等 | 指企业为减少污染排放和能源消耗及提升环境竞争力，有目的地将研发投资偏向绿色技术的研发，并将绿色环保专利技术和绿色工艺充分运用于生产、经营及销售过程中的一系列创新活动[12] |
| 本·阿菲等<br>（Ben Arfi et al.） | 指通过改进流程、技术、系统、产品和管理实践降低自然资源的使用，并减轻整个产品生命周期中的有害物质释放，其目的在于减缓生产与运营导致的环境破坏或实现指定的可持续性目标以满足人类更好、更高的生活需求[13] |

注：① OECD. Sustainable manufacturing and eco‑innovation：Toward a green economy [R]. Policy Brief, 2009.

② Kemp R., Pontoglio S. The innovation effects of environmental policy instruments——A typical case of the blind men and the elephant? [J]. Ecological Economics, 2011, 72：28 – 36.

③ 万伦来, 黄志斌. 推动绿色技术创新, 促进经济可持续发展——"全国绿色技术创新与社会经济发展研讨会"综述 [J]. 自然辩证法研究, 2003（2）：94 – 95.

④ Huber J. New technologies and environmental innovation [M]. Edward Elgar Publishing, 2004.

⑤ Bernauer T., Engel S., Kammerer D., Sejas Nogareda J. Explaining green innovation：Ten years after Porter's win – win proposition：How to study the effects of regulation on corporate environmental innovation? [J]. Politische Vierteljahresschrift, 2007, 39：323 – 341.

⑥ Hellström T. Dimensions of environmentally sustainable innovation：The structure of eco‑innovation concepts [J]. Sustainable Development, 2007, 15（3）：148 – 159.

⑦ 朱建峰, 郁培丽, 石俊国. 绿色技术创新、环境绩效、经济绩效与政府奖惩关系研究——基于集成供应链视角 [J]. 预测, 2015, 34（5）：61 – 66.

⑧ Zarębska J., Michalska M. Ecological innovations as a chance for sustainable development – directions and obstacles in their implementation [J]. Management, 2016, 20（2）：49 – 64.

⑨ 刘章生, 宋德勇, 弓媛媛. 中国绿色创新能力的时空分异与收敛性研究 [J]. 管理学报, 2017, 14（10）：1475 – 1483.

⑩ 沈能, 周晶晶. 技术异质性视角下的我国绿色创新效率及关键因素作用机制研究：基于 Hybrid DEA 和结构化方程模型 [J]. 管理工程学报, 2018, 32（4）：46 – 53.

⑪ 王锋正, 姜涛, 郭晓川. 政府质量、环境规制与企业绿色技术创新 [J]. 科研管理, 2018, 39（1）：26 – 33.

⑫ 魏龙, 杨晖. 服务外包对中国制造业出口复杂度影响的研究 [J]. 北京邮电大学学报（社会科学版）, 2019, 21（6）：46 – 57.

⑬ Ben Arfi W., Hikkerova L., Sahut J. M. External knowledge sources, green innovation and performance [J]. Technological Forecasting and Social Change, 2018, 129：210 – 220.

基于绿色化的理念，绿色技术创新将"环境友好"作为创新过程的重点，是促进资源有效利用、节能减排、绿色制造与推动绿色发展的主要途径。很显然，绿色创新既具有提高生产效率与竞争能力的经济功能，又具有环境保护与节能减排的社会属性，是解决经济发展与生态环境两难问题的根本途径①。作为主要的环境治理载体及绿色创新主体，制造业实施绿色技术创新是提高产业竞争力、减轻环境污染的重要手段②。

在开放经济条件与资源环境约束下，绿色技术创新成为推进制造业绿色转型升级与实现环境保护"双赢"的必然选择，有利于提高资源利用率与减少环境的负面外部性，同时可在一定程度上消除国际贸易的绿色壁垒。尽管国内外组织和学者分别从经济与资源、企业战略管理、产品生命周期等角度对绿色技术创新的概念认知存在差异，但广泛的观点认为绿色技术创新有助于解决资源环境问题以及实现可持续经济发展。区别于传统技术创新，除了技术推动和市场拉动两种驱动力以外，环境规制政策也是绿色技术创新的一个重要的驱动因素。总之，绿色技术创新不仅强调借助于绿色技术研发创造新产品、新工艺的过程，而且强调通过商业化获取经济利益以及取得社会效益、生态效益的过程，是关系产业核心竞争力以及可持续发展能力提升的关键。

（2）绿色技术创新分类。

①基于绿色技术创新的内容角度，可划分为末端技术创新、清洁工艺创新、绿色产品创新，还可再进一步细分为污染控制和预防技术、废弃物循环利用技术、清洁产品生产技术等的创新等③。

②基于绿色技术创新的技术来源，可分为内生型封闭式创新和外生型开放式创新。其中，前者指利用自身创新资源研发新产品、新技术；而后者则是获取外部创新技术，并以自身原有技术为基础进行消化、吸收和模仿，创造出新产品、新技术。

③基于技术创新应用对象，解等（Xie et al.，2019）、李婉红等（2013）、张倩等（2015）、萨尔瓦多等（Salvadó et al.，2014）利用"二分法"将绿色技术创新划分为绿色产品创新、绿色工艺创新，相关概念的阐述

① Xu L., Fan M. T., Yang L. L., Shao S. Heterogeneous green innovations and carbon emission performance: Evidence at China's city level [J]. Energy Economics, 2021 (99): 105269.

② 石博，田红娜. 基于生态位态势的家电制造业绿色工艺创新路径选择研究 [J]. 管理评论，2018，30 (2): 83 – 93.

③ 杨发明，吕燕. 绿色技术创新的组合激励研究 [J]. 科研管理，1998 (1): 41 – 45.

如表 2.4 所示。

表 2.4　　　　　　　　　　绿色技术创新主要类型与概念描述

| 类　型 | 概念描述 | 主要学者 |
|---|---|---|
| 绿色工艺创新 | 指利用创新手段降低生产过程的负面环境影响，包括减少用于再利用的有害排放物以及能源、原材料消耗的活动 | 陈等（Chen et al.，2006）；曾等（Tseng et al.，2013） |
| | 指企业生产全过程降低污染、节约成本的能力；覆盖了废物回收、毒性消除和污染预防等工艺范围 | 陈（2008） |
| | 更加侧重通过改进生产工艺、更新改造机器设备等途径，提高生产效率与降低环境污染 | 解等（2019）；李婉红等（2013）；张倩等（2015） |
| 绿色产品创新 | 从设计、生产、销售到消费全生命周期进行预防，包括产品更新、生产低废少废以及可回收产品等 | 杨发明等（1998） |
| | 在生产过程中为了减少处置影响环境和提高能源效率，产品使用无毒化合物或可生物降解材料的设计 | 林等（Lin et al.，2013） |
| | 与传统产品创新相比较，绿色产品创新更加关注实施过程各环节的节能降耗 | 王锋正（2018） |
| | 以节约资源、降低能耗、减少排污为目的，实施产品的设计研发及生产 | 解等（2019）；李婉红等（2013）；张倩等（2015） |

　　其中，绿色产品创新主要由顾客需求、市场竞争等因素所推动，关注创新产品各实施阶段的节能降耗；而绿色工艺创新则更多地受环境规制驱动，旨在降低生产过程中的能耗将废物转化为有价值物品的工艺或过程[①]。另外，在"二分法"的基础上，可以将绿色工艺创新细分为清洁工艺技术创新和末端治理技术创新[②]。其中，前者目的在于减少生产过程中产生的污染，而后者目的在于处置已排放产生的污染物。

　　基于上述研究，本书认可绿色技术创新的"二分法"及其将绿色工艺创新再细分的结果，该分类方法便于打开绿色技术创新过程和结果的"黑

　　① Amores – Salvadó J.，Martín – de Castro G.，Navas – López J. E. Green corporate image：Moderating the connection between environmental product innovation and firm performance［J］. Journal of Cleaner Production，2014（83）：356 – 365.
　　② 杨朝均，呼若青. 环境管制工具对工业绿色工艺创新影响的实证研究——基于省级面板数据［J］. 现代经济探讨，2017（8）：79 – 86.

箱"，透视不同环节"节能减排"的潜质。这样不仅突出强调了绿色工艺的研究、开发与应用，而且更加凸显了绿色工艺应用与成果转化产生的经济和环境绩效。

### 5. 技术创新过程及其模型

（1）技术创新过程。

伴随着对创新过程认识的深入，尤其是在线性创新模型、链环创新模型等理论模型之后，学界逐步意识到创新并非企业为了获得垄断优势而采取的排他性内部行为，也不是从研发到生产再到市场的机械过程，而是一种进化的、非线性的、企业与环境交互作用的过程。有文献基于过程的视角，将创新视为涉及想法产生与实施的多阶段过程，在每个环节都具有必要的异质性活动和个体行为[1]。还有文献认为创新是一个复杂连续的多阶段过程，并尝试根据技术创新过程内部环节特点进行阶段分解，前一阶段的产出即为后一阶段的投入，任何子环节的效果都影响技术创新的最终结果。

（2）A－U技术创新过程模型。

20世纪70年代，美国麻省理工学院的厄特巴克（James M. Utterback）和哈佛大学的艾伯纳西（N. Abernathy）围绕产品创新对持续创新过程进行了研究，提出了著名的描述产业技术创新分布形式的A－U创新过程模型[2]，其最大的创造性贡献在于衔接了产品和工艺技术的变化。该模型认为一个产业或一类产品的技术创新过程总体可划分为变动阶段、过渡阶段和特定阶段，产品创新和工艺创新的频率在一个产品生命周期内具有动态变化的特征，并且两类工艺创新存在明显的相关性。也就是说，企业的技术创新类型（包括产品创新、工艺创新）、创新程度取决于企业和产业的成长阶段。基于产品生命周期，此A－U创新过程模型同时揭示了以产品创新为中心的产业创新分布规律。

---

[1] Kanter R. M. When a thousand flowers bloom: Structural, collective, and social conditions for innovation in organizations [C]. Knowledge Management and Organisational Design, 1988.

[2] Utterback J. M., Abernathy W. J. A dynamic model of process and product innovation [J]. Omega, 1975, 3 (6): 639 – 656.

目前，A－U 模型被广泛应用于创新尤其是创新管理领域的研究，不仅为理解不同创新类型之间、创新和产业演化之间的关系提供了线索，而且还有着较强的政策含义。然而一些研究发现，A－U 模型能够较好地解释大型工业企业的创新活动，发展中国家占主导地位的二次创新（引进、转移、消化等）却有着不同的动态规律。基于此，有学者针对不同的研究背景提出了一些改进模型，并展开了模型的应用研究。其中，吴晓波等着力于 A－U 经典模型的改造，提出了针对发展中国家中小企业及传统行业技术改造的二次创新的动态模式；张慧颖等（2016）基于美国、日本和中国产业发展模式的差异，用案例推断构建符合我国战略性新兴产业的 A－U 改进模型。

纵观现有文献，还可以发现 A－U 模型的研究甚至已经超越了对产品和工艺创新形式分布的孤立的研究，将市场创新、长周期状况、技术突变、产品（需求）生命周期、不同类型国家的发展轨迹等纳入技术创新的研究范畴和框架，这对于本书构建相关的实证模型具有较强的指导价值。

### 2.1.3 绿色创新价值链

#### 1. 创新链

在相当长的时期内，多数研究将整个创新投入产出过程视为一个整体"黑箱"，只考虑最初投入和最终产出，忽略了中间产出环节在衔接创新系统内部的运行机理，这与实际的创新过程并不相符。维斯凡那森（Visvanathan，1977）率先提出创新链的理念，即创新活动中各个环节形成的链条；而具体概念则由马歇尔和弗里登堡（Marshall & Vredenburg，1992）提出，认为企业创新需要在上游原材料供应、产品制造、下游销售之间形成持续的多主体互动，上述阶段性活动就是创新链。为了深入研究阶段化特性，海格（Hage，2000）将创新链划分为基础研究和应用研究两种形式，将基础研究和应用研究转化成科技成果、产品商品化两个相互衔接的环节；蒂默斯（Timmers，1999）把创新链细分为基础研究、技术研发、实际应用和产业化以及市场化四个阶段；而班菲尔德（Bamfield，2006）则将创新链划分更为详尽的七个阶段：定义市场需求与风险评估、建立工作计划、凝练发展想法、细节打磨、开发产品、前期测试及商业化生产。

尽管上述观点对创新链阶段和环节的划分存在差异，但各阶段既相互影响又彼此独立。各创新主体通过创新链进行多重互动和学习，相互协作、共享资源，有助于限制机会主义倾向与降低交易费用，实现从新思想到技术、再到市场价值的有序集合。在新技术革命背景下，企业创新的组织边界变得更加模糊，需要多方共同构建或参与创新链条，整合创新要素进行协同创新，从而提高自身的市场竞争力[①]。可见在内涵与结构上，创新链是创新价值链的理论基础。

### 2. 创新价值链

（1）概念阐释。

汉森和伯金肖（Hansen & Birkinshaw，2007）首次提出创新价值链（innovation value chain，IVC）的概念，认为 IVC 是一条以提高企业绩效为目标的从创意产生到产品转化的完整活动流，其创新过程具有多阶段性、内部关联性。根据创新价值链理论的特征，将企业技术创新的过程分为创意的产生、创意的转化和创意的扩散三个阶段以及六个关键点，形成了创新价值链的理论框架。之后，诸多学者进一步补充与完善了创新价值链的概念、特征等；例如，张晓林等（2005）认为与价值链相比，创新价值链具有外部性、高风险性以及不对称性等特征；张怀民等（2002）较早运用创新价值链理论对创新过程进行分解，企业可以通过提升自身创新能力实现价值最大化。

（2）创新价值链的分类。

基于不同的判断依据和目的，创新价值链的分类也存在个别差异。主流的观点根据创新价值链不同环节的异质性特征，将其划分为两个阶段或者三个阶段。从两阶段的分类来看，洛夫等（Love et al.，2006）基于知识具有流动性的特点划分为"知识收集"和"知识利用"两阶段；而肖仁桥等（2014）将企业技术创新活动细分为科技研发、成果转化这两个相互

① 杨忠，李嘉，巫强. 创新链研究：内涵、效应及方向 [J]. 南京大学学报（哲学·人文科学·社会科学），2019，56（5）：62–70＋159.

关联的子过程阶段；官建成等（2005）把技术创新过程划分为技术研发阶段和成果转化阶段两个彼此联系的子系统；庞瑞芝等（2010）则将其分为"创新知识转化"阶段、"创新资源转换"阶段，以便更好地剖析创新过程要素流动的网络化特征。从三阶段的分类来看，阿米顿（Amidon，1997）表示创新价值链是以知识获取、生产与价值实现为基础连续且有序的过程；罗珀（Roper，2008）利用创新价值链理论将创新过程分为获取知识、知识转化以及知识开发利用三个环节，认为只有将知识进行转化并开发利用才能实现创新的价值；而霍尔和拜格森（Hall & Bagchisen，2002）基于价值链理论将创新的价值实现过程细分为基础研究、应用拓展以及市场化。

综上所述，随着产业链、价值链和创新链等概念的发展，相关研究对创新价值链的关注度也不断提升。主流观点将其划分为既相互独立又相互联系、既序贯发生又同时进行的若干环节，虽然对其阶段的划分具有形式上的差异，但是基本研究思路较为一致，多要素、多阶段的价值传递过程体现了内在连续的不可分割的知识流动，是探究 GVC 嵌入对绿色技术创新过程影响的重要铺垫之一。

### 3. 绿色创新价值链

（1）概念界定。

在结合创新价值链、绿色创新等理论的基础上，崔兴华（2020）将绿色创新价值链定义为各经济体在全球生产链条中借助于创新手段改变生产方式，从而降低污染排放，提高绿色生产率的过程。本书认可上述对绿色创新价值链的界定，拟深度透视其阶段性特点以及对接与 GVC 相关的研究。

（2）阶段划分。

绿色创新由紧密相关的绿色设计、研发、干中学、试制、生产、市场推广等子环节构成，缺一不可[1]。借鉴创新价值链理论的思想以及纳入环境效应，将绿色创新活动划分为绿色技术研发、绿色成果转化[2]，两个阶

① Hansen M. T., Birkinshaw J. The innovation value chain [J]. Harvard Business Review, 2007, 85（6）：121.

② Glückler J. Knowledge, networks and space：Connectivity and the problem of non – interactive learning [J]. Regional Studies, 2013, 47（6）：880 – 894.

段既相互联系又存在明显差异①。

在绿色技术研发阶段，是企业、高校和科研院所利用研发（R&D）资源投入进行技术研发的过程，由研究、测试、试制等环节组成，主要涉及绿色设计、开发、干中学、测试等活动②；此过程以绿色发展为导向，进行新知识、新技术的开发研究并获得绿色专利等中间产出。作为绿色创新的核心主体，企业获取与创造新知识的源泉有"内部资源"和"外部资源"。其中，前者是指自身的研发员工与组织内部的财力及物力的投入；而后者则为与企业绿色可持续发展相关的利益相关者，包括政府、产学研合作机构以及外国投资商等对绿色科技研发活动的支持。企业要积极借助外部利益相关者的影响作用，推动自身绿色创新能力的提升；为此，要促进自身绿色创新知识与外部各个合作创新主体进行知识融合，增强对内外部绿色知识的积累，进而提高绿色技术研发产出③。事实上，创新产生新知识仅仅是价值实现过程的第一步，实现知识的经济价值才是根本目的。

在绿色成果转化阶段，是将第一阶段的知识型产出（绿色专利技术）进一步转化商业价值以及节能减排的过程，由制造、产业化、产品推广等环节构成。也就是说，该阶段把无形知识投入和资金投入转化成有形的新产品，通过企业的市场活动实现绿色创新的价值转化。而企业若想获取市场竞争优势并提高其绿色经济产出，就必须使绿色新产品或新技术获得广大消费者的认可，这需要重视绿色科技研发阶段的知识型产出与市场需求的高度匹配度。当然，将绿色专利等知识产权转化为适应市场需求的产品和服务的过程需要耗费企业大量的人力、物力等资源，也是整个绿色创新价值链实现价值共创的关键阶段。

通常，提升绿色创新能力的途径有两种：一是依靠企业内部的 R&D 经费和人员投入等方式，通过创新人力资本与技术积累促进企业绿色创新能力；二是借助于外源性的绿色技术溢出及扩散提高创新能力。本书认为

① 钱丽，肖仁桥，陈忠卫. 我国工业企业绿色技术创新效率及其区域差异研究——基于共同前沿理论和 DEA 模型 [J]. 经济理论与经济管理，2015（1）：26 – 43.

② Guan J.，Chen K. Modeling the relative efficiency of national innovation systems [J]. Research Policy, 2012, 41（1）：102 – 115.

③ Asheim B. T.，Isaksen A. Regional innovation systems：The integration of local 'Sticky' and global 'Ubiquitous' knowledge [J]. Journal of Technology Transfer, 2002, 27（1）：77 – 86.

两阶段绿色创新价值链之所以考虑 GVC 嵌入和绿色创新的特定因素，主要基于以下内在逻辑：一是中国制造业是主要工业非期望产出的排放者和环境污染者，而绿色创新实践是确保环境可持续性的必要条件。中国经济经历多年的粗放型增长后，面临着资源过度消耗带来的环境污染和生态退化等问题，这就意味着传统发展模式必将摒弃，而追求经济高质量发展的模式迫在眉睫。高质量发展本质上是发展质量的突破性提升，显然与绿色科技创新密不可分。这是因为绿色技术创新和扩散是当前解决全球气候变化和能源危机双重挑战的唯一途径，只有绿色技术创新与进步才可能真正促进可持续发展。为此，有必要贯彻绿色发展理念，将环境效应纳入制造业技术创新的大范畴，以便更好地引领绿色创新发展方式的升级。二是传统观点认为企业是绿色创新的主体，但开放经济条件下绿色创新活动越来越复杂，与外部创新主体进行深度合作逐渐成为绿色专利（产生）的重要来源。在整个绿色创新价值链的实现过程中，企业不仅需要与政府、大学以及科研院所等机构合作，而且更加需要与国内外利益相关方开展绿色协同创新。

总之，根据绿色创新价值链理论划分的两个阶段形成了一条密切关联的完整创新链条，为分析绿色创新各环节的薄弱点以及改善创新效率指明了方向。基于上述分析探索 GVC 嵌入对中国制造业两阶段绿色创新活动价值实现过程的影响关系，有助于实现科技经济和生态环境的协调发展。

## 2.2 相关理论基础

### 2.2.1 资源基础理论

资源基础概念从 20 世纪初开始提出，真正起源于 50 年代彭罗斯（Penrose）的《企业成长理论》，之后沃纳菲尔特（Wernerfelt，1984）将关键资源视为企业产品乃至公司绩效的基础，其开创性研究成果的发表标志企业的"资源基础论（resource - based view，RBV）"的诞生。该理论的基本思想是把企业视为各类有形、无形资源的集合体，尤其是将目标聚焦于资源的异质性特点和战略要素市场，以此解读企业获取持续竞争优势的根源。可见，企业资源与培育竞争优势以及获取经济利润之间存在内在关系，即企业内部的组织能力、资源和知识的积累是解释企业获得超额收益以及保持竞争优势的关键。后来温特和菲林斯等（Winter & Collis et al.）从公司内部资源和能力的角度对企业持续竞争优势的产生与维系做了深入探究，共同形成资源基础理论学派。

大量的研究认为，发达国家掌握核心技术与研发资源而占据高附加值环节，发展中国家往往依附其劳动力等比较优势而处于低附加值、低科技含量的环节。众所周知，拥有较多独特的、难以模仿的异质性资源和能力是企业倾向于实施绿色创新的前提，也是提升组织绩效以及获取长期竞争优势的源泉。在开放环境下，有必要延展资源基础理论的应用范畴和场景，通过拓宽企业外部动态资源的渠道来源，进而培育持续、显性的竞争能力。近年来，GVC 与创新链的融合趋势日益凸显，这难免对 GVC 各参与方产生深层次影响。就中国制造业融入 GVC 生产分工体系而言，除了通过增加自身的研发资源投入促进绿色创新水平以外，还可以借助于外部"主动溢出"，如 GVC 资源的获取、消化与吸收绿色技术溢出，及接受跨国公司的监督与帮助等；这将可能引领制造业向能源集约化和环境清洁化方向发展，乃至强化企业的综合国际竞争能力。

### 2.2.2　外部性理论

外部性也被称为溢出效应，是指交易中未考虑第三方所经受的成本和收益，使结果可能给第三方带来一定的利益即正的外部性，或者造成一定的损失即负的外部性；还有观点认为外部性是指个体、企业等主体对其他行动者造成的损害，而并不对其他主体进行补偿的经济行为。现有文献大多认同马歇尔（Marshall）提出的概念，即指一个经济实体的经济行为对其他经济实体产生利益或损害的非市场效应；英国经济学家庇古（Pigou）基于福利经济学的视角将外部性分为正外部性和负外部性，并认为解决这种外部性问题的手段就是将外部效应内部化。当两种外部性都存在时，会导致市场资源配置低效以及增加社会成本，偏离帕累托最优状态。

相对而言，除了一般创新具有公共物品的非竞争性、非排他性以外，绿色创新还具有知识研发溢出的外部性、环境溢出的外部性[①]等典型特征。也就是说，除了拥有一般创新在生产制造环节所具有的普通溢出效应之外，绿色创新还会在扩散阶段产生溢出效应，进而可以降低生产或产品的外部环境成本。在绿色创新的正向外部性情况下，企业需要承担大量的额外成本从事对环境有利的创新活动却不能获得全部收益，这将导致绿色创新水平低于帕累托效率所要求的社会最优水平。例如，在知识产权保护不力、知识网络迅速传播、学习能力强化的情境下，企业的绿色创新成果很容易被迅速模仿并产生非自愿的扩散现象，造成企业的私人收益小于社会收益，从而抑制在没有政策支持时企业投资绿色创新的动力。另外，企业绿色创新过程中会因环境污染问题给社会造成负外部性；由于市场定价机制不健全，污染物排放收费往往被低估，导致排放超标[②]。可见，正是因为绿色创新"双重外部性"的存在，往往导致企业绿色创新不足以及环境污染加剧的现象。

这意味着仅仅依靠市场力量难以解决绿色创新的动力缺口问题，而环境规制恰恰是干预与纠正由于外部性而导致市场失灵最为普遍且有效的手段，可以实现促进企业绿色创新和降低环境污染的目的。一方面，为了弥补企业绿色创新的正外部性损失，政府和环保部门一般采取补贴、排污税费减免等手段激励企业的绿色创新行为，以便实现经济绩效和环境绩效的协同改进；同时，社会公众与非政府环保组织也会督促企业加强污染治理，减轻对生态环境的负面影响。另一方面，环境外部性是由于污染导致的一种负的外部性，这是因为污染者没有承担环境污染的相应成本。在非对称的私人边际和社会边际收益条件下，导致外部利益的流失；正是存在环境污染负外部性而导致的产权模糊与市场失灵等困境，

第 2 章　概念界定及理论基础

① Rennings K. Redefining innovation—eco – innovation research and the contribution from ecological economics [J]. Ecological Economics, 2000, 32（2）: 319 – 332.

② Tian X., Rui W., Geng Y., Bleischwitz R., Che Y. Environmental and resources footprints between China and EU countries [J]. Journal of Cleaner Production, 2017（168）: 322 – 330.

这为政府的规制政策提供了理论前提和依据。可见，单靠市场力量同样难以解决环境污染的负外部性问题，同时需要借助于规制手段弥补"市场失灵"的缺陷，政府和环保部门通常按照企业增加的外部环境成本进行征税。也就是说，环境规制是指在环境污染处于负外部性条件下，通过政府强制性政策、激励性制度或行动者自觉性行为等手段或措施，促使企业将环境的外部性向内部性转化，以实现环境治理和促进环境与经济协调发展的目标。综上所述，在正式以及非正式环境规制的约束下，企业可以将外部环境成本内部化，实现在经济利益和环境利益方面的"双赢"局面。

### 2.2.3　市场失灵理论

作为资源配置的有效方式之一，市场可能会发生低效率甚至无效率的现象，即"市场失灵"。市场失灵是指由于市场机制中存在垄断、外部性、公共物品和不完全信息等问题，导致通过市场配置手段不能实现资源的最优配置。亚当·斯密（Adam Smith）认为在完全竞争市场条件下可以依托市场调节完成资源的最优化配置，但现实条件下并不存在真正完全自由的市场，所以难以实现资源的最有效配置[①]。

在企业创新过程活动中也经常出现市场失灵的现象，具体原因包括三个方面：第一，创新过程的不确定性。企业研发投资的不确定性贯穿整个技术创新过程，包括技术、市场前景的不确定性，均会影响研发投资的决策。第二，创新收益的外溢性。基于研发活动中信息的传播性、公众性等特点，一般情况下企业难以全部占有所有收益。由于存在溢出效应导致研发资源不能实现最优配置，研发的私人收益与社会收益不均衡。第三，创新成果的专用性。因为企业的基础技术价值随着使用者的增加呈现出边际递减的趋势，为了避免价值被分散相关企业间一般采取技术共享的方式。然而，技术的专用特性决定了分享企业难以直接利用同一技术，反复的研

①　［英］亚当·斯密. 国民财富的性质和原因的研究［M］. 郭大力、王亚南，译. 上海：商务印书馆，1972.

发活动势必导致资源的浪费，相应的社会福利水平被降低。

市场失灵对研发活动产生较大的影响，以至于大多数企业进行创新活动以及研发项目时，往往侧重于模仿其他企业的成果而不是追求开拓性创新，这造成技术停滞并进一步加剧市场失灵。在此情境下，这显然需要有为政府"看得见的手"进行干预，提供配套的研发补贴、税收优惠等政策支持，以激发企业自主创新的积极性，保护企业创新的知识产权成果。

### 2.2.4 波特假说理论

波特（Porter）于1991年在环境规制的概念中指出，环境规制并不是给所有企业以惩罚形式的压力，而是让一些企业更具竞争力，改善公司绩效。环境和制度经济学的主流观点认为，在静态条件下环境规制在一定程度上能够改善环境状况，但是过于严格的环境规制则会对经济增长产生阻碍作用，导致企业竞争力的降低。而波特认为传统经济学对于经济与环境的分析过于片面，二者应是一种动态的关系，严格且合理的环境规制不仅会促进企业的创新活动，而且能够提高企业的竞争力。在此基础上形成了波特假说[①]，即环境规制可以通过对促进创新的影响进而提高企业的财务和环境绩效；该假说包括创新补偿理论和先发优势理论两部分，同时肯定了政府在解决经济和环境利益冲突中的价值。其中创新补偿理论认为企业在市场型环境规制的激励下，既可以满足环境保护的要求，又可以通过创新活动产生的经济利益补偿企业应对环境规制而增加的成本，并产生一定的净收益。先发优势理论认为在严格的环境规制下，此时先动起来的企业可以提前开展绿色技术研究与开发生产绿色产品，通过率先满足社会公众对绿色产品日益旺盛的需求，从而扩大市场份额进而维持优势地位。

事实上，新古典经济学遵循经济成本分析，认为环境规制由于增加治

---

污成本、挤占创新投入进而制约了经济增长，属于静态的发展观；而波特假说却认为，合适的环境规制强度可以刺激技术创新并产生相应的补偿效应，同时达到降低环境污染与改进经营绩效的双赢，属于动态的发展观。面对改善资源短缺和生态环境的艰巨任务，政府需要不断调整环境规制的范围、程度和标准等，成为企业促进绿色技术创新的外在压力[1]。为此，在分析政府的环境规制能否引导企业进行绿色技术创新时，必须对环境规制导致的"遵循成本"效应和"创新补偿"效应进行考虑，其最终结果取决于两种效应的综合作用。

## 2.2.5 技术进步后发优势理论

后发优势理论由美国经济史学家格申克龙[2]于1962年最先创立，该理论首次定义了"后进性"和"后发国"，从理论高度分析了后发国家如何利用"落后的有利性"，探讨了获取工业化更高时效的工业化路径选择，以及追赶乃至超越先发国家的可行性。作为发挥后发优势的一个重要影响因素，技术性后发优势突出表现为后发经济体的技术学习，即从先发经济体引进相关先进技术，并经模仿、消化、吸收和创新而带来利益。其中，引进技术能够避免大量研发资金、人力成本的投入，是后发国家避开研发活动弯路并快速推进工业化进程的有效途径。由于后起国家与较为先进国家的工业发展程度存在显著差异，前者通过全面使用后者的技术及管理经验等可以实现经济收敛。一方面，后发国家引进先进国家的技术、设备可以节约科研费用和时间，以及快速培养本国人才，在较高的起点上推进工业化进程，其技术差距呈现边际递减趋势；另一方面，后发国家在获得先进国家经验的支撑下在某些方面可能实现反超，进而取得技术进步的"蛙跳"[3]。

① Utterback J. M., Abernathy W. J. A dynamic model of process and product innovation [J]. Omega, 1975, 3 (6): 639-656.

② Gerschenkron A. Economic backwardness in historical perspective [J]. The Political Economy Reader: Markets as Institutions, 1962: 211-228.

③ Brezis E. S., Krugman P. R., Tsiddon D. Leapfrogging in international competition: A theory of cycles in national technological leadership [J]. The American Economic Review, 1993: 1211-1219.

继而，纳尔逊证实了后进国家技术水平的提高与前沿地区的技术差距呈线性正比例关系。列维充分认可后发国家在现代化进程中的后发优势体现在认识、预测、技术借鉴等方面，并明确指出了后发劣势。而阿伯拉莫维茨的"追赶假说"① 进一步论证了后发国家追赶先进国家的现实性。伯利兹、克鲁格曼等的蛙跳理论则认为后发国家拥有"跳跃性"的技术后发优势。在追赶假说基础上，鲍莫尔指出贫穷落后国家教育、工业化的低水平抑制了利用技术差距实现经济追赶的可行性；再后来，埃尔肯拓宽了研究视野并提出开放条件下后进国家基于后发优势的经济追赶模型。还有研究认为，若进入时机较早则可积累大量技术经验、建立知识目录以及参与设计主导技术与指定产品标准，进而抢占市场先动优势；反之若后发国家追赶产业的时机较迟，尽管能利用与模仿学习降低赶超的风险和成本，但却面临技术壁垒较高、市场份额被抢占的劣势。当然，如果后发国家能充分把握产业赶超时机与合理发挥后发优势，则有可能通过技术突破赶超技术先发国家。正如格申克龙② 所言，落后经济体引进发达经济体的既有技术和设备，可以有效节约时间成本和科研费用，实现快速的技术追赶。另外，在全球生产网络中，先发国家与后发国家的国际分工合作的目的迥然相异，前者利用发展中国家廉价生产要素以生产中间产品为目的，而后者学习追赶发达国家以技术和资源获取为目的，但总体上加快了以产品生产跨境共享、中间产品跨境流转为主要特征的 GVC 发展。

相对于发达国家而言，我国工业技术研发投入较少和自主创新能力整体偏弱。特别是对于知识资本存量较低的行业以及自主创新能力不足的中小企业，非研发创新就成为企业提升技术水平的主要途径③。尽管中国制造业技术水平与发达国家存在较大的技术差距，但产业基础较好且后发优势明显；可以引进发达国家的资金、技术和设备等，节约研发

---

① Abramovitz M. Catching up, forging ahead, and falling behind [J]. Journal of Economic History, 1986: 385 – 406.

② ［美］亚历山大，格申克龙. 经济落后的历史透视 [M]. 上海：商务印书馆，2010.

③ 黄永春，魏守华. 后发国家企业实现新兴产业赶超的时机选择研究——基于 GVC 视角下的技术创新 A – U 模型 [J]. 南京社会科学，2014 (6)：7 – 15.

的时间和费用，这样一开始就以较高的起点实现技术进步。GVC 分工下的市场竞争更加激烈，中国制造业跟随型企业有较强的意愿进行绿色转型升级，这是由于为了维护企业自身利益作出的抉择以及价值链主导企业歧视与打压的结果。应该说，上述研究基于不同视角发展与完善了后发优势理论，也为制造业嵌入 GVC 的绿色技术创新研究铺垫了理论基础。

### 2.2.6　开放式创新理论

伴随着经济转型，我国制造业的技术创新范式先后经历了从 20 世纪 80 年代的模仿创新[①]、90 年代的线式合作创新到网络式发展再到开放式创新[②]、协同创新[③]。在全球知识经济迅猛发展的驱动下，企业自主创新与开放创新能力的提高对于增强国际市场竞争能力至关重要。2003 年亨利·切萨布鲁夫教授正式提出了开放式创新理论，指出"有目的地让知识流入和流出以加快企业内部创新"，强调了外部知识资源对企业创新过程的重要影响作用[④]。相对传统的封闭式创新模式，开放式创新旨在要求企业突破封闭思维模式，通过与外部合作可以共享整合创新资源与技术，最终实现创新能力的提升以及参与主体的共赢[⑤]。之后，国内外的相关研究不断地深化了理论内涵和实践探索，助推了企业开放式创新的持续发展；其中陈劲等（2012）认为只有开放式创新受到重视时才能带来产品或工艺的改善与利润率的增加。

在开放创新时代，技术创新的来源呈现多元化的特点，研发创新并非

---

①　解学梅，徐茂元. 协同创新机制、协同创新氛围与创新绩效——以协同网络为中介变量 [J]. 科研管理，2014，35（12）：9 - 16.

②　陈劲，吴波. 开放式创新下企业开放度与外部关键资源获取 [J]. 科研管理，2012，33（9）：10 - 21，106.

③　刘骏，刘媛媛，俞立平. 高技术企业间数字鸿沟对协同创新的影响 [J]. 科技进步与对策，2017，34（1）：75 - 82.

④　Chesbrough H. W. Open innovation: The new imperative for creating and profiting from technology [M]. Boston: Harvard Business Press, 2003.

⑤　Cassiman B. , Valentini G. Open innovation: Are inbound and outbound knowledge flows really complementary? [J]. Strategic Management Journal, 2016, 37（6）：1034 - 1046.

企业提升技术水平的唯一途径；尤其对于发展中经济体企业的技术创新赶超战略活动来说，技术的引进、模仿、消化与吸收等非研发创新手段发挥越来越重要的作用。由于开放式创新具有更强的创新包容性、知识流动性，已成为领先企业广泛采纳的一种主流创新范式。尤其是我国制造业创新基础薄弱的现实情形，获取外部创新资源要素和借鉴先进经验是提升创新能力的有效途径。也就是说借助于开放式创新，制造业可以学习借鉴GVC上"高端环节"的先进经验、引进外部创新资源；并在消化吸收的基础上，有效整合与对接知识、信息、技术等要素，进而创造源源不断的新增价值以及促进企业转型升级。

### 2.2.7　网络嵌入理论

网络嵌入理论认为网络嵌入性体现行动主体与网络其他节点间的关系，虽然网络内各个主体相互依赖，但是某一主体能够从网络中获取的异质性知识、技术资源取决于彼此之间的互动经历及网络关系质量。20 世纪90 年代以来，资源流动、整合与利用模式等发生了重大变革，国际分工先后经历了产业间分工、产业内分工以及产品内分工的演进过程，现阶段新国际分工已发展成为一个包含不同产业之间、同一产业不同产品之间以及同一产品不同工序之间的多层级国际分工体系，该体系本质上是各个国家或地区的企业形成的外部关系网络。

在开放经济条件下，GVC 嵌入实际上是不同国家或地区以产品内国际分工为主体的国际分工体系。与普通的组织嵌入不同，GVC 嵌入的知识、技术溢出效应更加明显，是技术创新的一种特殊表现形式。就其本质而言，GVC 嵌入对绿色技术创新的影响表现为不同国家或地区通过特定方式或渠道融入以产品内分工为主体的国际分工体系，通过消化、吸收、模仿先进绿色技术并整合现有绿色技术，最终实现自身绿色技术创新水平的稳步提升。特别是随着全球经济一体化和技术变革速度加快，企业难以靠单打独斗的方式实现绿色技术创新，客观上需要嵌入外部关系网络获取更多的创新资源。

## 2.3 本章小结

第一，主要界定了 GVC、绿色技术创新、绿色创新价值链等核心概念，具体包括以下：一是介绍了 GVC 的概念演进、驱动类型、升级方式和治理模式；二是明确了创新、技术创新、绿色技术、绿色技术创新的概念和主要观点，以及技术创新过程及其模型；三是阐述了价值链、创新价值链、绿色创新价值链的概念以及阶段划分等。

第二，重点梳理了与研究主题相关的资源基础理论、外部性理论、市场失灵理论、波特假说理论、技术进步后发优势理论、开放式创新理论和网络嵌入理论等，同时针对上述理论的内涵与外延进行必要的解读与诠释，进而为下文作用机理的梳理、研究假说的提出以及实证结果的解释与分析提供较为充分且坚实的理论铺垫。

第**3**章

# GVC 嵌入影响制造业绿色技术创新的作用机理研究

本章利用文献演绎、经验归纳等方法，结合相关基础理论系统剖析 GVC 嵌入对中国制造业绿色技术创新影响的作用机理。即首先阐述机理设计的理论依据与思路，其次分析 GVC 嵌入对绿色创新技术整体维度的影响机理，再次分别分析 GVC 嵌入影响绿色"技术研发—成果转化"创新和绿色"工艺—产品"创新两个子维度的机理，最后构建本书作用机理的总体框架，为后续实证部分夯实理论根基。

## 3.1 研究机理设计

充分考虑外部 GVC 嵌入对中国制造业绿色技术创新过程及其结果的多维度影响。企业的技术创新活动不仅是整合内部信息和知识的过程，同时也是不断从外部获取信息和知识并转化为创新资本的过程①。研究

---

① 马富萍. 高管社会资本对技术创新绩效的作用机制研究 [M]. 北京：中国经济出版社，2014.

表明，在全球知识快速流动条件下，企业积极嵌入 GVC 可以获得新技能和专业知识[①]。也就是说，开放式创新能够带来更多外部创新资源的机会，弥补自身创新缺口[②]；整合利用 GVC 上各利益主体外溢的先进知识，成为制造业突破本土知识锁定、获取全球化资源的有效途径[③]。整体上，GVC 嵌入对中国制造业绿色技术创新产生较大的影响；尤其在考虑外部环境规制的作用情景下，这种影响关系可能更加符合实际。事实上，GVC 嵌入对制造业整体绿色技术创新（效率）的改善是一个结果；需要进一步明晰具体的作用路径，打开绿色创新技术过程内部的机理"黑箱"。

结合技术创新"阶段论"的观点，为探讨 GVC 嵌入对绿色技术创新过程各环节影响的概念框架指明了方向。技术创新过程可以视为创新要素在创新目标下的流动、实现过程，其过程又包括若干阶段和环节。弗里曼（Freeman，1997）和罗伯茨（Roberts，1988）认为创新是由发明和市场两个过程整合而成；在熊彼特（Schumpeter）研究的基础上，柳卸林（1993）创造性地提出技术创新实现的"两步论"，即新思想的来源和后续阶段的发展实践；汉森和伯金肖（Hansen & Birkinshaw，2007）指出技术创新活动由一系列相互关联的子过程组成，需加强每一个子过程的管理。同时，借鉴 A - U 技术创新过程模型的主要观点，以及考虑到绿色创新活动自身的复杂性、特殊性，需要针对不同的创新阶段与维度对创新过程进行深入探讨。另外，中国科学院"可持续发展战略"研究小组（2010）认为，绿色创新的发展包括以下构成要件：绿色工艺创新、传统过程创新、绿色产品创新和形成价值链的产业模式创新。

现有文献涉及 GVC 嵌入对绿色"技术研发—成果转化"创新和绿色"工艺—产品"创新的相关研究还比较薄弱，尤其是从行业尺度下的机理研究微乎其微。一方面，制造业的绿色技术创新活动不仅仅是创造新事物的过程，同时也是应用成果商业化的过程；该过程构建了从研发、

① Defraigne J. C. Chinese outward direct investments in Europe and the control of the global value chain [J]. Asia Europe Journal, 2017, 15: 213 – 228.

② 范林凯，李晓萍，应珊珊. 渐进式改革背景下产能过剩的现实基础与形成机理 [J]. 中国工业经济，2015 (1): 19 – 31.

③ 韩文艳，熊永兰. 开放式创新背景下创新范式研究演化路径与热点分析 [J]. 科技管理研究，2021, 41 (9): 1 – 7.

设计到最终产出连续且相互衔接的链条，其最终极目标是持续改善生态环境和实现创新的商业价值。作为绿色创新价值链的主体，企业在技术研发与成果转化过程中发挥着关键作用，可以构建对外部知识的准确获取、快速消化与吸收、高效转化和利用能力，实现技术的转型升级[①]，因此可以从 GVC 嵌入对绿色技术研发阶段创新和绿色成果转化阶段创新的影响这一子维度进行剖析。另一方面，工艺和产品分别体现了"怎么做"和"做什么"，制造业工艺创新、产品创新各自反映了以生产工艺为核心的工艺技术创新、以产品设计为核心的产品技术创新。在制造业绿色技术创新的过程中，产品创新和工艺创新相互支撑与联动，二者难以割裂[②]。因而，有必要探讨 GVC 嵌入对绿色工艺创新与绿色产品创新的影响机制。

基于以上分析思路，将本书的作用机理研究凝练为绿色技术创新的整体维度以及绿色"技术研发—成果转化"创新和绿色"工艺—产品"创新两个子维度。

## 3.2 GVC 嵌入影响制造业绿色技术创新整体的机理分析

首先梳理 GVC 嵌入对中国制造业绿色技术创新整体维度的影响机理，这种影响同时包括促进作用和抑制作用，其最终的影响效果取决于二者的综合力量。由于环境资源属于典型的公共物品，考虑到绿色技术创新的"双重外部性"，当缺乏外部约束时很难激发企业环境治理的动机，因此还需要考虑环境规制的因素。具体作用机理如图 3.1 所示。

---

[①] 司月芳，刘婉昕，曹贤忠. 外部知识源异质性对企业工艺和产品创新绩效的影响研究 [J]. 工业技术经济，2019，38（11）：77–85.

[②] 李健旋，杨浩昌. 制造业产品和工艺创新协同及其区域比较研究 [J]. 科研管理，2018，39（4）：43–54.

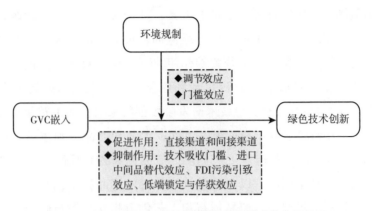

图 3.1 GVC 嵌入对绿色技术创新整体影响的作用机理

### 3.2.1 GVC 嵌入对绿色技术创新整体的直接影响

**1. 促进作用**

中国制造业嵌入 GVC 主要通过直接和间接渠道获取技术进步。前者是指为满足出口产品数量、质量的要求，直接从发达国家获得专利转让和技术授权等方式的技术转移；而后者指通过外商直接投资（FDI）、对外直接投资（OFDI）、中间品进出口等渠道接收沿价值链跨国移动的外源性技术信息。企业借助于技术溢出效应，吸收外部知识并将其内化为自身的技术进步，继而总体上促进全要素生产率（TFP）的提升[①]。一般而言，创新活动对知识外溢的依赖程度大于其他经济活动，创新主体获取的新知识、新技术主要源于创新活动的外溢效应；罗默（Romer，1994）发现创新外溢可以实现报酬递增进而支撑经济持续增长。具体的促进作用表现为：一是制造业新建或并购海外研发机构以获取国外研发和智力资源，进而实现技术逆向外溢，促进企业技术水平的稳步提高。二是发挥劳动力、资源和政策等优势有选择地吸引 FDI，通过相应的培训效应、示范效应和产业关联效应等促进对发达国家技术溢出的吸收，带动

---

① 孙学敏，王杰. 全球价值链嵌入的"生产率效应"——基于中国微观企业数据的实证研究 [J]. 国际贸易问题，2016（3）：3-14.

自身的技术进步[1]。三是在从发达国家进口中间产品的过程中，对隐含先进技术进行学习、模仿与二次创新等，提升知识吸收能力，进而内化为自身技术创新资源[2]。四是嵌入 GVC 使得企业面对更加激烈的国际市场竞争，这种竞争效应也促使企业学习与掌握较先进的生产技术和管理手段。在技术创新过程中，若技术进步表现为高碳技术时，技术进步越快反而碳排放量会越高[3]；若技术进步表现为清洁技术或低碳技术时，则有助于节约能源和减少碳排放[4]。可见，参与 GVC 不仅拓宽新市场，还能共享发达国家在技术和管理方面的知识溢出，实现绿色技术水平和环境效率的提升[5]。

## 2. 抑制作用

在技术吸收门槛方面，由于中国制造业自身吸收能力相对较低以及知识产权保护不健全等因素，与吸收 GVC 高端研发设计环节等先进技术的能力要求存在一定的差距，企业很难对外溢技术进行有效的吸收与转化。尤其是在缺乏与直接引进先进技术相匹配的高级人力资本情况下，企业不仅难以实现有效的技术变革，而且造成严重的资源浪费[6]。与此同时，发达国家企业紧紧抓住先进技术、设计能力等关键环节，竭力抑制中国企业技术学习、消化与吸收的机会，导致技术赶超的难度增大。在进口中间产品替代方面，中国制造业最初采取以加工贸易为主的出口贸易扩张模式，

---

① 陈琳，林珏. 不同股权参与、企业绩效及 FDI 技术溢出效应——来自中国制造业企业的实证研究 [J]. 财经研究，2009，35（1）：28 – 36.

② Gereffi G., Lee J. Why the world suddenly cares about global supply chains [J]. Journal of Supply Chain Management，2012，48（3）：24 – 32.

③ 申萌，李凯杰，曲如晓. 技术进步、经济增长与二氧化碳排放：理论和经验研究 [J]. 世界经济，2012，35（7）：83 – 100.

④ Acemoglu D., Akcigit U., Hanley D., Kerr W. Transition to clean technology [J]. Journal of Political Economy，2016，124（1）：52 – 104；Ghisetti C., Quatraro F. Green technologies and environmental productivity：A cross – sectoral analysis of direct and indirect effects in Italian regions [J]. Ecological Economics，2017，132：1 – 13.

⑤ Song M., Wang S. Participation in global value chain and green technology progress：Evidence from big data of Chinese enterprises [J]. Environmental Science and Pollution Research，2017，24（2）：1648 – 1661.

⑥ Acemoglu D., Zilibotti F. Productivity Differences [J]. Quarterly Journal of Economics，2001，116（2）：563 – 606.

凭借要素禀赋优势嵌入 GVC，以低成本获得高质量、高技术的进口中间品"替代"自主研发，这种高度依赖关系使企业难以摆脱粗放式的发展模式，在某种程度上不利于绿色增长[①]。在 FDI 的污染引致效应方面，为了拉动经济快速增长，中国制造业嵌入 GVC 往往以宽松的环境政策、低廉的劳动力和资源禀赋为代价吸引 FDI，承接发达国家转移的高能耗、高污染、低附加值的加工装配环节，造成国内二氧化碳以及污染物排放的增加。

在低端锁定与俘获方面，中国制造业长期以劳动密集型和技术成熟型产品为主的出口结构，决定了中国企业在发达国家跨国公司主导的 GVC 中很容易被锁定与固化在低贸易附加值、微利化的低端生产制造环节。这种情况导致制造业资源和能源的过度消耗，温室气体和环境污染物的过量排放，绿色创新水平受到抑制。在向 GVC 中高端以及战略核心环节攀升过程中，中国制造业从工艺升级、产品升级跃迁到功能升级和链条突破升级则困难重重。一方面，发达国家市场和跨国公司抬高产品进口质量、安全和环保等进入壁垒，利用代工者的可替代性激发代工企业间的竞争，强化市场不对称地位和买方垄断势力[②]。另一方面，发达国家的跨国公司通过知识产权保护、技术出口管制以及实施技术封锁，控制本土企业的专用资产并限制后发国家的自主研发与绿色发展[③]，进而占据创新链的中高端位置，迫使中国制造业锁定在低附加值贸易和低端生产制造业环节。斯特金和卡瓦卡米（Sturgeon & Kawakami，2010）从模块价值链视角发现发展中国家企业倾向于购买跨国公司的模块化整体方案，容易陷入模块化陷阱，阻碍发展中国家的制造业升级。发达国家为保证制造业的主导与垄断地位建立不对称的价值链治理关系，通过抬高技术转移

---

① Felice G. , Tajoli L. Innovation and the International Fragmentation of Production: Complements or Substitutes? [R]. Unpublished Working Paper, 2015.

② 刘志彪，张杰. 全球代工体系下发展中国家俘获型网络的形成、突破与对策——基于 GVC 与 NVC 的比较视角 [J]. 中国工业经济，2007（5）：39 - 47.

③ Humphrey J. , Schmitz H. How does insertion in global value chains affect upgrading in industrial clusters? [J]. Regional Studies, 2002, 36（9）: 1017 - 1027; Gereffi G. , Humphrey J. , Sturgeon T. The governance of global value chains [J]. Review of International Political Economy, 2005, 12（1）: 78 - 104.

门槛从而将落后国家的制造业"俘获"在低端价值链、高碳排放的生产制造环节[①]，抑制了技术进步以及节能减排的效果。同时，在产业价值链的各阶段均可能发生错误，尤其是在人力资本的相对短板更难以规避较高的犯错率，直接导致前期投入的损失以及更容易被锁定价值链低端[②]。另外，相对于较小风险等级的低碳生产制造而言，低碳创意研发和营销服务风险更高，这将制造业进一步锁定在 GVC 生产制造等高碳环节[③]，抑制绿色技术创新效率的改进。

由上述理论分析可知，GVC 嵌入对中国制造业绿色技术创新的影响同时存在促进作用和抑制作用，整体效应取决于两者的相对强弱。

### 3.2.2 考虑环境规制调节效应及门槛效应的间接影响

依据波特假说理论和外部性理论，绿色技术创新在带来显著经济外部性的同时也会造成严重的市场失灵，而政府部门的环境政策有助于化解这类失灵问题[④]。考虑环境规制情景时，GVC 分工地位的提升对制造业绿色创新效率的影响机理变得较为复杂但更加符合客观现实。一般而言，环境规制对绿色技术创新的影响取决于挤出效应和激励效应的综合效果。一方面，在环境污染治理初期，企业进行绿色技术创新活动的成本要高于单纯的治污成本，此时占负向主导作用的挤出效应大于激励效应；另一方面，技术创新的周期可能较长且具有不确定性风险，这势必导致环境规制的激励效应滞后于挤出效应的负面作用。然而，环境规制强度的提升将引发企业的污染治理成本占总成本的比重增大，倒逼企业重视污染治理通过增加 R&D 投入实施清洁生产技术研发。当环境规制强度上升到一定水平时，

① Humphrey J., Schmitz H. How does insertion in global value chains affect upgrading in industrial clusters? [J]. Regional Studies, 2002, 36 (9): 1017 – 1027.

② Costinot A., Vogel J., Wang S. An elementary theory of global supply chains [J]. Review of Economic Studies, 2013, 80 (1): 109 – 144.

③ 刘晓东，毕克新，叶惠. 全球价值链下低碳技术突破性创新风险管理研究——以中国制造业为例 [J]. 中国软科学，2016 (11): 152 – 166.

④ Kriechel B., Ziesemer T. The environmental Porter hypothesis: Theory, evidence, and a model of timing of adoption [J]. Economics of Innovation and New Technology, 2009, 18 (3): 267 – 294.

企业进行绿色技术创新的收益扩大，从长期来看绿色技术创新正向激励效应占主要作用，即投入研发成本的收益远远高于污染治理成本。

由于绿色技术创新具有创新知识的正外部性以及环境影响的负外部性特征，不同于高新技术或核心技术领域的专用性。绿色技术创新具有高风险、高成本，消费者对绿色产品初期的低认知度，导致绿色创新在制造业难以顺利推广。作为被广泛应用的政策工具，环境规制可有效解决环境污染的外部不经济性问题。鉴于中国制造业嵌入 GVC 面临更大的环境挑战，显然需要发挥环境规制对负外部性的约束作用。当引入环境规制因素时，既能够促进制造业 GVC 分工地位的提高，又可以带动绿色技术创新效率水平的增长，节能减排的效果将更加理想。也就是说，环境规制在 GVC 嵌入与绿色技术创新关系中发挥正向调节作用。另外，考察环境规制的复杂性，中国制造业 GVC 分工地位的提升对绿色技术创新的影响总体上不存在所谓的"捕获式困境"，但可能存在分阶段的非线性影响关系；当环境规制强度处于不同区间时，GVC 嵌入对中国制造业绿色创新影响的程度大小和显著性水平各异，即这种正向作用或许呈现梯度的门槛特性。

##  3.3　GVC 嵌入影响制造业绿色技术研发—成果转化创新的机理分析

绿色技术创新并非企业单独某一项的创新活动，而是从绿色技术研发到产品生产应用的一系列完整过程①。目前，无论是发达国家还是发展中国家均成为 GVC 和 GIC 中不可或缺的部分，因而结合创新价值链理论探究 GVC 嵌入对中国制造业绿色技术研发阶段和绿色成果转化阶段的影响机理，即从绿色创新价值链内部的"技术研发—成果转化"子维度打开机理的"黑箱"。其作用机理如图 3.2 所示。

---

① 杨国忠，席雨婷. 企业绿色技术创新活动的融资约束实证研究 [J]. 工业技术经济，2019，38（11）：70–76.

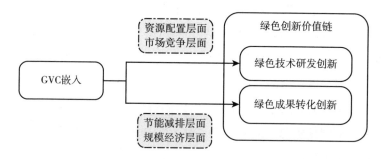

图 3.2　GVC 嵌入对制造业绿色创新价值链的影响机理

### 3.3.1　GVC 嵌入影响绿色技术研发创新的机理

在产品内分工背景下，制造业可以在全球范围内进行中间产品分工和生产要素配置。仅仅凭借企业自身的实力开展绿色技术创新远远不够，需要依赖于多元创新主体的充分合作。同时，中国制造业嵌入 GVC 面临更大的竞争压力，优胜劣汰的竞争态势无形中逼迫企业进一步加大研发资源的投入。因此，在研发阶段需要从资源配置和市场竞争两个层面探讨作用机理。

**1. 在资源配置层面**

嵌入 GVC 可以加快资源要素的频繁跨国流动以及技术知识的转移与溢出，带动客户、供应商、高校、科研机构等的深度参与，这种网络合作关系也从企业内部的部门间协作进一步扩宽到外部多主体乃至国家之间的层面。借助于国际贸易或供应链等渠道，嵌入全球生产网络的本土企业更容易获取海外专利并共享技术溢出，促使企业提高模仿效率，推动绿色增长。技术创新过程不仅是内部知识的获取与整合过程，也是知识的扩散与转化过程。而 GIC 有效地整合全球范围内的技术、知识等创新资源，这样创新主体可以通过研发合作、研发委托、技术进口、产学研合作等途径改善创新的大环境。李等（Lee et al.，2020）指出嵌入 GVC 是发展中国家实现技术升级的重要机会窗口，若能采用适当的宏观政策（包括研发激励以及其他产业政策）与之结合，有助于推动技术赶超和产业升级①。另外，具有高度转移特征的高素质 R&D 人员是知识与技术的传播载体，而便捷的交通、完善的网络通信能为研发人员提供出行与沟通的良好条件，有助于传播与学习全球前沿的绿色技术与管理经验，进而实现企业间内隐性知识的有效传递与充分共享②。可见，中国制造业嵌入 GVC 和 GIC 可以整体上优化多渠道创新资源的配置效率，对于促进绿色研发产出与知识技术转移的影响是全方位的。

## 2. 在市场竞争层面

众所周知，竞争是创新的重要驱动力。嵌入 GVC 的制造业将面临更加激烈的竞争，为此后发国家企业应当主动提升研发能力改进出口产品质量、促进产品设计多样化，以便维持甚至增强其竞争优势或者发挥其后发优势，规避技术水平相近企业的价值链竞争③。佩雷托（Peretto，2003）也认为来自国外的竞争将促使企业主动参与减少生产成本的研发创新，力争降低产品价格与扩大市场份额。在参与 GVC 分工过程中，一方面发达国家价值链主导企业对于产品质量标准的要求较高，企业通过"干中学"消化、吸收与模仿外部的先进技术进而实现自身技术的创新与突破；另一方面为防止价值链条上某企业的竞争力短板或对整个链条产生负向影响，跨国公司一般通过专业培训、操作指导、技术援助等方法，逐步提升后发国家员工的技术水平④。阿格因等（Aghion et al.，2009）认为当市场出现潜

① Lee K., Malerba F. Catch – up cycles and changes in industrial leadership: Windows of opportunity and responses of firms and countries in the evolution of sectoral systems [J]. Research Policy, 2017, 46 (2): 338 –351.

② Autant – Bernard C., Billand P., Frachisse D., Massard N. Social distance versus spatial distance in R&D cooperation: Empirical evidence from European collaboration choices in micro and nanotechnologies [J]. Papers in Regional Science, 2007, 86 (3): 495 –519; Bathelt H., Malmberg A., Maskell P. Clusters and knowledge: Local buzz, global pipelines and the process of knowledge creation [J]. Progress in Human Geography, 2004, 28 (1): 31 –56.

③ 吕越，陈帅，盛斌. 嵌入全球价值链会导致中国制造的"低端锁定"吗？[J]. 管理世界，2018, 34 (8): 11 –29.

④ Ivarsson I., Alvstam C. G. Supplier upgrading in the home – furnishing value chain: An empirical study of IKEA's sourcing in China and South East Asia [J]. World Development, 2010, 38 (11): 1575 –1587.

在竞争者时，企业的技术水平离世界前沿越接近，越有动力增加研发投资，以规避现有竞争。最后，基于竞争效应的无形压力，企业必须依托创新寻求技术进步，促进行业绿色增长水平的提升①。

### 3.3.2 GVC嵌入影响绿色成果转化创新的机理

由技术性产出转变现实生产力的过程被称为成果转化，主要包括技术转化、产品生产、市场推广等。在全球生产网络格局下，该阶段着重关注新产品的商业化价值以及对环境的负向影响作用，主要体现在规模经济层面和节能减排层面。

#### 1. 在规模经济层面

全球价值链嵌入的规模效应是指参与GVC分工的企业同时拥有国内市场以及融入海外市场，通过市场规模的扩张实现各生产环节的规模经济。中国制造业融入GVC有助于拓宽海外市场的贸易活动，进一步扩大规模经济。马述忠等（2016）认为规模效应在促使生产要素和中间商品在全球范围内配置的同时，跨国企业获取的技术知识有助于创新能力以及生产率的提升；吕越等（2017）却认为企业进入全球市场，通过规模经济学习新技术以及生产新产品，能够改善生产效率；而王思语等（2019）研究表明参与国际分工的企业实现了各生产环节的规模经济，提高了全员劳动生产率。由于发达国家跨国公司执行全球统一的环境标准②，对上下游本土企业的绿色成果转化产生连带影响。格拉斯和萨吉（Glass & Saggi，2001）认为多样化且廉价的进口中间投入提高了企业的资源可获取性，企业的边际生产成本将递减。还有文献基于创新成本视角，发现规模效应可以增强企业开展创新活动的内在动力，降低企业的

① Melitz M. J. The impact of trade on intra – industry reallocations and aggregate industry productivity [J]. Econometrica, 2003, 71 (6): 1695 – 1725; Melitz M. J., Ottaviano G. I. P. Market size, trade, and productivity [J]. The Review of Economic Studies, 2008, 75 (1): 295 – 316.

② Letchumanan R., Kodama F. Reconciling the conflict between the "pollution – haven" hypothesis and an emerging trajectory of international technology transfer [J]. Research Policy, 2000, 29 (1): 59 – 79.

创新边际成本和准租金①，从而提高企业从事创新活动的可能性。为提供满足统一环境标准的产品，嵌入 GVC 的后发国家代工企业努力改进自身的技术能力，以及采取更加清洁化的制造手段，力争促进生产效率的提高与污染排放的降低。总之，除了通过进口先进的原材料、机器设备等中间投入品以及借助于投入产出效应提升生产率以外②，企业还不断加强绿色清洁技术的国际化合作交流，利用后发优势模仿、吸收同行绿色技术，间接提升绿色成果转化效率。

### 2. 在节能减排层面

在全球生产链条上，制造业不同工序环节分布于多个国家或地区。企业可以通过识别各环节的资源能源消耗和污染排放状况，瞄准高能耗、高污染工序有针对性地增加绿色研发投入，引进高端的清洁生产技术，实现节能减排的目的③。为了满足环境标准，后发国家融入全球生产网络的企业也会不断改善绿色创新行为，否则将面临失去市场的风险④。伴随着贸易结构升级，中国制造业进口较多高技术含量的整机产品和核心零部件等中间产品，其中包括引进清洁技术含量高的机器设备；这有助于短期内快速应用清洁生产技术，实现污染排放强度和能源消费强度的降低，直接提高了资源和能源的利用效率以及缓解了环境成本负担。另外，中国制造业也间接吸收的绿色技术溢出沿着产业链条在成果转化环节传递与扩散，从而发挥了技术溢出的乘数效应。最后，由于中国经济发展水平以及人们生活条件的改善，对生态环保类产品的诉求逐步旺盛；而政府普遍提升引进 FDI 的准入门槛，这样也遏制了制造业生态环境的恶化趋势。

① Bloom N. , Draca M. , Van Reenen J. Trade induced technical change? The impact of Chinese imports on innovation, IT and productivity [J]. The Review of Economic Studies, 2016, 83 (1): 87 – 117.

② 王玉燕，王建秀，阎俊爱. 全球价值链嵌入的节能减排双重效应——来自中国工业面板数据的经验研究 [J]. 中国软科学，2015 (8): 148 – 162.

③ 崔兴华. 全球价值链嵌入对中国绿色发展的影响研究 [D]. 泉州：华侨大学，2020.

④ Stalley P. Can Trade Green China? Participation in the global economy and the environmental performance of Chinese firms [J]. Journal of Contemporary China, 2009, 18 (61): 567 – 590.

**3.4 GVC 嵌入影响制造业绿色工艺创新和绿色产品创新的机理分析**

从上文的理论诠释可知，绿色技术创新过程包含着连续的不同功能环节，最终体现在产品的价值实现上。在开放环境下，绿色工艺和产品创新往往依赖于中间品进出口，而 GVC 嵌入程度的含义恰恰是中间品进出口指标的客观反映，所以围绕 GVC 嵌入程度梳理对制造业绿色工艺创新和绿色产品创新的影响机理。具体如图 3.3 所示。

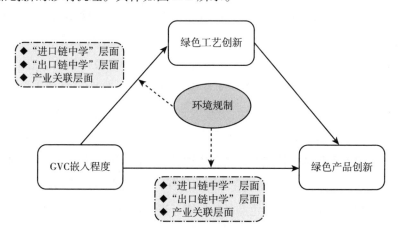

**图 3.3　GVC 嵌入对绿色工艺创新和绿色产品创新的影响机理**

### 3.4.1　GVC 嵌入对绿色工艺创新、绿色产品创新的直接影响

伴随着"五大发展"理念的逐步深化，激励企业绿色工艺创新被视为减缓环境污染水平与推动工业新型化的有效手段之一①。当前我国制造业正处于从粗放型向集约型发展模式转变的关键时期，兼顾环保与经济目标

① 毕克新，杨朝均，黄平．中国绿色工艺创新绩效的地区差异及影响因素研究 [J]．中国工业经济，2013（10）：57－69.

063

的绿色产品创新也越来越受到重视。根据技术进步后发优势理论，GVC 嵌入程度对中国制造业绿色工艺创新、绿色产品创新的影响机理主要在两类"链中学"层面以及产业关联层面。

### 1. 在"进口链中学"层面

发展中国家从主导价值链的发达国家进口先进的机器设备、原材料等中间投入品，能够以低成本学习与吸收发达国家已有技术实现自身的技术进步，这种"进口链中学"效应体现在以下两点。一是进口中间产品可以弥补国内中间产品的质量或技术规格不达标、品种选择空间受限等短板，能够使生产中的加工装配等工序以及产品整体的生产工艺质量得到改善。其中，进口资本品中嵌入了发达国家的先进技术，工人操作设备时需要掌握这些知识，通过工人流动和市场竞争等方式将技术外溢到其他行业①。中国制造业借助进口清洁产品特别是机器设备的绿色技术溢出，在产品研发设计中促进了绿色产品创新，又在生产制造环节改进了绿色工艺创新。二是通过对进口中间产品的逆向工程改进绿色产品。即通过对进口中间品的分拆、测绘和重构等逆向活动的研究，深层次演绎产品的功能特点、技术规格、处理流程和结构特点等，制造出种类、功能和质量相似或更优的绿色产品。此外，随着嵌入 GVC 程度的逐步加深，中国制造业还可以借助技术交流、观摩和主动研发提升绿色产品的性能，进一步放大行业间的关联效应。

### 2. 在"出口链中学"层面

在国际生产分工网络中，发达国家的链主企业为了获得合格产品，一般将质量、安全、环保和产品款式等管理体系最新标准与要求传递给发展中国家的代工企业，针对外包业务还会提供配套的技术培训与支持。在此种体系下，出口代工企业能够近距离接触与学习较为先进的制造技术、管理手段和营销方式等，从而促进其技术进步②。也就是说，嵌入 GVC 的国

---

① 谢建国，周露昭. 进口贸易、吸收能力与国际 R&D 技术溢出：中国省区面板数据的研究[J]. 世界经济，2009，32（9）：68-81.

② Bernard A. B., Jensen J. B., Lawrence R. Z. Exporters, jobs, and wages in US manufacturing: 1976-1987 [J]. Brookings Papers on Economic Activity Microeconomics, 1995：67-119.

内代工企业与跨国公司围绕某一个产品的分工与协作，可以建立前向和后向的经济联系。一方面制造业可以借此机会熟悉国际市场运作规则，快速获得工艺升级与产品升级的学习、锻炼机会；另一方面企业必须接受跨国公司高要求、高标准的监督与帮助等"主动溢出"，促使自身向能源节约型和环境清洁化方向发展。随着出口贸易结构的升级，其生产活动逐步向低污染、高附加值、高技术含量转变，这样国内制造业更容易触及先进的清洁生产技术，从而加速绿色创新活动的进程，甚至关联非出口企业在绿色生产工艺等方面的革新。

### 3. 在产业关联层面

产业关联是指在经济活动中各产业之间存在广泛的、复杂的、密切的技术经济联系。正如今天的生产过程跨越企业和国家的边界，创新是互动的、开放的以及地理分散的[1]。中国制造业嵌入由发达国家主导企业构建的产品价值链中，与上下游关联企业开展先进技术、生产工艺、组织管理模式等的直接接触，这样显然能够有效实现生产工艺进步，提升产品质量和技术复杂度。刘琳（2015）发现嵌入 GVC 可以提升企业的技术吸收能力，增强价值链上下游的关联度，有助于突破"低端锁定"困局，提升自主创新能力。一旦嵌入 GVC 程度加深，关联企业间的交流合作更加紧密，这将优化产业间与产业内的资源重新配置，为企业提供更多的生产工艺改进机会。例如，若上游企业获得清洁型生产设施，将增强绿色研发创新的意愿，促进向下游相关企业提供绿色技术指导以及转移管理经验等。此外，为了提供更高质量、更具竞争力的产品以满足市场需求，关联企业间也可能产生竞争效应，倾向于增加研发费用改进生产工艺水平和产品质量，以便与关联方保持长久的业务合作关系。另外，不同产业的横向和纵向关联使产业间产生知识和技术溢出效应，从而形成新的产业生态系统[2]。

① Ambos B., Brandl K., Perri A., Scalera V. G., Van Assche A. The nature of innovation in global value chains [J]. Journal of World Business, 2021, 56（4）：101-121.

② 李丫丫，赵玉林. 战略性新兴产业融合发展机理——基于全球生物芯片产业的分析 [J]. 宏观经济研究，2015（11）：30-38.

### 3.4.2　绿色工艺创新的中介效应

企业的工艺创新与产品创新相辅相成①，具体的产品创新需要与之相应的工艺创新，反之亦然。在产品设计过程中，很多改进或新产品的研发是由生产工艺实现决定的，因此生产工艺的改进有助于企业设计新产品。范迪克和特里内肯斯（Van Dijk & Trienekens，2011）回顾了 GVC 研究涉及的问题和概念，认为工艺改进既能够实现产品升级，又可以优化生产过程。好的生产工艺是保障产品质量和控制生产成本的前提，生产工艺的改进有助于提高生产过程中要素配置，进而引起产品特征的革新，以及生产成本的显著降低。而绿色工艺创新强调在生产过程中通过原有设备升级改造、工艺技术改良以及资源循环利用等方式减少对生态环境的破坏，并对整个运营和管理流程进行系统改进以提高资源效率。这样可以促进绿色产品的设计以及投资于新产品的生产，转化为经营利润和技术优势②。由此可见，绿色工艺创新在 GVC 嵌入程度与绿色产品创新之间的关系中扮演着重要的中介角色。

### 3.4.3　被环境规制调节的中介效应

由于研发投入成本相对较高以及不确定性的市场因素，无论是进行绿色工艺创新还是绿色产品创新，企业均面临着较大的风险。考虑 GVC 在嵌入程度较深情境下生产活动有可能被高碳模式锁定，导致企业就会缺乏绿色技术创新的积极性和主动性。为此，结合环境规制的调节效应探究 GVC 嵌入程度、绿色工艺创新和绿色产品创新之间的深层次关系就显得十分必要。由于环境规制强度直接影响企业的规制成本和投资决策，中国制造业嵌入 GVC 是否增强绿色工艺创新和产品创新的投入，取决于能否带来与环境规制成本相当的净收益。

随着环境规制政策的推进，在某种程度上企业外部性的环境成本将持续增加，这也倒逼企业重视与依托绿色工艺创新的手段提高资源能源利用效率，同时增加产品的成功产出率进而提高生产利润[①]。对于绿色产品创新而言，当环境监管较弱时相应的污染成本也较低，企业可能会拒绝投资绿色产品创新以实现利润最大化[②]。而环境监管强度一旦持续加大，企业拒绝绿色产品创新的代价将上升，同时也会吸引公众的关注并激发绿色产品的需求，进而保障企业创造绿色产品创新投资的长期价值，同时还能够增加企业的投资信心和投资可能性[③]。综上，考虑环境规制的间接影响时，GVC 嵌入对绿色工艺创新和绿色产品创新各自的影响作用均进一步增大，即环境规制正向调节了 GVC 嵌入与绿色工艺创新、绿色产品创新之间的关系。

## 3.5 作用机理总体框架

综合分析可知，绿色技术创新整体效率的改善，有赖于过程层面子维度节能减排降耗效果的提高；而技术创新过程子维度的"绿色化"水平的增强，又会反作用于整体维度的绿色技术创新绩效及其效率的改善。也就是说，两个子维度与整体维度的绿色技术创新是息息相关的、密不可分的。本书构建作用机理的总体框架如图 3.4 所示。

因此，本书的机理分析框架结构，首先研究 GVC 嵌入对绿色技术创新整体的影响，侧重于关注整个投入产出关系的大系统；其次分别研究 GVC 嵌入对绿色"技术研发—成果转化"创新和绿色"工艺—产品"创新两

①　杨朝均. FDI 对我国制造业绿色工艺创新的影响及溢出效应研究 [D]. 哈尔滨: 哈尔滨工程大学, 2013.

②③　Lanoie P., Patry M., Lajeunesse R. Environmental regulation and productivity: Testing the Porter Hypothesis [J]. Journal of Productivity Analysis, 2008, 30 (2): 121–128.

个子维度的影响，旨在揭开绿色技术创新过程内部多维影响关系的机理"黑箱"。

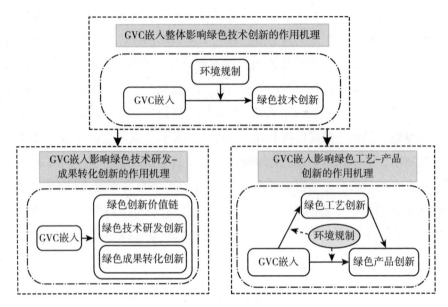

图3.4 本书作用机理的总体框架

## 3.6 本章小结

本章主要阐述了本书机理设计的思路与理由，系统梳理了 GVC 嵌入影响中国制造业绿色技术创新整体和考虑环境规制间接效应的作用机理，以及 GVC 嵌入分别影响绿色"技术研发—成果转化"创新子维度以及绿色"工艺—产品"创新子维度的作用机理，构建了作用机理的总体框架图，为实证部分的研究假说提出夯实理论根基。

# 第4章

# 变量的测度方法和结果分析

本章分别介绍了测度 GVC 嵌入指标、绿色技术创新效率以及绿色创新价值链效率的方法演进,依次选择了基于总出口价值分解的 KPWW 核算方法、EBM – GML 指数方法、Super – NSBM 模型方法测度相应的关键变量,并结合可视化图表对测度结果的数据特征进行描述与分析,为实证章节做好铺垫。

## 4.1 GVC 嵌入指标测度方法与结果分析

### 4.1.1 GVC 测度方法介绍

全球贸易格局的迅猛转变以及生产分节化和区域化的加速发展,促使政策制定者和研究者不断寻求进行贸易政策分析的经济统计框架以及相应的指标测度方法。

#### 1. 方法演进概述

(1)传统核算方法。

在传统的产业分工模式下，国际贸易的对象是最终产品，贸易利益直接可见且易于计算，相应的贸易量核算方法仅适用于各国产品生产相互独立的情况。然而20世纪后半期以来，信息与物流技术的发展加剧了国际化进程，催生了新型的分工与贸易格局。发达国家的跨国公司将生产过程分割为不同的工序，其分工对象从行业层面推进到生产过程的各个环节；而发展中国家以及新兴经济体则按照各自的要素禀赋和成本优势融入价值链条有关的生产环节。相应的零部件、半成品需要多次跨境，引发国际贸易额的迅速上升，而出口产品的所有价值都被计入最终产品生产国的出口额中。事实上，进口中间产品加工后再出口的经济模式存在价值的重复计算，难以真实反映出口产品价值来源与结构，以及参与新型国际分工带来的真实贸易所得。例如，若按传统贸易核算办法，中国商品进出口总额在2013年首次超过美国，成为世界第一货物贸易大国[①]。这显然高估了中国在GVC分工中的真实贸易利得以及实际生产力水平，也是近年来遭受反倾销调查以及与其他国家贸易冲突、摩擦不断的深层次原因。与此同时，日益扩大的中间品贸易也导致商品的生产能力与消费需求在时空上呈现明显的分离，尤其是发展中国家在承接生产外包的同时产生了严重的二氧化碳（$CO_2$）和污染物转移问题。总之，由于中间产品的多次跨境流动，以传统贸易总额为基础的统计数据通常造成真实贸易额的"虚高"，统计数据无法有效区分贸易增加值，难以客观反映现实国际贸易格局下的利益输送以及生态破坏转移等深层次问题，不能直接为GVC研究所用。由于这种"统计假象"，基于商品进出口贸易的传统统计方式造成对国际贸易格局和国际分工地位的认知发生一定程度的扭曲，即所谓的"所见非所得"[②]。

（2）HIY核算方法。

在全球生产一体化趋势下，传统的贸易顺差、贸易比价不再真实反映

① 中国成为世界第一货物贸易大国. [EB/OL]. 中华人民共和国商务部网站, 2014 – 5 – 4.

② Koopman R., Powers W., Wang Z., Wei S. – J. Give credit where credit is due: Tracing value added in global production chains [R]. NBER Working Paper, 2010; Maurer A., Degain C. Globalization and trade flows: What you see is not what you get! [J]. Journal of International Commerce, Economics and Policy, 2012, 3 (3): 1250019.

一国的贸易所得，测算贸易利益和国家间利益分配的问题亟须解决。增加值核算法基于各国之间的投入产出关系，可以估算各国在价值链不同环节中创造的价值增值。2001 年赫梅尔斯等（Hummels et al.，2001）认为国际贸易的对象由完整的产品转型细化为"工序"贸易，各个国家间的原材料或者中间产品才是贸易最核心的组成部分。为此，他们最早提出了 GVC 下的垂直专业化（vertical specialization，VS）分析框架，开创了关于垂直贸易和增加值贸易的研究，把一个国家的出口增加值分解为国内增加值和国外增加值两部分。其中，一国参与 VS 是指出口产品中包含进口中间品或出口中间品被他国用以生产出口品的价值。由于 HIY 方法利用投入产出表将一国的出口通过矩阵运算分解为国内附加值和国外附加值，再进一步将国内附加值分解为直接出口的国内附加值和间接出口的国内附加值，借此衡量国家参与 GVC 的水平；诸多学者对不同国家和地区的 VS 指数进行测算，反映在 GVC 中的产业地位。

垂直专业化指标方法具有严格的理论假设条件：第一，假设所有的进口中间品均由国外价值增值构成，不含本国的增值部分；第二，假设国内最终消费品、出口产品对进口中间产品投入的依赖程度完全相同，且未考虑到贸易形式的差异（如一般贸易、加工贸易对中间投入的使用比例差异较大）。随着新型国际生产分工的快速发展与进一步细化，垂直专业化指标方法也暴露出一定的缺陷。上述两个假设存在局限性，若一个国家的加工贸易出口比重较大，则第一个假设不成立；当出口中间品国家数大于 1 时，第二个假设不成立①。很显然，第一种假设不适用于加工贸易出口占比较大的发展中国家；第二个假设则剔除了本国的产品出口到另一个国家，经过加工返销回本国的情况。可见，上述两点假设条件不符合开放经济的现实状况。现有文献较多采用赫梅尔斯等（2001）构建的垂直专业化指数进行 GVC 嵌入指数的衡量，但是该方法只考虑了贸易总量却没单独考虑进出口的增加值，在测算过程中未对指标展开分析，同样存在"重复计算"的问题。换言之，该方法既不能准确刻画 GVC 中有关国家各部门的

---

① Koopman R.，Wang Z.，Wei S. J. Estimating domestic content in exports when processing trade is pervasive [J]. Journal of Development Economics，2012，99（1）：178 – 189.

价值来源，又难以区分不同生产阶段，尤其是不适用于以加工贸易为主的发展中国家和第三方转口的发达国家①。

（3）KPWW 方法。

在 GVC 体系中，由于价值链各环节的价值分布存在巨大差异，一国在进出口贸易中获利与其在国际分工中的地位及参与程度直接相关。而 KP-WW 方法能够较好解决转出口和再出口的统计问题，有效避免重复计算问题，有助于客观反映一国在出口中的真实获利。该测算方法能够真实反映在 GVC 中出口高附加值中间品的发达国家和以"加工贸易"为主的发展中国家异质性的 GVC 分工地位，以此判断国家（部门）在全球贸易中扮演的角色以及作出的贡献②。

### 2. 总出口价值分解

在理论演进的同时，国际贸易的核算方法也在不断发展。为了挖掘产品的"价值原产地"，学界对贸易分工中的增加值分解问题进行了研究。一些前沿性研究尝试应用世界投入产出表进行测算 GVC 的相关指标，这对 GVC 开展深度研究起到关键的助推作用。该方法的具体内容如下：

假设全球由 G 个国家所组成，各国均有部门 N 个，其产品既可作为中间产品投入下一个制造环节，也可以作为最终产品直接进入消费流通环节。用下式表示产品市场的出清条件：

$$x_s = a_{ss}x_s + \sum_{r \neq s}^{G} a_{sr}x_r + y_{ss} + \sum_{r \neq s}^{G} y_{sr} \quad s = 1, 2, \cdots, G \quad (4.1)$$

这里，$x_s$、$x_r$ 各代表 $s$ 国家、$r$ 国家的总产出，$a_{ss}$ 表征 $s$ 国家产品生产过程所消耗的本国自身的中间投入，$a_{sr}$ 代表 $r$ 国家生产过程中所消耗 $s$ 国家的产品，$y_{ss}$ 代表 $s$ 国家对本国产品的最终需求，$y_{sr}$ 代表 $r$ 国家对 $s$ 国家产品的最终需求。式（4.1）中等号右前两项之和表征 $s$ 国家产出中用于中间

① 黎峰. 全球生产网络下的国际分工地位与贸易收益——基于主要出口国家的行业数据分析 [J]. 国际贸易问题, 2015, 6: 33 –42.

② Wang Z., Wei S. –J., Yu X., Zhu K. Measures of participation in global value chains and global business cycles [R]. National Bureau of Economic Research, 2017.

产品投入的部分，后两项之和则表征 $s$ 国家产出中以最终需求的形式满足于本国以及外国的部分。

令 $A = \begin{bmatrix} A_{11} & A_{12} & \cdots & A_{1G} \\ A_{21} & A_{22} & \cdots & A_{2G} \\ \vdots & \vdots & \ddots & \vdots \\ A_{G1} & A_{G2} & \cdots & A_{GG} \end{bmatrix}$ 代表直接消耗系数矩阵，其中 $A_{sr}$ 表示 $s$ 国

家生产投入到 $r$ 国家的中间投入系数矩阵（$N \times N$ 阶方阵）；$X = \begin{bmatrix} X_1 \\ X_2 \\ \vdots \\ X_G \end{bmatrix}$ 表示

产出向量，其中 $X_s$ 表征各个国家的产出，是一个 $N \times 1$ 矩阵；$Y = \begin{bmatrix} \sum_r^G Y_{G1} \\ \sum_r^G Y_{G2} \\ \vdots \\ \sum_r^G Y_{Gr} \end{bmatrix}$

为最终需求向量，这里 $Y_{sr}$ 代表 $s$ 国家产品出口至 $r$ 国家，并以最终需求的方式被消耗完毕。

因而对应的投入产出均衡方程可用式（4.2）表示：

$$X = AX + Y = (I - A)^{-1}Y \tag{4.2}$$

故本书可将式（4.1）改写为如下的矩阵形式：

$$\begin{bmatrix} X_1 \\ X_2 \\ \vdots \\ X_G \end{bmatrix} = \begin{bmatrix} I - A_{11} & -A_{12} & \cdots & -A_{1G} \\ -A_{21} & I - A_{22} & \cdots & -A_{2G} \\ \vdots & \vdots & \ddots & \vdots \\ -A_{G1} & -A_{G2} & \cdots & I - A_{GG} \end{bmatrix}^{-1} \begin{bmatrix} \sum_r^G Y_{1r} \\ \sum_r^G Y_{2r} \\ \vdots \\ \sum_r^G Y_{Gr} \end{bmatrix} \tag{4.3}$$

其中，令 $B = (I - A)^{-1}$ 为里昂惕夫（Leontief）逆矩阵，也被称为"完全消耗矩阵"。这里系数 $B_{sr}$ 被称为"完全消耗系数"，代表 $r$ 国家每增加一单位的最终需求所需要 $s$ 国家的投入。式（4.3）可改写为：

$$
\begin{bmatrix}
X_{11} & X_{12} & \cdots & X_{1G} \\
X_{21} & X_{22} & \cdots & X_{2G} \\
\vdots & \vdots & \ddots & \vdots \\
X_{G1} & X_{G2} & \cdots & X_{GG}
\end{bmatrix}
=
\begin{bmatrix}
B_{11} & B_{12} & \cdots & B_{1G} \\
B_{21} & B_{22} & \cdots & B_{2G} \\
\vdots & \vdots & \ddots & \vdots \\
B_{G1} & B_{G2} & \cdots & B_{GG}
\end{bmatrix}
\begin{bmatrix}
Y_{11} & Y_{12} & \cdots & Y_{1G} \\
Y_{21} & Y_{22} & \cdots & Y_{2G} \\
\vdots & \vdots & \ddots & \vdots \\
Y_{G1} & Y_{G2} & \cdots & Y_{GG}
\end{bmatrix}
$$

$$(4.4)$$

可定义直接价值增值系数 $E_{r*}$，代表剔除了中间产品对产出的贡献之后所得到的 $s$ 国家对产出贡献的直接价值增值部分。

令 $\hat{V}_s$ 表示 $N \times N$ 的对角矩阵，其对角线上元素代表 $s$ 国家各部门的直接价值增值系数，定义多国家多部门直接价值增值系数矩阵：

$$
\hat{V}_s =
\begin{bmatrix}
\hat{V}_1 & 0 & \cdots & 0 \\
0 & \hat{V}_2 & \cdots & 0 \\
\vdots & \vdots & \ddots & \vdots \\
0 & 0 & \cdots & \hat{V}_G
\end{bmatrix}
$$

$$(4.5)$$

类似地，可令 $\hat{E}_s$ 为 $N \times N$ 对角矩阵，对角线上的各元素代表 $s$ 国家各部门的总出口，定义为多国家多部门的出口矩阵：

$$
\hat{E}_s =
\begin{bmatrix}
\hat{E}_1 & 0 & \cdots & 0 \\
0 & \hat{E}_2 & \cdots & 0 \\
\vdots & \vdots & \ddots & \vdots \\
0 & 0 & \cdots & \hat{E}_G
\end{bmatrix}
$$

$$(4.6)$$

用 $r$ 国家的直接价值增值矩阵 $\hat{V}_s$ 同时乘以完全消耗矩阵 $B$ 和出口矩阵 $\hat{E}_s$，即可以实现对 $r$ 国家出口的价值增值分解：

$$\hat{V}B\hat{E} = \begin{bmatrix} V_1 \sum\limits_r^G B_{1r}E_{r1} & V_1 \sum\limits_r^G B_{1r}E_{r2} & \cdots & V_1 \sum\limits_r^G B_{1r}E_{rG} \\ V_2 \sum\limits_r^G B_{1r}E_{r1} & V_2 \sum\limits_r^G B_{2r}E_{r2} & \cdots & V_2 \sum\limits_r^G B_{2r}E_{r2} \\ \vdots & \vdots & \ddots & \vdots \\ V_G \sum\limits_r^G B_{Gr}E_{r1} & V_G \sum\limits_r^G B_{Gr}E_{rG} & \cdots & V_G \sum\limits_r^G B_{Gr}E_{rG} \end{bmatrix} \qquad (4.7)$$

$\hat{V}B\hat{E}$矩阵对角线上的元素表征的为出口中国内价值增值（domestic value - added，DVA）：

$$DVA_r = V_r B_{rr} E_{r*} \qquad (4.8)$$

加总各行的非对角矩阵元素，表示 $r$ 国家的中间产品出口至 $s$ 国家，之后再经过 $s$ 国家加工成为最终产品，再出口给第三个国家 $t$ 而完成的间接增加值出口（indirect value - added export，IV）：

$$IV_r = \sum_{s \neq t} V_r B_{sr} E_{sr} \qquad (4.9)$$

各列的非对角矩阵元素求和，代表其他国家对 $r$ 国家出口贡献的价值增值，也就是 $r$ 国家出口中所包括的国外价值增值（foreign value - added，FV）：

$$FV_r = \sum_{s \neq t} V_r B_{sr} E_{sr} \qquad (4.10)$$

综合上述的分析，一个国家的总出口价值可依照来源分解成为五个构成部分：

$$E_{r*} = \underbrace{V_r B_{rr} \sum_{s \neq t} Y_{rs}}_{(1)} + \underbrace{V_r B_{rr} \sum_{s \neq t} A_{rs} X_{rs}}_{(2)} + \underbrace{V_r B_{rr} \sum_{s \neq t} A_{rs} E_{rs}}_{(3)} + \underbrace{V_r B_{rr} \sum_{s \neq t} A_{rs} E_{rs}}_{(4)} + \underbrace{FV}_{(5)}$$
$$(4.11)$$

式（4.11）中的 $E_{r*}$ 代表示 $r$ 国家的出口价值，等式的右边（1）代表 $r$ 国家出口后被其他国家用作最终产品和服务消耗的国内价值增值；（2）代表 $r$ 国家出口作为中间产品被 $s$ 国家用来加工生产其本国内最终需求的价值增值；（3）代表 $r$ 国家出口作为中间产品被 $s$ 国家生产再用于出口到第三个国家中的价值增值，也就是说 r 国家的间接增加值出口；（4）代表 r 国家出口作为进口国中间产品再进行生产，产品流回 r 国家的那一部分价值增值；（5）表示出口的国外价值增值部分。将（1）~（5）求和可获得一个国家出口价值中的国内增值部分。一国出口总值中的价值分解如图 4.1 所示。

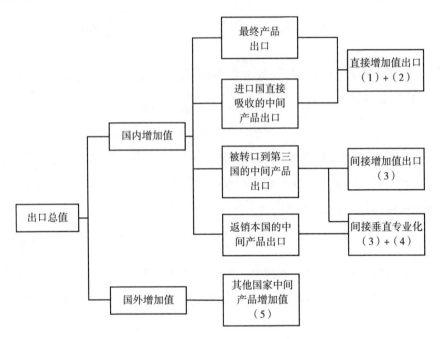

**图 4.1　一个国家出口总值中的价值分解**

资料来源：① Koopman R. , Powers W. , Wang Z. , Wei S. – J. Give credit where credit is due：Tracing value added in global production chains［R］. NBER Working Paper, 2010.

② Maurer A. , Degain C. Globalization and trade flows：What you see is not what you get！［J］. Journal of International Commerce, Economics and Policy, 2012, 3（3）：1250019.

相对于国际贸易总值核算法，国际贸易增加值核算法以价值增值为统计口径，能够客观反映贸易流向，有效避免中间产品价值的重复计算。

### 3. KPWW 方法介绍

以世界投入产出表（world input – output tables, WIOTs）为基础的贸易增加值（trade in value added, TiVA）标准越来越多地被各个国家和国际组织采用；其中，经济合作与发展组织（organization for economic cooperation and development，OECD）和世界贸易组织（world trade organization，WTO）借助跨国投入产出表开发了附加值贸易数据库[①]；该数据库以价值增值为统计口径区分了总出口附加值来源，涵盖了世界绝大多数具有代表性的国家，能够如实反映各国的贸易利得及贸易结构状况。

基于产业前后向联系和增加值贸易理论，考虑价值链不同参与者之间贸易的实际状况，2010年学者库普曼等（Koopman et al.，2010）构建了总贸易出口数理分解模型方法（简称"KPWW方法"），按照贸易商品的来源地和目的地产生的增加值，将出口的总价值分离为两部分。同时借鉴HIY的做法，构造GVC嵌入程度指数和位置指数，定量评估了一国在GVC中的参与程度和分工地位。上述基于增加值分解的思想使得GVC相关的实证研究更具可行性，该指数已被广泛应用于GVC嵌入地位和嵌入程度的衡量[②]。

鉴于此，本书基于经济合作与发展组织OECD - WTO最新版附加值贸易数据库，采用KPWW方法分别测度GVC嵌入地位指数和程度指数，测算公式为：

$$GVCPo_{it} = LN(1 + IV_{it}/E_{it}) - LN(1 + FV_{it}/E_{it}) \qquad (4.12)$$

$$GVCPa_{it} = IV_{it}/E_{it} + FV_{it}/E_{it} \qquad (4.13)$$

式（4.12）、式（4.13）中 $i$ 和 $t$ 分别表示产业、年度；$E_{it}$ 表示出口国 $i$ 产业第 $t$ 年以"增加值"为口径统计的增加值总额；$IV_{it}$ 表示 $i$ 产业第 $t$ 年间接增加值出口［图4.1中的（3）］，即 $i$ 产业第 $t$ 年的中间产品出口到进口国加工后，经进口国加工后将所生产的最终产品出口到第三国，该指标衡量有多少价值增加值被包含在出口国 $i$ 产业的中间品出口中；$FV_{it}$ 表示出口最终产品中包含的国外增加值［图4.1中的（5）］，即 $i$ 产业出口最终产品中包含的国外进口中间品价值，该值越大表示其他国家对该国出口的价值增值贡献越大。

（1）GVC嵌入地位指数（$GVCPo$）。

$GVCPo$ 是嵌入全球价值链分工的地位指数，主要表现为在GVC中所处

① 资料来源：OECD统计数据库官网。

② Lu Y. China's electrical equipment manufacturing in the global value chain: A GVC income analysis based on World Input - Output Database（WIOD）[J]. International Review of Economics & Finance，2017（52）：289 - 301.

的地位，其数值越大表示制造业在全球生产网络中的分工地位越高。在 *GVCPo* 数值较低的情况下，表明该国在 *GVC* 中处于中下游位置，专注于简单加工组装等次要环节。

（2）GVC 嵌入程度指数（*GVCPa*）。

*GVCPa* 是指制造业嵌入全球价值链的程度，具体表现为承接中间品加工的份额以及中间品出口在 GVC 增加值中的占比[①]。

①GVC 前向参与程度（*GVCF*）。该指标衡量了一国出口产品上游度，反映了该国以上游供应商的角色参与 GVC 分工，其出口中间产品用于其他国家生产出口产品的情况。即该国所出口的中间产品经过其他国的进口加工再转向第三国出口的过程中，产品在该国境内的价值增值部分在最终产品价值中的比重。通常，价值链上游的发达国家大多具有专利技术、品牌、资本等可替代性比较小的竞争优势，相应的生产前向参与度较高。这些国家主导占据价值链分工的高附加值环节，将加工装配环节等中低端生产环节大量转移外包至发展中国家。这种生产组织方式为发展中国家融入 GVC 提供了机会，但只能通过嵌入 GVC 分工的低端环节，居于 GVC 的下游地位。本书采用式（4.13）中 $IV_{it}/E_{it}$ 表示中国制造业 GVC 前向参与程度指数。

②GVC 后向参与程度（*GVCB*）。该指标衡量了一国出口产品的对外依存度，反映了该国以下游生产者的角色参与 GVC 分工，开展加工贸易的情况。表现为出口中隐含的其他国家的中间产品的价值与出口的比值（最终产品出口中包含的国外附加值）。一般来说，处于 GVC 下游的发展中国家在原材料、资源能源、劳动力等低级要素方面具有比较优势，这样很容易被资本、技术替代，后向参与程度就较高。本书采用式（4.13）中 $FV_{it}/E_{it}$ 表示中国制造业 GVC 后向参与程度指数。

### 4. 行业整合与数据来源

本书主要采用 2018 年 12 月由 OECD 网站正式发布的 OECD – WTO 贸

① 孙华平，杜秀梅. 全球价值链嵌入程度及地位对产业碳生产率的影响［J］. 中国人口·资源与环境，2020，30（7）：27 – 37.

易增加值 TiVA 数据库，进行 GVC 嵌入地位指数、GVC 嵌入程度指数以及前向与后向嵌入度指标的测度。由于该数据库与《中国工业统计年鉴》以及《国民经济行业分类》（GB/T 4754 – 2017）针对制造业的分类有所差异，需要进一步行业整合。按照不重复、不遗漏的归并原则并以 TiVA 数据库划分标准为依据，将 2006 ~ 2015 年中国 29 个制造业整合匹配为 14 大类行业（见表 4.1）；其中，2011 年以前的"交通运输设备制造业"对应之后的"汽车制造业和铁路船舶航空航天和其他运输设备制造业"，2012 年之后的"橡胶和塑料制品业"对应之前的"橡胶制品业"和"塑料制品业"的合并，删除了数据不完整的三个子行业（工艺品及其他制造业，废弃资源和废旧材料回收加工业，金属制品、机械和设备修理业）。

表 4.1　　　　　　　　　中国制造业行业大类整合对照

| ISIC Rev. 4 Divisions | 《国民经济行业分类》（GB/T 4754 – 2017） |
|---|---|
| D10T12 Food products, beverages and tobacco | 农副食品加工业<br>食品制造业<br>酒、饮料和精制茶制造业<br>烟草制品业 |
| D13T15 Textiles, wearing apparel, leather and related products | 纺织业<br>纺织服装、服饰业<br>皮革、毛皮、羽毛及其制品和制鞋业 |
| D16 Wood and products of wood and cork | 木材加工及木、竹、藤、棕、草制品业<br>家具制造业 |
| D17T18 Paper products and printing | 造纸及纸制品业<br>印刷和记录媒介复制业<br>文教、工美、体育和娱乐用品制造业 |
| D19 Coke and refined petroleum products | 石油加工、炼焦和核燃料加工业 |
| D20T21 Chemicals and pharmaceutical products | 化学原料和化学制品制造业<br>医药制造业<br>化学纤维制造业 |
| D22 Rubber and plastic products | 橡胶和塑料制品业 |
| D23 Other non – metallic mineral products | 非金属矿物制品业 |
| D24 Basic metals | 黑色金属冶炼及压延加工业<br>有色金属冶炼及压延加工业 |

| ISIC Rev. 4 Divisions | 《国民经济行业分类》（GB/T 4754 – 2017） |
| --- | --- |
| D25 Fabricated metal products | 金属制品业 |
| D26 Computer, electronic and optical products | 计算机、通信和其他电子设备制造业 |
| D27 Electrical equipment | 电气机械和器材制造业<br>仪器仪表制造业 |
| D28 Machinery and equipment, nec | 通用设备制造业<br>专用设备制造业 |
| D29T30 Transport equipment | 汽车制造业<br>铁路、船舶、航空航天和其他运输设备制造业 |

### 4.1.2 GVC 嵌入指标测度结果及分析

#### 1. GVC 嵌入地位指数测度结果

基于上文介绍的 KPWW 方法测算中国制造业 14 个大类行业 GVC 嵌入地位指数，其优点在于从贸易增加值出发，动态联系国内外的增加值和以"增加值"统计的出口总值，更加科学合理地反映各行业的国际分工水平。GVC 嵌入地位的高低对应着中国制造业在全球生产网络中所处的上下游环节。由图 4.2 可知，研究期间嵌入指数的变化趋势可以分为三种类型：第一类行业只有 D10T12（食品、饮料和烟草制造业），在所有行业中嵌入地位明显高于其他行业，均介于 0.35 与 0.40 之间，不同年份的波动情况相对较小。第二类行业有 11 个，除了个别行业、年度以外，2006～2015 年整体上基本呈现稳步增长的趋势；这说明中国制造业在全球生产网络中的整体竞争能力在不断提升。第三类行业仅有 D19（焦炭和精炼石油制品业）、D26（计算机、通信和其他电子设备制造业），尤其是 D19 相对于其他行业的嵌入地位最低，其中有四个年度为负值，且波动幅度较大；而 D26 仅在 2006 年度、2007 年度的嵌入指数为负值，其他年份尽管表现出上升的趋势但是幅度较小，其最高值仍然低于 0.15。

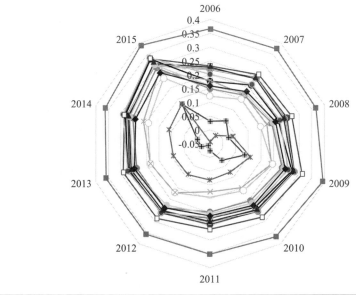

图 4.2　GVC 嵌入地位变化趋势

## 2. GVC 嵌入程度指数测度结果

GVC 嵌入程度整体指数等于前向嵌入指数与后向嵌入指数之和。

（1）GVC 嵌入程度指数测度结果。

同样基于 KPWW 方法测算中国制造业 14 个大类行业的 GVC 嵌入程度指数，其变化趋势如图 4.3 所示。

由图 4.3 可知，研究期间中国制造业 GVC 嵌入程度指数介于 0.55～0.9，整体呈现出波动上升的趋势，说明融入 GVC 分工的程度逐步加深；其中，在 2010 年除了 D19（焦炭和精炼石油制品业）行业以外，其他行业均在该年度下降的趋势较为明显，这可能受全球性金融危机的滞后影响。整体而言，GVC 嵌入程度指数排名前三的行业为 D19、D26（计算机、通信和其他电子设备制造业）和 D27（电气设备制造业），排名最低的三个行业 D13T15（纺织品、服装、皮革及相关产品业）、D23（其他非金属矿物制品业）和 D20T21（化学品和药品制造业）。与图 4.2 的结果进行比

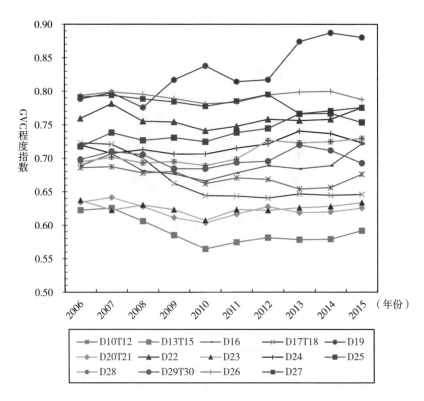

**图 4.3　GVC 嵌入程度变化趋势**

较，不难发现 GVC 嵌入程度高的行业其嵌入地位未必就高，尤其是 D19 行业的嵌入程度在所有行业中最高，而相应的嵌入地位指数却最低。这也说明，较高的嵌入地位往往伴随着较深的参与度，但较深的参与度并不意味着较高的嵌入地位。中国制造业在嵌入 GVC 过程中，不能一味地追求嵌入程度的提升而应更多地关注嵌入地位的改善，否则有可能遭受发达国家跨国公司打压甚至面临被低端锁定的风险。

（2）GVC 前向和后向嵌入程度指数的时间维度比较分析。

由表 4.2 可见，研究期间中国制造业 GVC 前向嵌入程度指数明显大于 GVC 后向嵌入程度指数，且二者各年度的总均值之差呈现加大的趋势；这说明中国制造业在全球生产网络分工中以前向嵌入为主，即主要承担前向其他国家出口中间产品的角色，也反映了中国制造在全球的竞争实力和话语权逐渐得到改善。

表 4.2　　　　中国制造业 GVC 前向和后向嵌入程度指数的时间维度比较

| 行业 | 2006 年 | | 2009 年 | | 2012 年 | | 2015 年 | |
|------|---------|---------|---------|---------|---------|---------|---------|---------|
| | 前向 | 后向 | 前向 | 后向 | 前向 | 后向 | 前向 | 后向 |
| D10T12 | 0.5861 | 0.0995 | 0.6006 | 0.0796 | 0.5699 | 0.0987 | 0.5960 | 0.0801 |
| D13T15 | 0.4548 | 0.1676 | 0.4732 | 0.1121 | 0.4581 | 0.1233 | 0.4897 | 0.1020 |
| D16 | 0.4993 | 0.1892 | 0.5452 | 0.1311 | 0.5357 | 0.1532 | 0.5839 | 0.1379 |
| D17T18 | 0.5103 | 0.2129 | 0.5169 | 0.1458 | 0.4896 | 0.1512 | 0.5207 | 0.1254 |
| D19 | 0.4163 | 0.3724 | 0.4694 | 0.3478 | 0.3806 | 0.4368 | 0.5307 | 0.3497 |
| D20T21 | 0.3973 | 0.2372 | 0.4331 | 0.1784 | 0.4259 | 0.2020 | 0.4725 | 0.1532 |
| D22 | 0.5009 | 0.2585 | 0.5631 | 0.1911 | 0.5560 | 0.2024 | 0.6141 | 0.1616 |
| D23 | 0.4677 | 0.1695 | 0.4925 | 0.1309 | 0.4746 | 0.1478 | 0.5186 | 0.1152 |
| D24 | 0.4816 | 0.2382 | 0.4824 | 0.2240 | 0.4768 | 0.2449 | 0.5467 | 0.1766 |
| D25 | 0.4955 | 0.2222 | 0.5402 | 0.1906 | 0.5496 | 0.1951 | 0.6054 | 0.1482 |
| D26 | 0.3665 | 0.4270 | 0.4694 | 0.3197 | 0.4597 | 0.3349 | 0.4830 | 0.3048 |
| D27 | 0.4995 | 0.2919 | 0.5539 | 0.2303 | 0.5624 | 0.2329 | 0.5877 | 0.1881 |
| D28 | 0.4543 | 0.2398 | 0.5075 | 0.1874 | 0.5165 | 0.2103 | 0.5703 | 0.1595 |
| D29T30 | 0.4562 | 0.2421 | 0.5062 | 0.1781 | 0.5072 | 0.1884 | 0.5258 | 0.1668 |
| 均值 | 0.4675 | 0.2275 | 0.5091 | 0.1762 | 0.4943 | 0.1944 | 0.5442 | 0.1572 |

（3）GVC 前向和后向嵌入程度指数的行业维度比较分析。

为了更加直观地反映中国制造业 GVC 前向和后向嵌入程度的变化，从行业维度上进一步开展比较。从图 4.4 可见，2006～2015 年所有行业的前向嵌入程度均值都大于后向嵌入程度均值；其中，D10T12（食品、饮料和烟草制造业）的前、后向嵌入程度数值差距最大，高达 0.5；前向、后向嵌入程度均值差距的相对较小的行业为 D19（焦炭和精炼石油制品业）和 D26（计算机、通信和其他电子设备制造业），相应的 D19 嵌入地位指数自然也最小；而其他行业的前向、后向嵌入程度指数差距大多在 0.2～0.35。

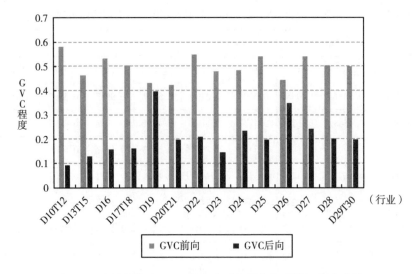

图 4.4    中国制造业 GVC 前向和后向嵌入程度指数均值比较

## 4.2    绿色技术创新整体效率测度方法与结果分析

该部分主要介绍测度绿色技术创新整体效率和子效率分解的 EBM – GML 指数方法，以及具体的测量结果。

### 4.2.1    基于 EBM – GML 指数的测度方法

#### 1. 方法演进

关于测度全要素生产率的核算方法，主要包括代数指数法（AIN）、索洛余值法、随机前沿分析法（SFA）以及数据包络分析法（DEA）四种。其中，AIN 方法关于"边际生产率不变和资本劳动完全替代"的严格假定明显缺乏合理性，不适用于实证研究。索洛余值法假设市场完全竞争且技术效率完全有效，不符合现实情况。SFA 方法尽管不存在前两种方法的缺陷，但对生产函数及误差分布都有较高要求，仅适用于单一产出的情形，无法测算包含非合意产出的效率。而数据包络分析法最早由美国著名运筹学家查恩斯等（Charnes et al.，1978）提出，是一种使用数学规划模型的非参数分析方法，尤其适合于多投入、多产出决策单元（decision marking unit，DMU）效率的相对有效性评价，其实质上就是判定各 DMU 是否处于生产前沿面上。该方法无须预先假定或者估计生产函数和公式，不必确定指标权重和统一量纲，可以有效避免决策者的主观因素影响，保证评价结果的客观性，因此在社会经济生活中的效率评价、资源配置、经济评估等方面被广泛应用。随着研究广度和深度的逐步深入，之后学界拓展与改进了诸多 DEA 模型。

然而，最初由查恩斯和班克等（Charnes & Banker et al.）分别提出的CCR 模型、BBC 模型均基于径向角度测算效率，要求所有投入产出以相同的比例进行缩减或扩张，由于无法涵盖松弛变量容易导致测算结果偏高。此外，普通 DEA 模型的 Malmquist 生产率指数并未考虑生产过程中的非期望产出，易导致生产率的测算存在偏误。为解决该问题，法雷等（Färe et al.，1994）提出了基于松弛向量的非径向、非角度的 SBM 方向性距离函数。之后，钟等（Chung et al.，1997）在传统距离函数的基础上发展了新的方向性距离函数（directional distance function，DDF），提出一种可测度考虑非期望产出的 Malmquist – Luenberger（ML）指数，该指数可测度存在环境约束条件下的全要素生产率。但是，上述 ML 即绿色全要素生产率指数，在计算方向性距离函数时仍存在一定的缺陷；如果 $t+1$ 期的投入产出值在 $t$ 期的技术条件下不可行，那么当期 DEA 方法线性规划无解，使得测算结果与实际情况不符。通常，基于非径向的 SBM（Slacks Based Measure）模型来定义 DDF，在解释力和效率值上仍存在一定缺陷。为了弥补上述不足，刀根（Tone，2001）提出了考虑松弛变量的 SBM 模型，可以实现单阶段DEA 效率评价时各投入产出指标的具体松弛程度。刀根和筒井（Tone & Tsutsui，2010）进一步拓展了兼具径向和非径向松弛变量的 EBM（Epsilon – based Measure）模型混合距离模型来定义方向性距离函数；该模型放宽了传统 DEA 方法中关于"投入要素或产出要素同比例增长或减少"的假设，有效改进 SBM 模型和 CCR（BCC）模型因采用单一距离函数导致测算结果存在偏误的问题[①]，使得测算结果更加准确、真实。

### 2. EBM - GML 指数测度方法

对于含有 $m$ 种投入要素、$s$ 种产出的 $n$ 个决策单元，下列为通过 EBM 模型测算中国制造业 ML 指数的线性规划公式：

$$r^* = \min_{\theta,\lambda,z^-} \frac{\theta - \varepsilon_x \sum_{i=1}^m \frac{\omega_i^- s_i^-}{x_{ik}}}{\varphi + \varepsilon_y \sum_{r=1}^s \frac{\omega_i^+ s_i^+}{y_{rk}} + \varepsilon_b \sum_{p=1}^q \frac{\omega_p^{b-} s_p^{b-}}{b_{pk}}}$$

$$s.t. \begin{cases} \sum_{j=1}^n x_{ij}\lambda_j + s_i^- = \theta x_{ik}, i = 1,\cdots,m \\ \sum_{j=1}^n y_{ij}\lambda_j - s_r^+ = \varphi y_{rk}, r = 1,\cdots,s \\ \sum_{p=1}^n b_{ij}\lambda_j + s_p^{b-} = \varphi b_{pk}, p = 1,\cdots,q \\ \lambda_j \geq 0, s_i^- \geq 0, s_r^+ \geq 0, s_p^{b-} \geq 0 \end{cases} \quad (4.14)$$

这里，$x$、$y$ 和 $b$ 分别表示投入、期望产出和非期望产出。$r^*$ 代表 EBM 模型测度的最优效率值，若 $r^*$ 为 1 表明该 DMU 技术有效；$\theta$ 表示径向部分的规划参数；$\lambda$ 为决策单元的线性组合系数；$s^-$ 为非径向部分的投入要素松弛变量；$\varepsilon_x$ 表示含有径向 $\theta$ 和非径向松弛的核心参数，$\omega_i^-$ 表示各项投入指标的相对重要程度（满足 $\sum_{i=1}^m \omega_i^- = 1$），二者得分由数据本身的客观属性决定；$b_{pk}$ 表示决策单元 $k$ 的第 $p$ 个非期望产出；$s_r^+$、$\omega_t^+$ 分别表示第 $t$ 种期望产出的松弛改进部分的数值和重要程度指标；$s_p^{b-}$、$\omega_w^{d-}$ 分别表示第 $q$ 种非期望产出的松弛改进部分的值和重要程度指标；$X = \{x_{ij}\} \in R_{m \times n}$ 和 $Y = \{y_{ij}\} \in R_{z \times n}$ 分别表示投入、产出矩阵，且 $X$，$Y > 0$。

另外，本书借鉴全局基准思想构建的一种新的参考技术集——全域生产可能性集合，并由此提出的全域生产率指数（global malmquist - luenberger，

① Tone K. , Tsutsui M. An epsilon - based measure of efficiency in DEA——A third pole of technical efficiency [J]. European Journal of Operational Research, 2010, 207 (3): 1554 - 1563.

GML）；该方法使得不同时期各行业的结果具有可比性以及传递性，且不存在规模收益可变（variable returns to scale，VRS）模型无可行解的情形①。由于 EBM 模型测度的 ML 指数仅表示相邻年份 TFP 的增长率，需要将其转换为 GML 指数才能进行跨期比较；这样能够避免非传递性和无可行解等缺陷，以及解决 DMU 数量不足导致的前沿面粗糙问题。结合 $t$ 期和 $t+1$ 期的全局生产可能集，GML 指数的表达式为：

$$GML_t^{t+1}(x^t,y^t,b^t,x^{t+1},y^{t+1},b^{t+1}) = \frac{1+\vec{D}^G(x^t,y^t,b^t;g_y^t,g_b^t)}{1+\vec{D}^G(x^{t+1},y^{t+1},b^{t+1};g_y^{t+1},g_b^{t+1})}$$

$$(4.15)$$

这里，$b^t$ 和 $b^{t+1}$ 分别为决策单元 $t$ 期、$t+1$ 期的非期望产出，方向性距离函数 $D^G(x^t,y^t,b^t) = \max\{\beta:(y+\beta y,b-\beta b)\in P^G(X)\}$。

此外，为了探究 GVC 嵌入地位对绿色创新效率的影响路径到底是在资源配置方面还是资源利用方面，可以将动态的 GML 指数再分解成为全局绿色技术进步指数（GTECH）与全局绿色效率变化指数（GEFFCH），各自表示资源配置效率和资源使用效率，也就是 GML = GTECH × GEFFCH。

$$GML_t^{t+1}(x^t,y^t,b^t,x^{t+1},y^{t+1},b^{t+1}) = \frac{1+\vec{D}^G(x^t,y^t,b^t;g_y^t,g_b^t)}{1+\vec{D}^G(x^{t+1},y^{t+1},b^{t+1};g_y^{t+1},g_b^{t+1})}$$

$$\times \frac{\dfrac{1+\vec{D}^G(x^t,y^t,b^t;g_y^t,g_b^t)}{1+\vec{D}^t(x^t,y^t,b^t;g_y^t,g_b^t)}}{\dfrac{1+\vec{D}^G(x^{t+1},y^{t+1},b^{t+1};g_y^{t+1},g_b^{t+1})}{1+\vec{D}^{t+1}(x^{t+1},y^{t+1},b^{t+1};g_y^{t+1},g_b^{t+1})}}$$

$$= GTECH_t^{t+1} \times GEFFCH_t^{t+1} \qquad (4.16)$$

## 4.2.2　指标选取与数据说明

在传统全要素生产率基础上，将资源消耗以及环境污染排放纳入生产

①　Hyun O. D. A global Malmquist – Luenberger productivity index [J]. Journal of Productivity Analysis, 2010, 34 (3): 183 – 197.

率核算框架中，进而得到绿色全要素生产率。本书通过 EBM – GML 指数方法测度 2005 ~ 2016 年中国制造业 29 个行业的绿色全要素生产率，用于表征绿色技术创新整体效率。结合绿色技术创新的整体内涵、数据的可获性以及现有研究的经常做法，本书选取的投入要素包括资本存量、从业人员数量、能源消耗量，产出指标包括期望产出（工业总产值或主营业务收入）和非期望产出（$CO_2$、COD 以及 $SO_2$ 的排放量）。

### 1. 投入指标

（1）资本投入。

本书选择各行业的资本存量作为资本投入的指标，需要使用"永续盘存法"进行估算。其中，以 2005 年为基期，按照固定资产投资价格指数将固定资产原价折算为当年投资额；投资额序列采用当期投资额与固定资产原值之差进行构造；由于行业存在较大的异质性，为此分别测算各行业的折旧率。最后，采用尹向飞和段文斌（2016）的处理方法，用永续盘存法按不变价格测算中国制造业 29 个子行业 2005 ~ 2015 年的资本存量，基本公式为：

$$K_{i,t} = I_{i,t}/P_t + (1 - \delta)K_{i,t-1} \tag{4.17}$$

式（4.17）中 $K_t$、$I_t$ 分别指 $t$ 期的资本存量、固定资产投资额，$P_t$ 为第 $t$ 年的价格指数，$\delta$ 表示固定资产折旧率。

对于基期 2005 年各行业的资本存量，可以用下式进行测算：

$$K_{2005} = I_{2005}/(\delta + g) \tag{4.18}$$

式（4.18）中，$\delta$ 和 $g$ 各表示固定资产折旧率、资产投资增长率，$I_{2005}$ 表示平减后的新增固定资产额。

（2）劳动投入。

采用制造业各行业的从业人员的年初和年末平均人数（万人）进行表征，具体数据来源于历年《中国工业统计年鉴》。

（3）能源投入。

据统计，制造业是中国经济发展中能源消耗最大的产业，占全国能源使用量的 50% 以上。本书选取各行业每年实际能源消耗总量指标（万吨标准煤），数据来源于《中国统计年鉴》。

### 2. 产出指标

（1）期望产出。

选择各行业的工业总产值作为主要产出指标，由于 2011 年后不再公布工业总产值这一数据，为此选择与该指标相近的主营业务收入进行替代。以 2005 年为基期，采用分行业工业品出产价格指数（PPI）对产出指标进行平减，获得不变价的工业总产值。

（2）非期望产出。

制造业是主要工业废物和环境污染的产生者之一，不同的文献对于制造业"坏"产出的选择有所差异。综合国内外文献的相关研究[1]，考虑数据的可得性和统计指标的一致性，本书选择较为典型的 $SO_2$、COD 和 $CO_2$ 的排放量作为非期望产出指标。其中，$SO_2$ 是造成雾霾等气候的罪魁祸首之一；COD 是水体有机污染的一项重要指标，能够反映出水体的污染程度。由于国内外较多关注资源短缺、环境污染以及全球变暖等问题，尤其是 $CO_2$ 作为温室气体的主要构成部分，碳排放导致的气候与生态系统损害成为国际社会普遍关心的重要议题[2]。需要说明的是，相比较于 IPCC 公布的碳排放数据，CEADS 数据库使用了表观能源数据更新了碳排放因子，这样提供了更加准确的碳排放清单[3]。

### 3. 数据说明

本书测度绿色效率涉及的数据主要来源于《中国工业统计年鉴》《中国环境统计年鉴》《中国能源统计年鉴》以及 CEADS 数据库等，对于极少量缺失数据采取插值法、外推法进行补齐，具体投入产出指标的描述性统

第 4 章 变量的测度方法和结果分析

① Watanabe M. , Tanaka K. Efficiency analysis of Chinese industry： A directional distance function approach [J]. Energy Policy, 2007, 35 (12)：6323 - 6331；王兵，吴延瑞，颜鹏飞. 中国区域环境效率与环境全要素生产率增长 [J]. 经济研究，2010, 45 (5)：95 - 109.

② 周亚敏. 全球绿色治理中的美国行为与中国选择 [J]. 中国发展观察，2019 (20)：34 - 35, 64.

③ 刘华军，曲惠敏. 黄河流域绿色全要素生产率增长的空间格局及动态演进 [J]. 中国人口科学，2019 (6)：59 - 70, 127.

计如表 4.3 所示。

**表 4.3** 有关投入产出指标的描述性统计

| 指标 | 单位 | 观测值 | 均值 | 标准差 | 最小值 | 最大值 |
|---|---|---|---|---|---|---|
| 资本存量 | 亿元 | 319 | 54.01 | 56.45 | 0.36 | 284.48 |
| 从业人员年均人数 | 万人 | 319 | 268.16 | 196.66 | 4.24 | 909.26 |
| 能源消费总量 | 万吨 | 319 | 65.93 | 126.20 | 0.34 | 693.42 |
| 工业总产值 | 亿元 | 319 | 194.97 | 203.09 | 2.93 | 1162.44 |
| $CO_2$ 排放量 | 百万吨 | 319 | 104.88 | 327.70 | 0.40 | 1802.70 |
| COD 排放量 | 万吨 | 319 | 12.34 | 23.12 | 0.06 | 159.66 |
| $SO_2$ 排放量 | 万吨 | 319 | 28.65 | 52.77 | 0.04 | 251.45 |

### 4.2.3 绿色技术创新效率测度结果及分析

本书使用 MaxDEA Ultra 软件进行测算 2005～2016 年中国制造业 29 个行业的绿色技术创新效率指数以及绿色技术进步指数和绿色效率变化指数，并将其转换为相应的全局效率值。借鉴邱斌等（2008）的做法，为得到相应的效率绝对值假定以 2005～2006 年所有行业的 GTFP 为 1，则 2006 年 GTFP 水平即为 2005 年的 GTFP 水平乘以 2006 年的 GML 指数，即 $GTFP_{2006} = GTFP_{2005} \times GML_{2006}$；其他年份依此类推得到 2006～2015 年的各制造业的绿色全要素生产率累计值，最后利用几何平均数整合为 14 个行业大类。

#### 1. 绿色全要素生产率（GTFP）

从图 4.5 可知，不同大类制造业的绿色技术创新水平差异较为明显，其中 D17T18（纸制品和印刷业）、D23（其他非金属矿物制品业）、D24（基本金属冶炼及压延加工业）和 D29T30（运输设备制造业）的绿色技术创新效率相对较大且增长趋势较为明显；仅有 D20T21（化学品和药品制造业）和 D25（金属制品业）在部分年份的结果小于 1，即相应的绿色技术创新水平呈现恶化趋势。

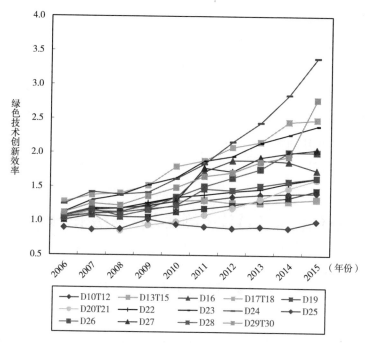

图 4.5 制造业绿色技术创新效率变化趋势

## 2. 绿色技术进步指数和绿色效率变化指数分析

由于 EBM 模型测度的绿色 GML 指数可以进一步分解为绿色技术进步指数（TECH）和绿色效率变化指数（EFFCH），二者仅表示相邻年份的增长率；为了进行跨期比较，需要将上述指数转换为相应的全局 GTECH 和全局 GEFFCH，图 4.6 为两类指数均值的年度变化趋势。

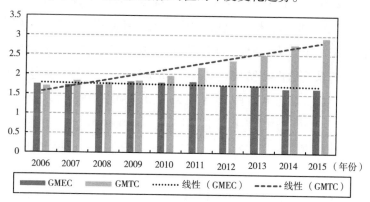

图 4.6 两类子效率变化趋势

从图 4.6 可知，所有行业的全局绿色技术进步指数均值（GMTECH）整体上呈现连续递增的趋势，而全局绿色效率变化指数均值（GMEFFCH）则表现为稍微下降的趋势；这也说明研究期间中国制造业在从粗放型向集约型转变过程中绿色技术创新整体效率的提升，主要归功于绿色技术进步指数的持续改善；除了 2006 年之外，其他年份所有行业的 GMTECH 均值都大于 GMEFFCH 均值。

## 4.3 绿色创新价值链效率测度方法与结果分析

### 4.3.1 关联型超效率网络 SBM - DEA 模型

由于普通单阶段 DEA 模型将创新活动过程视为"黑箱"，仅仅考虑了初始投入以及最终产出，忽视了决策单元内部结构的中间投入与产出关系对总体效率的影响；这样在无形中可能遗漏一些中间环节的重要信息，难以有效评估系统运行过程中的真实效率，在实质上而言就是忽略了各子过程的关联性[①]。要提升系统整体效率，显然离不开运作体系内部子系统之间的协调配合，以及评估子系统对总体效率的影响程度。尽管国内外部分学者尝试使用传统 DEA 模型分别测算各阶段的效率值，但是这很难充分反映初始投入和中间产出的共享情形。而法雷等（Färe et al.，2007）建立网络 DEA 模型是一种多输入、多输出并相对有效地应用于复杂系统同类单位和部门的效率评价方法，旨在分解决策单元复杂的运作流程或阶段，这样可以深入分析系统的内在结构；高强（Chiang Kao，2009）构建了规模报酬不变情形下的关联型两阶段 DEA 模型。由于网络 DEA 方法优化了经典的 DEA 模型，可以更加明晰地评价系统内部结构的层次性，目前已被应用于分阶段创新效率的测度；然而，上述文献均未考虑行业尺度创新过程的

---

① 黄祎，葛虹，冯英浚. 基于链形系统的关联网络 DEA 模型：以我国 14 家商业银行为例 [J]. 系统工程理论与实践，2009，29（5）：106－114.

"绿色化"特征以及嵌入 GVC 的绿色技术溢出因素。

为此，本书参考有关网络 DEA 模型文献[①]的基本思想，构建可变规模报酬假设下基于非导向、非径向并考虑非期望产出的两阶段关联型超效率网络 SBM 模型（Super - efficiency Network SBM - DEA model，Super - NSBM），该模型在测度效率时可以充分考虑绿色创新价值链的技术研发阶段和成果转化阶段的内在关联性以及投入产出的"绿色化"特质。这样就解决了多个决策单元无法排序的问题，以及效率评价中的投入产出松弛量和非期望产出等问题，能够有效衡量决策单元之间绿色创新水平的差异。此外，效率值还能够直接作为被解释变量进行实证研究。其中需要说明的是，考虑到技术研发阶段和成果转化阶段同等重要，因此两个子阶段的权重在网络模型中的设置均相同。

具体的 Super - NSBM 模型线性规划式如下：

$$\rho^* = \min \frac{\sum\limits_{k=1}^{K} w^k \left[ 1 + \frac{1}{m_k} \left( \sum\limits_{i=1}^{m_k} \frac{s_i^{k-}}{x_{i0}^k} \right) \right]}{\sum\limits_{k=1}^{K} w^k \left[ 1 - \frac{1}{v_{1k} + v_{2k}} \left( \sum\limits_{r=1}^{v_{1k}} \frac{s_r^{gk}}{y_{r0}^{gk}} + \sum\limits_{r=1}^{v_{2k}} \frac{s_r^{bk}}{y_{r0}^{bk}} \right) \right]}$$

$$s.t. \begin{cases} \sum\limits_{j=1,\neq 0}^{n} x_{ij}^k \lambda_j^k + s_i^{k-} = \theta^k x_{i0}^k, i = 1, \cdots, m_k, k = 1, \cdots, K \\ \sum\limits_{j=1,\neq 0}^{n} y_{ij}^{gk} \lambda_j^k + s^{gk} = \varphi^k y_{r0}^{gk}, i = 1, \cdots, s_k, k = 1, \cdots, K \\ \sum\limits_{j=1,\neq 0}^{n} y_{rj}^{bk} \lambda_j^k - s^{bk} = \delta^k y_{r0}^{bk}, i = 1, \cdots, s_k, k = 1, \cdots, K \\ \varepsilon \leq 1 - \frac{1}{v_{1k} + v_{2k}} \left( \sum\limits_{r=1}^{v_{1k}} \frac{s_r^{gk}}{y_{r0}^{gk}} + \sum\limits_{r=1}^{v_{2k}} \frac{s_r^{bk}}{y_{r0}^{bk}} \right) \\ z^{(k,h)} \lambda^h = z^{(k,h)} \lambda^k, \sum\limits_{j=1,\neq 0}^{N} \lambda_j^k = \sum\limits_{k=1}^{K} w^k = 1 \\ \lambda^k \geq 0, s^{k-} \geq 0, s^{gk} \geq 0, s^{bk} \geq 0, w^k \geq 0 \end{cases} \quad (4.19)$$

式（4.19）中，$m_k$、$v_k$ 分别代表第 $k$ 个阶段的输入与输出数量，$\varphi_k$ 则表示中

① 肖仁桥，王宗军，钱丽. 我国不同性质企业技术创新效率及其影响因素研究：基于两阶段价值链的视角 [J]. 管理工程学报，2015，29（2）：190 - 201.

间指标的数量。$x$、$y$、$z$ 各代表最初输入、最终输出、中间产出，$(k, h)$ 表示从 $k$ 阶段到 $h$ 阶段的连接，$\lambda^k$ 表示 $k$ 阶段的模型权重，$\omega^k$ 表示第 $k$ 阶段的权重。$s^{k-}$ 表征投入指标的松弛变量，$s^{gk}$、$s^{bk}$ 分别代表期望产出、非期望产出的松弛变量。由于此文研究的绿色创新价值链包括两个阶段，故 $k=2$。

### 4.3.2　指标选取与数据说明

本书充分考虑"绿色中间产品的产出以及再投入"等因素，选择 Super-NSBM 模型测算绿色创新价值链的总体效率值和子阶段效率值；具体的投入产出指标如图 4.7 所示。

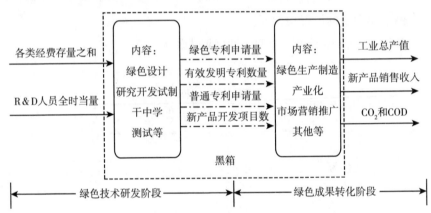

**图 4.7　两阶段绿色创新价值链投入产出示意**

### 1. 绿色研发投入指标

这主要包括各类技术经费支出总和、R&D 人员全时当量。

一般认为，研发经费的持续投入是打造创新竞争力的基础，否则不可能形成技术积累与提升技术学习吸收能力。在经济全球化大背景下，中国工业 R&D 投入主要体现在三种方式：国内技术转移、国外技术引进和企业自主研发[①]。由于我国制造业除了依靠自主研发外，还同时采取引进、消化吸收再创新等发展模式。参考余泳泽和张先轸（2015）的做法，与绿

---

[①]　王瑾. 技术引进、自主创新和环境规制——基于中国省际面板数据的实证研究 [J]. 中国科技论坛，2011（2）：15-20.

色创新价值链匹配的总技术支出包括 R&D 经费内部支出、新产品开发经费，以及购买国内技术经费、技术引进经费、技术消化吸收经费和技术改造经费。具体而言，R&D 经费内部支出是用于企业内部开展研究与试验活动的费用，包含直接支出以及管理费、基本建设支出等间接支出；技术引进经费为从国外、中国港澳台地区或境内其他单位引进高端技术（包括工艺、人才、设备、经营理念等）所支付的资金之和。考虑到研发活动属于知识生产过程，R&D 投入对现期和未来时期的产出均有重要影响，使用 R&D 存量比流量更能准确地反映 R&D 与生产率之间的关系[1]。基于可比性的考虑，本章以 2005 年为基期采取永续盘存法测算各类经费类指标的存量数据，并利用研发价格指数（0.75 × 工业出厂者价格指数 + 0.25 × 居民消费价格指数）进行平减[2]，存量计算公式如下：

$$RD_t = E_t + (1 - \delta)RD_{t-1} \qquad (4.20)$$

$RD_t$ 表示 $t$ 年的研发资本存量，$E_t$ 表示 $t$ 年经过折现的研发经费投入，$\delta$ 表示研发经费折旧率，借鉴王和希尔麦（Wang & Szirmai，2003）的研究结果取值 15%。此外，研发资本的初期值可为：

$$RD_0 = E_0 / (g + \delta) \qquad (4.21)$$

式（4.21）中 $E_0$ 表示基期 2005 年的研发经费投入数量，$g$ 为研发经费年均增长率。

### 2. 中间产出与投入指标

这些指标主要包括普通专利申请量、绿色专利申请量、有效发明专利数和新产品开发项目数。

专利常常被用于表征企业创新的科研产出。虽然专利质量受到一定质疑，但从专利产生以来尚未发现比专利更好反映科技产出的指标[3]。由于

① 吴延兵. 自主研发、技术引进与生产率——基于中国地区工业的实证研究 [J]. 经济研究, 2008 (8): 51-64.

② Frantzen D. The causality between R&D and productivity in manufacturing: An international disaggregate panel data study [J]. International Review of Applied Economics, 2003, 17 (2): 125-146.

③ Furman J. L., Porter M. E., Stern S. The determinants of national innovative capacity [J]. Research Policy, 2002, 31 (6): 899-933.

相关审核机构的非技术因素可能影响专利授权，故制造业研发阶段的部分产出同时包含普通与绿色专利申请量，并基于专利时效性的考虑把有效发明专利数也纳入专利产出的范畴。需要说明的是，因为环境友好与资源节约型技术一般内隐于绿色发明专利之中，本书参考李婉红（2017）的做法并按照国际专利分类号搜索行业层面的绿色发明专利申请数量；然而，现阶段我国的专利分类系统尚无明确的"绿色技术"分类，本书搜集绿色专利数据时在中国国家知识产权局网中输入 IPC 分类号进行检索，上述绿色专利具体包含风能、燃料电池、回收机械能等方面，再进一步查看各专利的摘要并结合绿色技术及绿色产品的内涵予以辨别，可以获得行业层面的绿色发明专利申请数量；将其作为绿色研发的中间产出和成果转化的投入之一，进而彰显中间环节的"绿色化"特质①。另外，新产品开发项目数也是衡量科技研发产出的通用指标，本书将其作为制造业研发投入转化成生产技术能力的另一类指标。

### 3. 成果转化阶段的最终产出指标

最终产出指标包括工业总产值、新产品产值以及两种非期望产出。

正常情况下，在技术研发阶段产生的专利等中间产出并不会立即从创新系统中退出，而是作为一种投入继续以专利交易、技术转让等方式被二次开发，从而服务于后续的成果转化阶段。虽然在二次开发环节新产品开发项目不具备以上优势，但对最终经济产出有重要的支撑作用，因此中间产出将作为绿色成果转化阶段的关联型投入指标。绿色成果转化主要指企业研发阶段的中间产出继续转化为最终产出的过程，其中最终产出一般涵盖经济绩效类期望产出与环境类非期望产出。本书选取应用较为广泛的工业总产值和新产品产值作为经济产出，其中新产品产值可以借助于创新改善企业的竞争能力或优势，较好地反映技术创新水平。此外，因为创新活动可能包含部分细微的技术改进和工艺创新，然而新产品产值或者销售收入等并不能反映出来，故将工业总产值作为最终产出之一②，同时采用工

---

① 资料来源：中国专利信息中心。

② 殷宝庆，肖文，刘洋. 绿色研发投入与"中国制造"在全球价值链的攀升 [J]. 科学学研究，2018，36（8）：1395 – 1403 + 1504.

业产品出厂价格指数对上述经济指标进行平减。由于污染排放具有连续性和不可追溯性，本书参照惯常做法将其放在成果转化阶段考虑。最后，为了彰显绿色创新对节能环保与社会效益影响的本质特性，故选择制造业较为典型的 $CO_2$ 和化学需氧量（COD）作为环境负产出纳入绿色技术创新绩效框架内；其中碳排放量成为全球气候变暖、恶劣气候频发的主要根源，而 COD 是废水排放的典型污染物。

### 4. 数据说明

经过检索中国制造业 14 个大类行业可知，由于 D13T15（纺织品、服装、皮革及相关产品业）、D16（木材及软木制品业）和 D25（金属制品业）三个行业基本不涉及绿色专利，因此第 6 章实际研究对象为整合后的11 个大类行业。由于细分行业的总产值数据只公布到 2011 年，本书借鉴刘传江等（2017）、黄庆华等（2018）的做法，选择与总产值较为接近的销售产值进行替代。由于现在尚无专门统计绿色研发经费、绿色创新人员的详细数据，参考毕克新等（2011）、张江雪（2011）、李婉红（2017）以及肖仁桥等（2019）的前期研究，使用传统的研发人员、研发经费等变量进行相应的替代；这是因为普通的技术创新活动能有效促进经济效益与环境效益的共增，要完全分离传统创新人员与绿色创新人员甚至是不可能的。参照以往的研究成果，由于技术创新活动的不确定性，从最初的创新资源投入转化为最终的绿色创新产出具有一定时滞，然而尚未有公认的滞后期[①]。基于数据的可用性，参考肖仁桥（2015）等研究成果，本书将滞后期设定为两年，即创新产出指标均依次采取滞后一期处理，因此科技研发阶段投入、中间产出、成果转化阶段产出分别对应 2006～2014 年、2007～2015 年和 2008～2016 年，以上数据主要来源于《中国能源统计年鉴》《工业企业科技活动统计年鉴》《中国科技统计年鉴》《中国环境统计年鉴》和《中国统计年鉴》等；针对部分缺失数据，使用比例计算法、趋势线进行相应的补充。绿色创新价值链各投入、产出指标的描述性统计

① Chunjia H., Thomas S. R., Mu Y., Ieromonachou P., Hongru Z. Evaluating R&D investment efficiency in China's high – tech industry [J]. Journal of High Technology Management Research, 2017, 28 (1): 93 – 109.

如表 4.4 所示。

**表 4.4　　绿色创新价值链相关投入产出指标的描述性统计**

| 指标 | 单位 | 观测值 | 均值 | 标准差 | 最小值 | 最大值 |
|---|---|---|---|---|---|---|
| 所有研发类费用 | 亿元 | 99 | 4547.87 | 3542.62 | 583.99 | 13698.79 |
| 研究与试验发展（R&D）人员 | 全时当量 | 99 | 129658.10 | 114821.10 | 6348.76 | 411861.00 |
| 绿色专利申请量 | 件 | 99 | 15552.71 | 21686.98 | 288.40 | 113200.00 |
| 普通专利申请量 | 件 | 99 | 29044.12 | 31465.99 | 204.00 | 115325.00 |
| 有效发明专利数量 | 件 | 99 | 20825.90 | 28941.04 | 594.00 | 170387.00 |
| 新产品开发项目数 | 项 | 99 | 19794.04 | 17990.16 | 618.00 | 69020.00 |
| 工业总产值 | 百亿元 | 99 | 59.10 | 30.12 | 12.32 | 120.54 |
| 新产品销售收入 | 百亿元 | 99 | 89.62 | 80.08 | 4.77 | 355.60 |
| 二氧化碳 | 万吨 | 99 | 318.25 | 542.28 | 4.11 | 1870.30 |
| COD | 万吨 | 99 | 22.76 | 31.85 | 0.15 | 129.17 |

### 4.3.3　绿色创新价值链效率测度结果及分析

**1. 绿色创新价值链整体和两阶段效率测度结果及分析**

使用 MaxDEA Ultra 软件并选择两阶段超效率网络 SBM – DEA 模型测度 11 个制造业行业大类的绿色技术研发效率和绿色成果转化效率，其均值为通过采取几何平均数方式整理的结果。

（1）绿色技术研发阶段效率。

在绿色技术研发阶段，主要衡量各制造业能否将研发投入进行有效的转化为绿色创新的中间产出，反映了制造业利用创新资源、提升科技研发能力的水平。

由表 4.5 可知，从横向上看绿色研发阶段效率值排名前三的行业分别为 D26（计算机、通信和其他电子设备制造业）、D29T30（运输设备制造业）和 D23（其他非金属矿物制品业），排名最后的三个行业分别为 D24（基本金属冶炼及压延加工业）、D20T21（化学品和药品制造业）和 D10T12（食品、饮料和烟草制造业），且不同行业的效率均值的差异较大。

考察期内各行业绿色技术研发阶段效率的均值为 0.530，高于绿色创新价值链的总效率均值 0.4784。从纵向上比较，总体效率均值呈现波动递增的趋势，并于 2014 年达到最高值 0.6683。

表 4.5　　　　　　　　　　　绿色技术研发阶段效率值

| 行业 | 2007 年 | 2008 年 | 2009 年 | 2010 年 | 2011 年 | 2012 年 | 2013 年 | 2014 年 | 均值 | 排名 |
|------|---------|---------|---------|---------|---------|---------|---------|---------|------|------|
| D10T12 | 0.3306 | 0.3297 | 0.3640 | 0.6562 | 0.6036 | 0.6054 | 0.6207 | 0.6326 | 0.4972 | 9 |
| D17T18 | 0.3256 | 0.3068 | 0.3398 | 0.6191 | 0.5086 | 0.5739 | 1.0000 | 0.9207 | 0.5236 | 8 |
| D19 | 0.4229 | 1.0000 | 1.0000 | 0.5246 | 1.0000 | 0.6346 | 0.2353 | 0.4751 | 0.5951 | 6 |
| D20T21 | 0.1431 | 0.1622 | 1.0000 | 0.3368 | 0.3522 | 0.3881 | 0.3385 | 1.0000 | 0.3713 | 10 |
| D22 | 0.4350 | 0.4105 | 0.5048 | 0.5359 | 0.8042 | 1.0000 | 0.8037 | 0.7181 | 0.6220 | 4 |
| D23 | 0.3953 | 0.4450 | 1.0000 | 0.7588 | 0.8007 | 0.7986 | 0.7485 | 0.7448 | 0.6834 | 3 |
| D24 | 0.0979 | 0.1830 | 0.2183 | 0.1946 | 0.3055 | 0.2855 | 0.1238 | 0.2310 | 0.1926 | 11 |
| D26 | 0.5192 | 0.5973 | 0.7126 | 1.0000 | 1.0000 | 1.0000 | 1.0000 | 1.0000 | 0.8280 | 1 |
| D27 | 0.5253 | 0.6151 | 0.5611 | 0.5577 | 0.4878 | 0.5424 | 0.5121 | 0.6213 | 0.5511 | 7 |
| D28 | 0.3659 | 0.6243 | 1.0000 | 0.6549 | 0.5941 | 0.6186 | 0.5542 | 0.5589 | 0.6010 | 5 |
| D29T30 | 0.6352 | 0.6616 | 0.5449 | 0.5156 | 0.7498 | 1.0000 | 0.7521 | 1.0000 | 0.7127 | 2 |
| 总体均值 | 0.3397 | 0.4257 | 0.5892 | 0.5369 | 0.6133 | 0.6331 | 0.5221 | 0.6683 | 0.5297 | |

（2）绿色成果转化阶段效率。

在绿色成果转化阶段，主要甄别制造业能否将绿色研发产出有效转化为最终的经济与环境产出，以体现（绿色）技术的市场价值和绿色化水平。从表 4.6 可知，在横向上看发现高于总均值的大类行业有 8 个，绿色成果转化阶段效率值排名前三的行业分别为 D29T30（运输设备制造业）、D10T12（食品、饮料和烟草制造业）和 D22（橡胶和塑料制品业），排名最后的三个行业分别为 D20T21（化学品和药品制造业）、D28（机械与设备制造业）和 D27（电气设备制造业），且不同行业的效率均值的差异同样偏大；在纵向上比较，总体上效率均值的波动性很明显，并于 2009 年达到最高值 0.8555。研究期内绿色成果转化阶段效率均值为 0.6745，明显高于绿色技术研发阶段以及绿色创新价值链整体维度的效率均值。

表 4.6 绿色成果转化阶段效率值

| 行业 | 2007 年 | 2008 年 | 2009 年 | 2010 年 | 2011 年 | 2012 年 | 2013 年 | 2014 年 | 均值 | 排名 |
|---|---|---|---|---|---|---|---|---|---|---|
| D10T12 | 0.6701 | 0.7457 | 1.0000 | 1.0000 | 1.0000 | 1.0000 | 1.0000 | 1.0000 | 0.9169 | 2 |
| D17T18 | 0.5446 | 0.7138 | 0.6709 | 0.6731 | 0.4924 | 0.6687 | 0.8913 | 1.0000 | 0.6902 | 8 |
| D19 | 0.6220 | 0.9363 | 0.9965 | 0.8753 | 0.9580 | 0.9029 | 0.4792 | 0.7734 | 0.7970 | 5 |
| D20T21 | 0.2353 | 0.3452 | 0.5730 | 0.3411 | 0.3891 | 0.4162 | 0.3619 | 0.6011 | 0.3921 | 11 |
| D22 | 0.8232 | 0.8817 | 1.0000 | 0.7071 | 1.0000 | 0.9559 | 1.0000 | 1.0000 | 0.9148 | 3 |
| D23 | 0.3169 | 0.3261 | 0.9416 | 0.4651 | 1.0000 | 1.0000 | 0.5038 | 1.0000 | 0.6234 | 9 |
| D24 | 0.5316 | 0.8343 | 1.0000 | 0.6775 | 1.0000 | 1.0000 | 0.3733 | 0.7340 | 0.7319 | 6 |
| D26 | 0.7575 | 0.8193 | 1.0000 | 0.9217 | 0.8577 | 0.9864 | 0.9486 | 0.8762 | 0.8924 | 4 |
| D27 | 0.4390 | 0.5917 | 0.6246 | 0.3927 | 0.3942 | 0.3914 | 0.3316 | 0.4102 | 0.4373 | 9 |
| D28 | 0.3179 | 0.6680 | 0.7972 | 0.4623 | 0.3827 | 0.3798 | 0.3277 | 0.3466 | 0.4354 | 10 |
| D29T30 | 1.0000 | 1.0000 | 1.0000 | 0.8156 | 0.8661 | 0.9376 | 0.9141 | 0.9787 | 0.9367 | 1 |
| 总体均值 | 0.5219 | 0.6755 | 0.8555 | 0.6291 | 0.7025 | 0.7334 | 0.5849 | 0.7490 | 0.6745 | |

（3）绿色创新价值链整体效率。

在测度绿色技术研发阶段创新效率和绿色成果转化阶段创新效率的同时，也测度了绿色创新价值链整体效率，具体如表 4.7 所示。

表 4.7 绿色创新价值链整体效率值

| 行业 | 2007 年 | 2008 年 | 2009 年 | 2010 年 | 2011 年 | 2012 年 | 2013 年 | 2014 年 | 均值 | 排名 |
|---|---|---|---|---|---|---|---|---|---|---|
| D10T12 | 0.2730 | 0.2857 | 0.3640 | 0.6562 | 0.6036 | 0.6054 | 0.6207 | 0.6326 | 0.4768 | 6 |
| D17T18 | 0.2830 | 0.2954 | 0.2847 | 0.4858 | 0.3906 | 0.4911 | 1.0042 | 0.9207 | 0.4613 | 8 |
| D19 | 0.3210 | 1.0047 | 1.0626 | 0.5102 | 1.0446 | 0.6082 | 0.2155 | 0.4378 | 0.5657 | 4 |
| D20T21 | 0.1093 | 0.1377 | 1.0250 | 0.2740 | 0.2769 | 0.3085 | 0.2651 | 1.0190 | 0.3152 | 10 |
| D22 | 0.4047 | 0.3749 | 0.5048 | 0.5129 | 0.8042 | 1.0145 | 0.8037 | 0.7181 | 0.6073 | 3 |
| D23 | 0.2347 | 0.2718 | 1.0659 | 0.4872 | 0.8007 | 0.7986 | 0.4485 | 0.7448 | 0.5385 | 5 |
| D24 | 0.0831 | 0.1710 | 0.2183 | 0.1894 | 0.3055 | 0.2855 | 0.1186 | 0.2241 | 0.1848 | 11 |
| D26 | 0.4416 | 0.5130 | 0.7126 | 1.0068 | 1.0772 | 1.0228 | 1.0095 | 1.1865 | 0.8250 | 1 |
| D27 | 0.4172 | 0.5186 | 0.4817 | 0.4742 | 0.4247 | 0.4543 | 0.4130 | 0.4917 | 0.4580 | 9 |
| D28 | 0.2599 | 0.5399 | 1.0510 | 0.5202 | 0.4405 | 0.4403 | 0.3962 | 0.4054 | 0.4702 | 7 |
| D29T30 | 0.6352 | 0.6616 | 0.5449 | 0.4910 | 0.7085 | 1.0134 | 0.7375 | 1.1288 | 0.7136 | 2 |
| 总体均值 | 0.2739 | 0.3728 | 0.5822 | 0.4717 | 0.5661 | 0.5836 | 0.4579 | 0.6470 | 0.4784 | |

从表 4.7 可知，高于 GIVC 整体效率总均值的行业有 5 个，这可能与

我国越来越注重绿色创新发展的大环境息息相关；其中排名前三的行业分别为D26（计算机、通信和其他电子设备制造业）、D29T30（运输设备制造业）和D22（橡胶和塑料制品业），各行业效率均值的差异仍然较大。从时间维度上看，所有行业的GIVC效率均值呈现小幅度波动且整体上升的趋势，于2014年达到最高值。

总之，无论是中国制造业整体维度的绿色创新价值链效率还是两阶段的效率值均偏低，尚有很大的提升空间。尤其是绿色技术研发阶段的效率更低，这也反映出产、学、研各创新主体之间的协同度仍不够。成果转化阶段的效率均值总体上高于技术研发阶段，说明技术研发阶段的效率值存在明显的短板，待改进的空间要更大；为此，需要加强对研发过程创新资源的投入与管理，实现在既定投入下科技产出的最大化。由于创新投入属于典型的稀缺性资源，因而在客观上强调增加创新投入绝对数量的同时，必须关注创新资源利用效率的提高。

### 2. 绿色创新价值链效率矩阵分析

为了对2006~2014年11个大类行业的绿色创新效率进一步分析，对各行业的两阶段绿色效率分别取均值，利用Excel软件绘制四象限图。

从矩阵图4.8可知，这样将各行业细分为"低研发和低转化型"行业、"低研发和高转化型"行业、"高研发和低转化型"行业和"高研发和高转化型"行业。

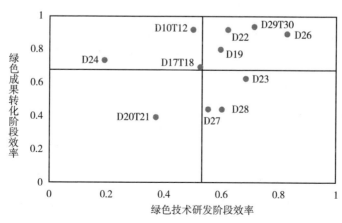

**图4.8 两阶段绿色创新价值链效率均值矩阵**

其中，第一象限"高研发和高转化型"的行业有四个，分别为 D19（焦炭和精炼石油制品业）、D22（橡胶和塑料制品业）、D26（计算机、通信和其他电子设备制造业）和 D29T30（运输设备制造业），说明这些行业的综合绿色创新水平比较高。该类行业在继续保持自身优势的同时，积极发挥辐射作用带动其他行业向可持续增长模式转变。

第二象限"低研发和高转化型"的行业有 D10T12（食品、饮料和烟草制造业）、D17T18（纸制品和印刷业）和 D24（基本金属冶炼及压延加工业），这说明三个行业可能存在严重的投入资源浪费现象，或者申请的绿色发明专利产出量相对偏少；这可以通过加大知识产权的保护力度与建立合理的研发人员激励制度等措施，支撑绿色研发阶段效率的改进。

第三象限"低研发和低转化型"的双短板行业仅仅有 D20T21（化学品和药品制造业）。这可能一方面说明由于该行业本身具有典型的高耗能、高污染特性，提升两阶段效率的压力和任务巨大；另一方面也说明在整个绿色创新价值链中绿色专利产出等较少以及消化吸收绿色技术溢出方面成效不显著。因而，该行业需加大资源配置的合理性并兼顾两阶段的协同发展，在引进绿色成熟技术的同时注重消化吸收环节的改善，强化价值链各子环节的绿色化革新水平。

第四象限"高研发和低转化型"的行业有 D23（其他非金属矿物制品业）、D27（电气设备制造业）和 D28（机械与设备制造业），可见这三个行业在绿色成果转化方面存在瓶颈，较高的绿色研发产出与相应的经济效益关联度不高；有必要创建更多的绿色成果转化平台以及配套相关的支持政策，促进研发成果转化的高效化、清洁化。

## 4.4 本章小结

第一，本章简要介绍了测度 GVC 嵌入指数相关的传统核算方法、HIY 核算方法以及 KPWW 方法的演进过程，利用 OECD-WTO 的 TiVA 数据库并进行行业整合，测度了 2006~2015 年中国制造业 14 个大类行业的 GVC

嵌入地位指数和 GVC 嵌入程度指数（包括前向与后向），分析了各行业 GVC 指标的数据特征和变化趋势。

第二，本章具体阐述了测度中国制造业绿色技术创新效率以及效率分解的 EBM－GML 指数方法，以及选择相关的投入产出指标测度了效率值。结果发现，所有行业的全局绿色技术进步指数均值呈现连续递增的趋势，而全局绿色效率变化指数均值则表现出缓慢下降的趋势；这反映中国制造业绿色技术创新整体效率的增长，主要归功于绿色技术进步指数的不断改善。

第三，本章重点介绍了测度中国制造业绿色创新价值链效率的 Super－NSBM 模型方法。为了凸显创新活动过程的"绿色化"特征，在绿色研发活动阶段、绿色成果转化阶段分别考虑了中间产出绿色专利以及非期望产出 $CO_2$ 和 COD。最后，对测度的绿色创新价值链整体效率和两阶段效率进行了初步分析，发现研究期间绿色成果转化阶段效率均值明显高于绿色技术研发阶段以及绿色创新价值链整体维度的效率均值；结合两阶段绿色创新价值链效率均值矩阵图分析，这为效率改进提供了参考。

# 第5章

# GVC 嵌入影响制造业绿色技术创新整体的实证研究

本章结合环境规制主要从整体维度研究 GVC 嵌入对中国制造业绿色技术创新的直接与间接影响，这有助于从总体上推动"中国制造"向"中国清洁生产"跨越的高质量发展。同时为第 6 章、第 7 章分别从子维度研究 GVC 嵌入对绿色"技术研发—成果转化"创新以及绿色"工艺—产品"创新的影响作铺垫。

## 5.1 问题描述

制造业不仅是中国经济增长的引擎，也是能源消耗和环境污染的重要来源。发达国家或地区往往拥有较强的研发资本与人力资源，因而掌控着 GVC 高端环节。基于降低成本以及拓宽市场等目的，发达国家的跨国公司便在欠发达国家进行对外直接投资、设立代工厂或建立海外研发中心，为发展中国家及新兴经济体参与全球分工协作以及获取技术转移或外溢提供了一定的机会。在此过程中，中国制造业主要凭借资源禀赋、人口红利等要素优势在产品生产的加工组装环节逐步嵌入 GVC 体系，带动了国际贸易规模的迅速扩大。据统计，2018年中国国内生产总值为90.03万亿元，工业增加值为36.60万亿元，制造业增加值为24.68万亿元；其中制造业增加值分别占GDP、工业增加值的比重各为27.41%、67.43%，可见制造业发展对国民经济的贡献十分突出[①]。与此同时，发达国家通过进口替代国内生产形成了产品制造与消费的地理分割，参与价值链分工的各国存在经济利益和环境损失之间的不对称、不对等的关系，这使得发展中国家可能被沦为发达国家污染物的接受地。

绿色技术创新将"环境友好"作为创新过程的重点，是促进资源有效利用、节能减排乃至绿色制造的主要途径[②]。制造业实行绿色技术创新是提高竞争力与减轻环境污染的关键手段[③]，有助于实现绿色经济增长和生态环境保护相互协同的良性循环。继《中国制造2025》提出将"创新驱动""绿色发展"等作为基本方针之后，党的十八届五中全会进一步强调了"五大发展理念"中"创新驱动"与"绿色发展"的国家战略地位；2019年国务院工作报告提出大力推进绿色发展，旨在实现高质量经济发展和有效保护生态环境。制造业嵌入GVC是大势所趋，将外部技术资源内部化进而实现资源共享和优势互补，对于提升我国价值链竞争优势就显得十分必要和紧要。那么，中国制造业嵌入GVC从整体行业层面如何促进绿色技术创新水平的提升，助力实现经济绩效和环境绩效的"双赢"局面，这是本章需要探究的核心问题。在经济"新常态"背景下，嵌入GVC对绿色技术创新影响的传导机制、具体作用路径以及异质性特征等尚不清晰；特别是考虑环境规制的间接作用时，上述多维影响关系将变得更为复杂，探究其规律有助于制定科学的治理决策。

由于绿色技术创新考虑了环境的外部效率，企业在实施绿色技术创新的过程中，可能存在自身利益与社会利益的冲突，从而降低了绿色技术创新的动力；同时考虑到环境主体的有限理性和污染物排放的负外部性，难

① 2018年国内生产总值破90万亿元大关 较上年增长6.6%．[EB/OL]．央广网，2019-1-22.

② 王锋正，姜涛，郭晓川．政府质量、环境规制与企业绿色技术创新[J]．科研管理，2018，39（1）：26-33.

③ 石博，田红娜．基于生态位态势的家电制造业绿色工艺创新路径选择研究[J]．管理评论，2018，30（2）：83-93.

以仅仅依赖市场机制有效解决生态恶化问题，因此就需要政府介入治理。通过环境立法、治污投资、排污收费等环境规制手段影响经济行为，以矫正市场失灵。绿色技术创新是解决环境污染的重要利器，然而由于绿色技术创新的高风险、研发的高成本及消费者对绿色产品的低认知度，导致绿色技术创新在企业层面难以顺利推广，阻碍了绿色技术创新的实施；同时，绿色技术创新过程具有外溢性和不确定性，离不开外部规制政策的约束。此外，在机理分析时发现 GVC 嵌入对绿色技术创新效率的影响可能受环境规制调控，环境规制对绿色技术创新效率的作用也受到 GVC 嵌入位置的影响。由此可见，建立适度合理的环境规制是提高绿色技术创新效率的重要途径，尤其是考虑到环境规制对 GVC 地位与绿色技术创新效率关系的间接影响情景。这对于加快中国制造业绿色改造升级，提升资源能源利用效率，构建高效、清洁、低碳、循环的绿色制造体系具有重要的现实价值。

本章基于整体上提高经济绩效与环境绩效的出发点，创新性地将中国制造业的绿色技术创新置于 GVC 升级和环境规制的双重作用下[①]；同时将生产过程中的环境负外部性纳入投入产出效率分析的范畴。即绿色创新效率的改善，依赖于 $CO_2$、$SO_2$ 和 COD 等非期望产出的减排，资源能源利用效率的提高及期望产出的增加。基于上述分析，构建了如图 5.1 所示的研究主题示意图。

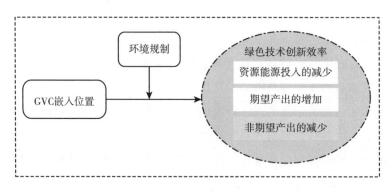

图 5.1　本章的研究主题

　　① Hu D., Jiao J., Tang Y., Han X., Sun H. The effect of global value chain position on green technology innovation efficiency：From the perspective of environmental regulation ［J］. Ecological Indicators, 2021, 121：107195.

## 5.2 研究假设

### 5.2.1 GVC嵌入地位与绿色技术创新

GVC将各个经济体整合到全球复杂的生产链中，为价值链升级提供了新的机会①。格里芬（1999）指出发展中国家参与GVC分工是实现产业升级的必要环节；汉弗莱等（Humphrey et al.，2000）将GVC升级的方式界定为工艺升级、产品升级、功能升级和链条升级，通常上述四种升级方式的实现难度依次增大。一般而言，GVC高端产业往往是高技术、低污染的知识技术密集型产业，而低端产业大多为高污染的能源、资本密集型产业。工艺升级可以引入先进的绿色生产技术，在提高能源利用效率的同时，更高效地将投入转化为产出；而产品升级可以加强开发技术含量高、附加值高、资源能耗低的绿色环保新产品。由于发展中国家的工艺升级和产品升级，不会削弱发达国家GVC治理者的核心竞争力，所以一般不被阻挠②。此外，卡普林斯基和莫里斯（Kaplinsky & Morris，2000）认为并不是GVC上的每一个环节都能够创造价值，只有最重要的战略环节才有可能产生丰厚的价值。帕夫林克和扎吉托娃（Pavlinek & Zizalova，2016）指出参与GVC企业的吸收能力会影响从生产环节的前后向关联中获益的程度。

为了应对发达国家的绿色贸易壁垒以及国内日益严峻的环境压力，在嵌入GVC过程中我国制造业往往借助于多重渠道获取、传递、扩散与绿色环保相关的技术，力争促进绿色创新水平的升级。然而，我国制造业在要素密集度、吸收能力和技术差距等方面存在较大的行业差异，因此GVC嵌

① Kummritz V.，Taglioni D.，Winkler D. E. Economic upgrading through global value chain participation：Which policies increase the value–added gains？［R］. World Bank Policy Research Working Paper，2017.

② Schmitz H.，Knorringa P. Learning from global buyers［J］. Journal of Development Studies，2000，37（2）：177–205.

入对绿色创新效率的影响可能存在异质性，有待于实证模型的检验。虽然GVC 嵌入对中国制造业绿色技术创新的促进效应与抑制作用同时发生，但是本书认为随着 GVC 嵌入地位的上升，制造业可以获得更多的绿色技术溢出；这有助于较快地掌握发达国家的绿色技术，并在消化吸收过程中有所创新，甚至迅速接近、达到绿色技术先进水平。基于上述文献的分析，提出研究假设 $H_{5.1}$。

$H_{5.1}$：GVC 嵌入地位的提升对制造业绿色技术创新效率产生直接促进作用，且存在行业异质性。

## 5.2.2 环境规制的调节效应

由于绿色技术创新具有双重外部性的特点，很容易导致市场失灵；这直接影响制造业实施绿色技术创新的激励动力，客观上依赖于政府环境规制的约束作用。尤其在嵌入 GVC 初期，由于中国制造业与发达国家在技术前沿、创新体系等方面存在一定差距，主要利用生产要素禀赋优势和环境监管宽松的条件承接 GVC 低端环节的转移，其生产往往以较高的资源能源消耗与严重的污染环境为代价。在我国"十一五""十二五"规划强制性环保政策基础上，"十三五"以来国家更加重视经济发展与环境保护的协调。一是借助于环境规制的政策力量不断提升制造业招商引资的准入条件和门槛，预防污染产业与工序的转移集聚，从源头上减缓环境承载力的负荷。二是利用环境规制的倒逼机制，诱导企业增加清洁生产工艺研发、技术人才引进培养以及购买高效生产设备的经费投入力度，强化价值链环节的绿色化治理，间接促进了制造业国际竞争能力和出口增加值的提升。三是在"一带一路"倡议的推动下，利用对外直接投资的方式，借助产能合作等渠道将部分工序、行业转移到环境政策相对宽松且具有能源、资源优势的国家或地区，这在一定程度上也缓解了我国的环境承载压力。综上所述，在研究 GVC 嵌入对绿色创新水平的间接影响机理时，有必要充分考虑环境规制的积极调节效应。据此提出研究假设 $H_{5.2}$。

$H_{5.2}$：环境规制正向调节了 GVC 嵌入地位和绿色技术创新效率之间的关系。

### 5.2.3 环境规制的门槛效应

在过去的研究中，经济变量中体现的一些非线性关系在很大程度上被忽略了[①]。考虑环境规制外部因素时，进一步探究 GVC 嵌入对制造业绿色技术创新的影响机制，可能会存在环境规制特定的非线性阈值"拐点"，这种间接影响会变得更为复杂。相似的研究有，吕越等（2019）发现嵌入 GVC 可以促进中国企业生产效率的提高，长期看二者存在倒"U"型关系；沈能（2012）实证了环境规制强度和企业技术创新之间呈现"U"型关系，且存在经济发展水平的双门槛效应。殷宝庆（2012）结合垂直专业化分工过程研究了污染工序转移问题，实证分析了环境规制与中国制造业GTFP 之间的"U"型关系；还有其他研究认为环境规制对绿色创新行为的影响作用具有非线性特征，并且两者之间的影响关系受到环境治理行为类别、污染强度、创新环节及经济发展水平等诸多要素的调节[②]。本书认为当环境规制强度处于不同的门槛值区间时，对制造业绿色创新效率的积极影响程度可能不同。为此，以环境规制作为门槛变量，尝试构建门槛效应模型进一步验证，提出研究假设 $H_{5.3}$。

$H_{5.3}$：GVC 嵌入地位对绿色技术创新效率的影响存在环境规制的门槛效应。

 ## 5.3 模型和数据

### 5.3.1 模型设定

**1. 基准回归模型**

根据前文理论分析，首先考察 GVC 嵌入地位对制造业绿色技术创新效

---

① Anderson R. G., Chauvet M., Jones B. Nonlinear relationship between permanent and transitory components of monetary aggregates and the economy [J]. Econometric Reviews, 2015, 34（1-2）：228-254.

② 王锋正，姜涛. 环境规制对资源型产业绿色技术创新的影响——基于行业异质性的视角 [J]. 财经问题研究, 2015（8）：17-23.

率的影响，构建如下面板数据模型：

$$LNGTFP_{it} = \alpha_0 + \alpha_1 LNGVCPo_{it} + \alpha_2 LNER_{it} + \alpha_3 LNRD_{it}$$
$$+ \alpha_4 LNFDI_{it} + \varepsilon_{it} \tag{5.1}$$

式（5.1）中 $i$ 和 $t$ 分别表示各制造业行业和时间，$GTFP$ 为绿色全要素生产率，用于表征行业的绿色技术创新效率；可将 $GTFP$ 替换为 $GTECH$、$GEFFCH$，进一步探究 GVC 嵌入地位对绿色创新效率的影响路径；$GVCPo$、$ER$、$RD$、$FDI$ 分别表示制造业的 GVC 嵌入地位、环境规制强度、研发投入强度以及外商投资水平；$\delta_i$ 表示不可观测的制造业异质性效应，$\varepsilon_{it}$ 是随机误差项。为了降低异方差、时间趋势等因素对模型回归结果的影响，针对各变量均实施取对数化处理的方式。

**2. 影响机制模型**

（1）调节效应模型。

GVC 嵌入地位对绿色技术创新效率产生直接影响，而且还受到环境规制的间接影响，引入 GVC 分工地位与环境规制的交叉项方式考察调节效应，构建下列模型：

$$LNGTFP_{it} = \beta_0 + \beta_1 LNGVCPo_{it} + \beta_2 LNGVCPo_{it} * LNER_{it} + \beta_3 LNRD_{it}$$
$$+ \beta_4 LNFDI_{it} + \varepsilon_{it} \tag{5.2}$$

式（5.2）中变量的含义不变，$\beta_1$、$\beta_2$ 系数值分别反映 GVC 嵌入地位对绿色技术创新效率的直接效应、间接效应。

（2）门槛效应模型。

为了深入讨论环境规制对 GVC 嵌入与绿色创新效率影响的非线性关系，而调节效应模型不能找到影响过程存在的若干关键点以及相应的变化区域；为保证各个样本区间划分的合理性并降低模型估计结果的偏差，本章采纳汉森（Hansen，1999）非动态面板门槛模型自助寻找门槛数值的做法，即根据数据本身的特点内生地划分区间，以环境规制强度为门槛变量决定区分点；通过研究不同区间内的环境规制与 GTFP 的拟合关系，即可有效解决主观臆断观测值分区以及区间单一化的问题，可先设定单一门槛的面板门槛数据模型：

全球价值链嵌入对中国制造业绿色创新的影响研究

$$LNGTFP_{it} = \beta_0 + \beta_1^{\phi}LNGVCPo_{it} \cdot I(LNER_{it} \leq \gamma)$$
$$+ \beta_2^{\phi}LNGVCPo_{it} \cdot I(LNER_{it} > \gamma)$$
$$+ \beta_3^{\phi}LNRD_{it} + \beta_4^{\phi}LNFDI_{it} + \varepsilon_{it} \qquad (5.3)$$

式（5.3）中其他变量的含义不变，其中 $\gamma$ 为待估计的门槛值，$I(\cdot)$ 为示性函数。当 $LNER_{it} \leq \gamma$ 时，$I(\cdot)=1$；$LNER_{it} > \gamma$ 时，$I(\cdot)=0$。从实际的检验结果看，或许会存在多个门槛，可在此单一门槛模型基础上进一步扩展为双门槛、多门槛模型。

$$LNGTFP_{it} = \beta_0 + \beta_1^{\phi}LNGVCPo_{it} \cdot I(LNER_{it} \leq \gamma_1)$$
$$+ \beta_2^{\phi}LNGVCPo_{it} \cdot I(\gamma_1 < LNER_{it} \leq \gamma_2)$$
$$+ \beta_3^{\phi}LNGVCPo_{it} \cdot I(LNER_{it} > \gamma_2)$$
$$+ \beta_4^{\phi}LNRD_{it} + \beta_5^{\phi}LNFDI_{it} + \varepsilon_{it} \qquad (5.4)$$

### 5.3.2 变量说明

#### 1. 被解释变量

中国制造业绿色技术创新效率（$LNGTFP$）：由于绿色技术创新可以极大地降低化石能源消费对环境的影响，是提高绿色全要素生产率和实现中国可持续发展目标的根本途径[1]，为此本章采用绿色全要素生产率表征中国制造业绿色技术创新效率（$LNGTFP$）。采用 MaxDEA Ultra 软件选取 EBM 模型测度 29 个制造业的 GML 指数，由于动态 GML 指数及其分解项均为环比增长率指数而不是 GTFP 本身，因此需要再将其转换为 GTFP。

#### 2. 解释变量

GVC 嵌入地位指数（$LNGVCPo$）：基于 OECD – WTO 的 TiVA 数据库，采用库普曼等（2010）提出的 KPWW 方法测度 GVC 嵌入地位指数（$LNGVCPo$）；

---

① Wang H. R., Cui H. R., Zhao Q. Z. Effect of green technology innovation on green total factor productivity in China: Evidence from spatial Durbin model analysis [J]. Journal of Cleaner Production, 2021 (288): 125624.

该指数代表国际分工位置的提升，攀升 GVC 中高端的本质内涵具体表现为出口国内增加值率和控制能力的提高。由于个别 *GVC* 指数值小于 0 无法取对数，这里在回归模型估计时将 *GVCPo* 加 1 后再取自然对数[①]。

### 3. 调节变量和门槛变量

环境规制强度（*LNER*）：环境规制是政府为解决环境污染负外部效应而制定实施的政策和措施，同时也是实现绿色创新发展与转型升级的动力因素[②]。由于不同行业污染物的排放强度各异，且行业之间资源基础与环境治理成本等同样存在较大的差别，从而决定了环境规制与绿色创新关系的异质性[③]。考虑各种指标的优劣性、数据的可得性以及污染排放的特殊性等因素，同时竭力弥补采取单一指标研究时难以客观揭示环境规制整体情况的缺陷，本书通过构建综合指数进行环境规制强度的衡量。事实上，废气、废水和固体废弃物是工业最主要的污染源，将这些指标全部纳入综合测算环境污染指数可能更为合适。为此，参考秦楠等（2018）改进的熵值法测度环境规制强度的合成指标，选取各制造行业的"废气治理设施运行费用分别与 $SO_2$、烟（粉）尘排放量的之比，废水治理设施运行费用与废水排放量的之比，固体废弃物综合利用率"这四项指标综合测度环境规制强度指标。具体计算过程为，首先，对四项指标进行无量纲化处理，减弱极端值对综合评价的影响，同时消除负数值；其次，在计算标准化后的指标赋值的比重、各污染物指标的熵值和变异系数的基础上，再计算各污染物指标的权重；最后，将各项指标标准化后的指标赋值的比重与相应污染物指标的权重相乘，即为环境规制强度综合指数。

需要说明的是，由于《中国环境年鉴》未公布固体废弃物治理费用的数据，且固废的治理成本相对低于废水、废气的治理成本，因此选择固体

---

① 杨仁发，刘勤玮. 生产性服务投入与制造业全球价值链地位：影响机制与实证检验 [J]. 世界经济研究，2019（4）：71 - 82 + 135.

② Bansal P. , Roth K. Why companies go green：A model of ecological responsiveness [J]. Academy of Management Journal, 2000, 43（4）：717 - 736.

③ 李勃昕，韩先锋，宋文飞. 环境规制是否影响了中国工业 R&D 创新效率 [J]. 科学学研究，2013, 31（7）：1032 - 1040.

废弃物综合利用率这一指标。总体而言，上述综合指标囊括了工业污染物的废气、废水和废渣三种形态，尤其是废气的排放、固体废弃物的产生与能源投入直接相对应，可以客观反映各行业对不同污染物治理力度的针对性。此外基于改进的熵值法，能够消除以往指标权重赋值的主观片面性进而确保综合评价体系的科学性。

### 4. 控制变量

囿于计量结果的稳健性以及对被解释变量的解释力度，除了核心解释变量与门槛变量之外，参照学术界分析绿色技术创新的影响因素，在计量模型中纳入下列控制变量。

（1）研发强度（LNRD）。

内生增长理论认为研发投资是生产率增长最重要的源泉，它能够创造和积累技术知识以及提升企业吸收 FDI 技术外溢的能力。特别是在严格的环境规制状况下，较强的研发能力有助于企业自主创新水平的提高。随着 GVC 分工的不断深化，已证明研发投入在影响制造业 GVC 地位中的重要作用[①]。在开放经济环境下，相对于技术引进模仿而言，自主研发是后发国家提升产品国际市场竞争力进而获取垄断利润的主要动力来源[②]。本章以各行业研发经费支出占工业总产值之比表示研发强度，各行业每年的研发支出包括技术开发经费内部支出和其他技术活动经费支出（技术开发、改造、引进、消化吸收的四项经费以及购买国内技术经费等）。

（2）利用外资水平（LNFDI）。

长期以来，中国凭借劳动力、财税政策等优势吸引 FDI 的形式建厂或中外合资，其生产加工环节消耗大量的资源和能源。FDI 是影响出口贸易增加值的重要因素，其数量的增加能够引进先进的技术以及提高国内企业的生产能力；主要是通过技术外溢效应、创新学习效应促进东道国企业的技术进步，继而提升一国的出口商品结构和产业比较优势。其他研究也认

① 戴翔，刘梦，张为付. 本土市场规模扩张如何引领价值链攀升 [J]. 世界经济，2017, 40 (9): 27-50.

② 胡亚男，余东华. 全球价值链嵌入、技术路径选择与制造业高质量发展 [J]. 科技进步与对策，2021, 11: 1-9.

为 FDI 及其技术溢出有助于东道国的技术创新[①]；但也有研究指出 FDI 会使东道国国内竞争更加激烈，产生负面影响[②]。

对于本书涉及的经济类数据，均使用相应的价格指数调整为 2005 年为基期的不变价，并对所有流量数据采取永续盘存法处理为存量数据。各变量的定性描述如表 5.1 所示。

表 5.1　　　　　　　　　各变量的定性描述

| 变量类型 | 符号 | 含义 | 度量指标及说明 | 数据来源 |
|---|---|---|---|---|
| 被解释变量 | GTFP | 绿色技术创新水平 | 使用 EBM - MML 指数测算制造业绿色全要素生产率 | 《中国工业统计年鉴》《中国环境年鉴》《中国能源统计年鉴》以及 CEADS 数据库等 |
| 解释变量 | GVCPo | 全球价值链分工地位 | 采用库普曼等（2010）提出的 KP-WW 方法，参见公式（4.12）测度 | OECD - WTO 数据库 |
| 调节变量（门槛变量） | ER | 环境规制强度 | 选取各制造业的废气治理设施运行费用分别与 $SO_2$ 排放量、烟（粉）尘排放量的比值、废水治理设施运行费用与废水排放量的比值、固体废弃物综合利用率，采用熵值法合成综合指数 | 《中国环境年鉴》《中国能源统计年鉴》 |
| 控制变量 | R&D | 研发投入 | 各行业研发经费投入占当年的工业总产值之比 | 《中国科技统计年鉴》《中国固定资产投资统计年鉴》 |
|  | FDI | 外商直接投资 | 外商及港澳台商投资工业企业固定资产与规模以上工业固定资产之比值 |  |

### 5.3.3　行业分类与数据分析

#### 1. 基于要素密集程度的行业分类

参照 OECD 关于要素密集程度的分类标准，将 14 个大类行业划分为劳

---

① Salomon R., Jin B. Do leading or lagging firms learn more from exporting? [J]. Strategic Management Journal, 2010, 31（10）: 1088 - 1113.

② De Backer K., Sleuwaegen L. Does foreign direct investment crowd out domestic entrepreneurship? [J]. Review of Industrial Organization, 2003, 22（1）: 67 - 84.

动密集型、知识密集型和资本密集型制造业三大类（见表5.2）。

表 5.2                          基于要素密集程度的行业分类

| 类　　型 | 具体行业 |
|---|---|
| 劳动密集型制造业 | D13T15，D16，D17T18 |
| 知识密集型制造业 | D26，D27，D28，D29T30 |
| 资本密集型制造业 | D10T12，D19，D20T21，D22，D23，D24，D25 |

从表5.2可知，劳动密集型制造业有3个，这些行业的大部分附加值源于劳动力优势，相对于高技术含量的知识密集型行业较小；而知识密集型制造业有4个，主要以"组装加工"的方式融入这类行业，仅获取较低的附加值；资本密集型制造业有7个，该类行业的生产具有较强的资源导向性，一般而言资源输出越多将会导致较严重的环境污染。

## 2. 基于污染程度的行业分类

参照李宏兵等[1]、沈能[2]等测算污染强度的方法，计算 2006～2015 年各行业的污染强度，将平均污染排放强度大于所有行业总体均值的行业划分为污染密集型行业，其他的则为清洁生产型行业（见表5.3）。

表 5.3                          基于污染强度的行业分类

| 类　　型 | 具体行业 |
|---|---|
| 清洁生产型制造业 | D10T12，D13T15，D16，D25，D26，D27，D28，D29T30 |
| 污染密集型制造业 | D17T18，D19，D20T21，D22，D23，D24 |

从表5.3可知，清洁生产型制造业有8个，这些行业的节能减排压力相对较小；而污染密集型制造业有6个，该类行业在生产过程中会直接或间接排放大量污染物，若不加以治理或者治理力度不够则产生严重的负外部性，因此被列为污染防控的重点对象。

---

　　[1]　李宏兵，赵春明．环境规制影响了我国中间品出口吗——来自中美行业面板数据的经验分析［J］．国际经贸探索，2013，29（6）：36-48.
　　[2]　沈能．环境效率、行业异质性与最优规制强度——中国工业行业面板数据的非线性检验［J］．中国工业经济，2012（3）：56-68.

### 3. 变量的描述性统计

运用 Stata 软件所得的描述性统计结果如表 5.4 所示，观察到的样本数量为 140。

表 5.4　　　　　　　　　　　　变量的描述性统计

| 变量 | 观测值 | 均值 | 标准差 | 最小值 | 最大值 |
|------|--------|------|--------|--------|--------|
| *GTFP* | 140 | 1.416 | 0.436 | 0.821 | 3.390 |
| *GTECH* | 140 | 1.072 | 0.216 | 0.608 | 1.550 |
| *GEFFCH* | 140 | 1.333 | 0.330 | 0.737 | 2.513 |
| *GVCPo* | 140 | 0.219 | 0.088 | −0.043 | 0.394 |
| *ER* | 140 | 0.053 | 0.067 | 0.030 | 0.308 |
| *RD* | 140 | 0.008 | 0.005 | 0.001 | 0.022 |
| *FDI* | 140 | 0.297 | 0.149 | 0.092 | 0.809 |

其中，主要被解释变量绿色技术创新效率（GTFP）的最大值为3.390、最小值为0.821、均值为1.416、标准差为0.436，表明各大类行业的效率数值分布状况较好；解释变量 GVC 嵌入地位（GVCPo）的最大值为0.394、最小值为 −0.043、均值为0.219、标准差为0.088，表明各行业嵌入 GVC 地位的数据结构较好；相对而言，三个控制变量 *ER*、*RD*、*FDI* 的均值与标准差基本接近，反映出行业间的异质性程度较小。总体而言，这些变量数据能够较好地满足实证的有关要求。

### 4. 相关性检验

运用 Stata14.0 软件对本章的被解释变量、解释变量和控制变量的 Pearson 相关系数矩阵如表 5.5 所示。从中可以看出 GVC 嵌入地位与绿色技术创新整体效率呈正向关系，表明绿色技术创新效率是建立在提升 GVC 嵌入地位基础上实现的。环境规制与 GVC 嵌入地位呈正向关系，表明环境规制对 GVC 嵌入地位的改善具有积极的促进作用。此外，各变量之间的相关系数基本未超过0.5，在可接受范围之内。因此，在回归方程中各个解释变量的共线性问题较弱，不会对估计结果产生较大的影响。

**表 5.5** 各变量之间的相关系数矩阵

| 变量 | LNGTFP | LNGEFFCH | LNGTECH | LNGVCPo | LNER | LNRD | LNFDI |
|---|---|---|---|---|---|---|---|
| *LNGTFP* | 1.0000 | | | | | | |
| *LNGEFFCH* | 0.5727*** | 1.0000 | | | | | |
| *LNGTECH* | 0.6630*** | −0.2339 | 1.0000 | | | | |
| *LNGVCPo* | 0.2083** | −0.0377* | 0.2814*** | 1.0000 | | | |
| *LNER* | −0.0928* | −0.2678*** | 0.1348 | 0.3935*** | 1.0000 | | |
| *LNRD* | 0.0746 | 0.2614*** | −0.1501* | −0.1460* | −0.1659* | 1.0000 | |
| *LNFDI* | −0.2216*** | 0.0160 | −0.2774*** | 0.0600 | 0.0249 | 0.4526*** | 1.0000 |

注：***、**、*分别表示通过1%、5%、10%的显著性水平检验。

## 5.4 实证结果与分析

为了避免参数估计结果出现较大的偏差，有必要先选择正确的面板模型形式。本章采用 Hausman 检验和似然 F 统计量对混合效应模型、固定效应模型和随机效应模型的适用性进行选择，其具体结果见相应的表格中。

### 5.4.1 基准模型回归结果

本章首先对总体样本进行参数估计，考察 GVC 地位的提升对中国制造业绿色技术创新效率的整体影响。考虑到我国制造业在资源禀赋、污染排放、技术水平等方面存在差异，依据上述生产率指数分解方法、污染强度①以及要素密集程度（参照 OECD 分类标准）等特征划分行业细类，进一步研究行业异质性与影响路径，具体的回归结果如表5.6所示。

---

① 沈能. 环境效率、行业异质性与最优规制强度——中国工业行业面板数据的非线性检验[J]. 中国工业经济, 2012（3）：56−68.

表 5.6　　　　中国制造业 GVC 嵌入地位对 GTFP 影响的回归结果

| VARIABLES | (1)<br>LNGTFP | (2)<br>LNGTECH | (3)<br>LNGEFFCH | (4)<br>LNGTFP |
|---|---|---|---|---|
| *LNGVCPo* | 1.184 ***<br>(0.443) | 1.543 ***<br>(0.507) | − 0.124<br>(0.322) | 17.670 ***<br>(4.191) |
| *LNGVCPo ∗ LNER* | | | | 4.827 ***<br>(1.273) |
| *LNER* | 1.457 ***<br>(0.289) | 0.890 **<br>(0.331) | − 0.019<br>(0.092) | |
| *LNRD* | − 0.120 ***<br>(0.044) | − 0.009 *<br>(0.050) | − 0.083 **<br>(0.033) | − 0.124 ***<br>(0.046) |
| *LNFDI* | − 0.628 ***<br>(0.067) | − 0.659 ***<br>(0.077) | 0.006<br>(0.049) | − 0.590 ***<br>(0.068) |
| *Constant* | 3.317 **<br>(0.964) | 1.905<br>(1.104) | − 0.323<br>(0.363) | − 1.575 ***<br>(0.248) |
| *Observations* | 140 | 140 | 140 | 140 |
| *R − squared* | 0.638 | 0.588 | | 0.609 |
| *F* | 53.78 *** | 43.48 *** | | 47.49 *** |

注：（1）***、** 和 * 分别表示 1%、5% 和 10% 水平上显著；（2）括号内数值为标准误。

由表 5.6 第（1）列实证结果可知，总体样本中制造业 GVC 分工地位的估计系数为 1.184 且通过 1% 的显著性水平检验，说明伴随着 GVC 嵌入地位的提高直接促进了制造业绿色技术创新水平；也意味着当保持其他条件不变时，GVC 嵌入位置每上升一个单位，制造业绿色技术创新整体效率提高 1.184 个单位。这可能主要是由于中国制造业嵌入 GVC 地位从低端到中高端攀升的过程中，逐渐从事更多的研发、设计等高价值环节，依靠技术进步促进了能源消耗和环境污染水平的明显降低。当然，这在很大程度上与中国制造业利用多种渠道获取、转让、传播与绿色环保相关的技术进步息息相关，在很大程度上受益于"技术溢出效应"和"链中学效应"。为此，中国制造业一方面应当继续加强与价值链上核心企业的技术合作与交流，积极承接来自价值链条高端的绿色技术转移与溢出；另一方面有必要进一步强化自主创新能力，努力提升绿色技术的消化吸收水平。可见，中国制造业通过 GVC 嵌入促进了绿色全要素生产率的改善，提高经济增长质量和可持续性是可行的[①]。

为了探寻 GVC 嵌入位置对中国制造业绿色技术创新效率的具体影响路径，将表5.6第（1）列的被解释变量分别替换为第（2）列的绿色技术进步指数 LNGTECH 和第（3）列的绿色效率变化指数 LNGEFFCH。可见第（2）列的 LNGVCPo 的估计系数为 1.543，也通过了 1% 的显著性检验；这表明在其他条件控制不变的情况下，GVC 嵌入地位每增加 1%，制造业绿色技术进步指数提高 1.543%。而第（3）列 LNGEFFCH 的估计系数为负向不显著，这表明 GVC 嵌入地位对绿色技术创新的影响主要借助于绿色技术进步指数的路径。

关于控制变量的估计结果，表5.6中第（1）、第（2）列的环境规制系数显著，这表明环境规制直接对行业总体层面、绿色技术效率路径的绿色技术创新效率产生了积极的影响。就研发强度而言，第（1）、第（2）、第（3）列的回归系数均为负向显著，这表明研发强度对绿色技术创新效率产生了负向影响，可能与市场环境、研发投向有一定的关系。一方面，当前中国市场经济体制仍不完善，许多传统行业的研发资源不能被高效配置，尤其在激烈的全球竞争背景下甚至可能被扭曲，进而阻碍了部分制造业绿色技术创新效率的提高；另一方面，我国制造业 R&D 投入数量总体偏少且较为分散，主要用于应用研究，而基础研究和应用基础研究的相关投入较少，这也影响了制造业绿色创新效率的改善。最后，利用外资对总体层面的绿色技术创新效率以及绿色技术进步效率均有显著的负面影响，这也反映了中国制造业利用外资的质量仍有待于提高。可能的原因如下：一是在贸易自由化条件下，企业倾向于将高污染产业转移到环境规制强度较低的国家，导致承接方成为"污染避难所"[②]。二是在嵌入 GVC 过程中我国制造业与发达国家的技术差距过大以及缺乏足够的吸收能力，从而会使得外商投资的溢出效应不够明显。尽管 FDI 能够发挥一定的环境技术溢

---

① Ge J., Fu Y., Xie R., Liu Y., Mo W. The effect of GVC embeddedness on productivity improvement: From the perspective of R&D and government subsidy [J]. Technological Forecasting and Social Change, 2018, 135: 22 – 31.

② Markusen J. R. Location choice, environmental quality and public policy [J]. Handbook of Environmental and Resource Economics, 1999: 569 – 580.

出作用，但是外部环境的恶化也导致行业治污负担的增加，抑制了制造业环境效率的改善。

总体而言，GVC 嵌入对制造业绿色技术创新水平产生直接促进作用，即 $H_{5.1}$ 得到验证。

### 5.4.2　环境规制调节效应回归结果

GVC 嵌入地位除了直接影响制造业绿色创新效率以外，理论分析可知还借助于环境规制的调节作用间接影响绿色创新效率。表 5.6 第（4）列的回归结果显示，引入 GVC 嵌入地位和环境规制的交互项 $LNGVCPo * LNER$ 后，其估计系数为 4.827 且在 1% 水平上显著；另外，$LNGVCPo$ 的回归系数由原来的 1.184 陡然增大到 17.670，且依然通过 1% 的显著性水平检验。这说明环境规制对 GVC 嵌入地位与绿色技术创新效率的影响起到了正向调节效应；即随着 GVC 嵌入地位的提升以及环境规制强度的加大，将逼迫制造业实施主动性的技术创新而非被动性的制度管理，从而使环境规制引发的"创新补偿效应"强于"投资挤出效应"，最终促进制造业绿色技术创新水平的快速增长。具体而言，上述环境规制的调节作用可能体现在：基于环境规制的强制约束，中国制造业改变了资源配置渠道，例如通过加大绿色技术相关的研发，引进与应用污染防治技术，优化与改进生产工艺流程，促进了生产链条的资源能源节约与污染物减排。

综上所述，这表明在研究 GVC 嵌入地位对绿色技术创新的影响时，有必要充分考虑环境规制的间接影响因素。合适的环境规制强度不仅不会导致生产率的下降，反而能够通过激发企业的效率改善技术进步，促进绿色全要素生产率的提高。显然，$H_{5.2}$ 也进一步得到验证。

### 5.4.3　环境规制门槛效应回归结果

检验门槛效应模型的基本思路：通过样本内生性确定各个门槛值及其门槛个数，依据渐进分布理论建立门槛参数的置信区间，采用自抽样方法估计门槛值的显著性水平。

为了确定门槛的个数，分别在单门槛、双门槛以及三门槛假设下依次检验门槛效应，表5.7为三种情形下分析环境规制的门槛数量后得到的F值以及相应的P值。不难看出，门槛效应检验的单门槛、双门槛均在5%显著性水平下显著，但三门槛效应检验不通过，故下面基于双门槛开展实证结果讨论。

**表5.7**　　　　　　　　门槛效应检验结果

| 模型 | F值 | P值 | 临界值 | | |
| --- | --- | --- | --- | --- | --- |
| | | | 10% | 5% | 1% |
| 单门槛 | 34.69 *** | 0.0033 | 16.8959 | 21.0259 | 30.7188 |
| 双门槛 | 16.01 ** | 0.0400 | 11.9951 | 14.2733 | 22.0352 |
| 三门槛 | 6.93 | 0.8567 | 22.2511 | 25.3611 | 35.0615 |

注：（1）*** 、** 和 * 分别表示 1%、5% 和 10% 水平上显著；（2）P 值和临界值为采用自抽样（bootstrap）法 500 次后得到的结果。

由上述的门槛效应检验结果可知，门槛变量环境规制的两个相应门槛值分别为 −3.3351、−3.3403，其95%的置信区间如表5.8所示。

**表5.8**　　　　　　　门槛值估计结果及其置信区间

| 门槛值 | 估计值 | 95% 置信区间 |
| --- | --- | --- |
| Threshold value$\gamma_1$ | −3.3403 | [ −3.4124，−3.4081 ] |
| Threshold value$\gamma_2$ | −3.3351 | [ −3.3386，−3.3338 ] |

当门槛条件通过检验后，就需要对双门槛模型的门槛值进行检验。为了进一步检验门槛值估计是否有效，下面运用 Stata 软件绘制了似然比和门槛参数的关系图，图 5.2 中虚线为似然比统计量的临界值。借助于似然比函数图说明门槛值估计值和 95% 置信区间，似然比统计量 LR 值等于 0 时对应的两个（LNER）门槛估计值分别为 −3.3351、−3.3403，当各自处于 [ −3.3386，−3.3338 ] 和 [ −3.4124，−3.4081 ] 区间内时，似然比值小于 5% 显著性水平下的临界值。

进一步考察不同门槛下的样本统计结果发现，由表 5.9 可知以 2006 年为例环境规制强度低于第一个门槛的行业、介于两个门槛值之间的行业和高于第二个门槛的行业分别为 5 个、4 个和 4 个，而 2015 年上述相应门槛

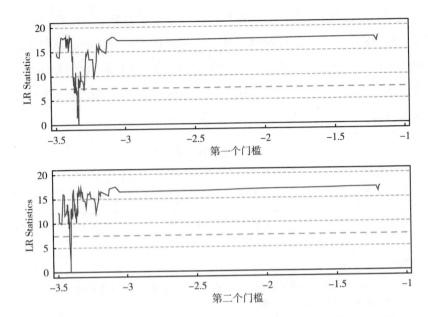

图 5.2　第一个门槛 $\gamma_1$ 和第二个门槛 $\gamma_2$ 的估计值及 95% 的置信区间

的行业数量分别调整为 2 个、7 个和 5 个。2006～2015 年研究期间，由低门槛跃迁到高一阶门槛的行业有 D17T18（纸制品与印刷业）、D23（其他非金属矿制品业）、D24（基本金属制品业）、D28（机械设备制造业）和 D29T30（交通运输设备制造业），其中 D17T18 跃进了两个门槛；向低一阶门槛跃迁的仅有 D13T15（纺织、服装、皮革及相关制品业）和 D25（金属制品业），明显少于高跃迁行业的数量。这说明研究期间我国通过政策保障、治理监督等手段提高制造业环境规制的强度和力度成效显著，越来越多的行业跨进更高阶的门槛，最终促进了制造业绿色技术创新效率的显著提升。

表 5.9　　　　　　　　　　不同门槛下的样本统计分析

| 年份 | 小于门槛值 1 的行业 | 介于两个门槛值之间的行业 | 大于门槛值 2 的行业 |
|---|---|---|---|
| 2006 | D17T18，D20T21，D23，D24，D28 | D13T15，D19，D22，D29T30 | D10T12，D16，D25，D26，D27 |
| 2015 | D13T15，D20T21 | D16，D19，D22，D23，D24，D25，D28 | D10T12，D17T18，D26，D27，D29T30 |

就全样本而言，由表5.10第（5）列可知门槛效应模型估计系数分别为0.571、1.200和2.263，且显著性水平由10%上升到1%；即随着环境规制门槛值的增大，GVC嵌入地位每提高1%，制造业绿色创新效率分别提高0.571%、1.200%和2.263%，呈现出典型的"J"型增长趋势，即边际效应递增的现象非常明显。这说明不同环境规制水平均促进了GVC嵌入的绿色化水平，且作用效应随环境规制水平的提升而增强，也反映出环境规制门槛拐点的影响异质性。这可能是由于在日趋严格的正式环境规制约束下，一是制造业加大了对外直接投资的力度，通过逆向绿色创新溢出效应促进了国内绿色创新水平的提升。二是高质量的外商直接投资也能够带来先进的绿色技术和生产工艺等，继而产生绿色创新的国内溢出带动绿色创新水平的改善。三是正式环境规制也会对国内投资决策产生重要的影响作用，倒逼企业增加环境治理投资，对企业研发投资等产生一定的挤出效应，抑制了绿色创新。设计合理的环境规制政策能够促进企业引进国外先进绿色制造技术以及优化生产工艺流程，通过创新补偿效应的形成促进了绿色创新。尤其是率先实施绿色技术革新的企业往往具有先动优势，有助于抢占国际市场份额并获取相对竞争优势，进一步巩固绿色技术创新效率的改善成效。

表5.10　　　　　　　以环境规制为门槛变量的实证回归结果

| VARIABLES | (5)<br>LNGTFP |
| --- | --- |
| $LNGVCPo \cdot I(LNER \leqslant -3.3403)$ | 0.571 (0.444) |
| $LNGVCPo \cdot I(-3.3403 < LNER \leqslant -3.3351)$ | 1.200 ** (0.410) |
| $LNGVCPo \cdot I(LNER > -3.3351)$ | 2.263 *** (0.414) |
| $LNRD$ | -0.119 *** (0.041) |
| $LNFDI$ | -0.639 *** (0.063) |
| $Constant$ | -1.393 *** (0.219) |
| $Observations$ | 140 |
| $R - squared$ | 0.686 |
| $F$ | 53.10 *** |

注：（1）***、** 和 * 分别表示1%、5%和10%水平上显著；（2）括号内数值为标准误。

综上可知，$H_{5.3}$也同样得到验证，即环境规制对 GVC 嵌入的制造业绿色技术创新的促进作用存在门槛效应。

### 5.4.4　稳健性检验

#### 1. 缩尾法

为了防止离群值对估计结果产生不良影响，对样本数据进行 5% 缩尾处理，发现缩尾后回归结果和基准模型回归结果如表 5.11 第（6）列所示，其系数大小与显著性水平未发生明显的变化，表明前文的估计结果比较稳健。

表 5.11　　　　　　　　　　模型稳健性检验估计结果

| VARIABLES | （6）LNGTFP | （7）$Q_{10th}$ | （8）$Q_{25th}$ | （9）$Q_{50th}$ | （10）$Q_{75th}$ | （11）$Q_{90th}$ |
|---|---|---|---|---|---|---|
| LNGVCPo | 1.771 *** (0.470) | − 0.159 (0.713) | 1.156 ** (0.466) | 0.739 * (0.386) | 1.390 *** (0.377) | 1.737 *** (0.403) |
| LNER | 1.494 *** (0.285) | 0.0496 (0.060) | − 0.072 * (0.041) | − 0.042 (0.037) | − 0.138 *** (0.038) | − 0.235 *** (0.031) |
| LNRD | − 0.149 *** (0.048) | 0.0632 (0.065) | 0.069 ** (0.033) | 0.865 ** (0.038) | 0.158 *** (0.060) | 0.223 *** (0.066) |
| LNFDI | − 0.539 ** (0.065) | − 0.0530 (0.137) | − 0.183 ** (0.089) | − 0.182 ** (0.074) | − 0.239 ** (0.104) | − 0.144 * (0.081) |
| Constant | 3.285 *** (0.941) | 0.447 (0.502) | − 0.190 (0.247) | 0.226 (0.325) | 0.257 (0.327) | 0.543 * (0.297) |
| Observations | 140 | 140 | 140 | 140 | 140 | 140 |
| R − squared | 0.632 | | | | | |
| F | 52.45 *** | | | | | |

注：（1）***、** 和 * 分别表示 1%、5% 和 10% 的显著水平；（2）括号内数值为标准误。

### 2. 分位数回归

由于普通最小二乘法（OLS）相应的面板数据模型属于样本均值回归，以残差平方和为最小化目标函数，易受极值影响，从而导致估计结果可能发生偏倚。为检验模型的稳健性及解决 OLS 回归存在的上述缺陷，采用康克和小巴塞特（Koenker and Bassett Jr，1978）提出的"分位数回归"开展进一步验证；而分位数回归是基于被解释变量的条件分布拟合解释变量线性函数的回归模型，使用残差绝对值的加权平均作为最小化目标函数可以消除异常值引起的估计误差。

本章选取当 GVC 嵌入地位的 0.1、0.25、0.5、0.75 以及 0.9 五个分位对绿色技术创新效率的影响关系。由表 5.11 第（7）~ 第（11）列可见，GVC 分工地位的回归系数呈现波动上升的趋势且高分位的显著性水平更好，意味着中国制造业不同的 GVC 分工地位对绿色技术创新效率的促进作用不尽相同，其中位于 0.9 分位时的正向影响程度最大；这一结果与前述基础模型的研究结果基本一致，验证了估计结果的稳健性。

## 5.5 进一步讨论

整体来看，GVC 嵌入地位对绿色技术创新效率有正向影响，结果与刘等（Liu et al.，2018）的研究结果相似；同时基于调节效应和门槛效应模型，已经研究了环境规制下 GVC 位置对绿色创新效率的间接影响关系。若进一步剖析 GVC 嵌入地位对绿色技术创新效率的影响规律以及行业异质性等，下面拟围绕三个子问题开展讨论：一是由于制造业各行业的污染强度和要素密集度存在明显的差异，GVC 嵌入地位对绿色技术创新效率的影响关系是否存在一定的异质性？二是本章着重研究 GVC 嵌入地位对绿色技术创新效率的影响，那么考察 GVC 嵌入程度对绿色技术创新效率的影响结果到底如何？三是尽管环境规制的作用非常重要，但是GVC 嵌入条件下可以无限制地加大环境监管力度吗？需要对上述问题进行深层次的思考与讨论。

### 5.5.1 基于行业异质性的讨论与分析

#### 1. 基于污染强度的异质性考察

根据制造业污染强度的大小，可以将我国制造业划分为清洁生产型行业、污染密集型行业两大类。由表 5.12 第（12）、第（13）列的实证结果可知，清洁生产型行业的 GVC 嵌入地位对绿色技术创新效率的正向促进作用和显著性水平明显优于污染密集型行业。其原因可能是在参与 GVC 分工的过程中，污染密集型行业往往承担了较多国外高能耗、高污染工序环节的转移，相应承担的减排与治污压力也较大，从而影响了绿色技术创新效率的改善；然而，清洁生产型行业的环境压力相对较弱，GVC 地位的上升对绿色技术创新效率的促进作用较强。

表 5.12　　中国制造业 GVC 嵌入地位对 GTFP 影响的异质性回归结果

| VARIABLES | （12）LNGTFP | （13）LNGTFP | （14）LNGTFP | （15）LNGTFP | （16）LNGTFP |
|---|---|---|---|---|---|
| *LNGVCPo* | 1. 830 *** (0. 666) | 0. 853 (0. 686) | 0. 544 (1. 501) | 2. 405 *** (0. 851) | 0. 570 (0. 604) |
| *LNER* | 0. 263 (0. 138) | 1. 398 *** (0. 835) | 0. 738 (0. 835) | 0. 684 (0. 547) | 1. 815 *** (0. 407) |
| *LNRD* | − 0. 031 (0. 057) | − 0. 140 ** (0. 076) | − 0. 082 (0. 065) | 0. 010 (0. 120) | − 0. 152 ** (0. 063) |
| *LNFDI* | − 0. 379 *** (0. 094) | − 0. 807 *** (0. 113) | − 0. 724 ** (0. 118) | − 0. 600 *** (0. 176) | − 0. 633 *** (0. 094) |
| *Constant* | − 0. 621 (0. 552) | 3. 012 *** (1. 892) | 1. 391 (2. 781) | 1. 700 (1. 840) | 3. 922 *** (1. 318) |
| *Observations* | 80 | 60 | 30 | 40 | 70 |
| *R − squared* | | 0. 652 | 0. 758 | 0. 698 | 0. 591 |
| *F* | | 23. 37 *** | 18. 00 *** | 18. 50 *** | 21. 30 *** |

注：（1）***、** 和 * 分别表示 1%、5% 和 10% 水平上显著；（2）括号内数值为标准误。

## 2. 基于要素密集程度的异质性考察

GVC 分工的实质是价值链中要素强度差异的各环节之间的分工[①]。一般而言，中国制造业在劳动力、知识、资本等资源禀赋上存在显著区别；处于 GVC 高端的知识、技术密集型行业的污染排放较低，而处于 GVC 低端的能源、资本密集型行业的污染排放较高[②]。由表 5.12 第（14）~第（16）列的回归结果可见，在所有制造业行业中 GVC 地位对绿色技术创新效率的影响均为正向促进，但只有第（15）列知识密集型行业的回归系数显著且远高于劳动密集型和资本密集型行业。可能的原因是，中国制造业在融入 GVC 的初期多为直接采用 OEM、加工、装配等生产方式的劳动密集型行业，对发达国家跨国公司技术的过度依赖，往往很容易被锁定 GVC 低端。

另外，在 GVC 嵌入过程中，各产业对技术溢出的吸收能力存在明显差异，自然导致不同要素密集类型行业的 GVC 地位影响绿色技术创新的程度存在区别。因此，必须加强中国制造业创新型人才的培养，实现自主创新水平和消化吸收能力的协同；同时，重点鼓励污染密集型制造业引入先进的节能减排设施，不断提高能源使用效率以及降低污染水平。知识经济时代的来临，经济发展从要素驱动、投资驱动向创新驱动转变，与提高劳动生产率和资本利用率相比，绿色技术创新更能够从根本上改变资源使用效率与减轻环境治理压力。

## 5.5.2 GVC 嵌入程度对绿色技术创新影响的比较研究

上文着重研究了 GVC 嵌入地位对绿色技术创新效率的直接影响以及考虑环境规制的调节效应和门槛效应。为了更加全面地探究 GVC 嵌入对绿色技术创新效率的影响以及进一步比较实证结果，下面具体考察 GVC 嵌入程度对绿色技术创新效率的影响。

---

① Deardorff A. V. Fragmentation in simple trade models [J]. The North American Journal of Economics and Finance, 2001, 12（2）: 121 - 137.

② 杨飞. 中美制造业技术差距及其影响因素研究 [J]. 世界经济研究, 2017（8）: 122 - 134, 137.

表 5.13　　　　　　中国制造业 GVC 嵌入程度对 GTFP 影响的回归结果

| VARIABLES | (17)<br>LNGTFP | (18)<br>LNGTFP |
|---|---|---|
| $LNGVCPa * LNGVCPa$ |  | 4. 820 ** (2. 419) |
| $LNGVCPa$ | 0. 595 (0. 567) | 3. 769 ** (1. 688) |
| $LNER$ | 1. 629 *** (0. 324) | 1. 748 *** (0. 325) |
| $LNRD$ | − 0. 021 (0. 058) | 0. 003 (0. 058) |
| $LNFDI$ | − 0. 707 *** (0. 068) | − 0. 690 *** (0. 068) |
| Constant | 4. 629 *** (1. 078) | 5. 623 *** (1. 176) |
| Observations | 140 | 140 |
| $R - squared$ | 0. 513 | 0. 529 |
| $F$ | 32. 15 *** | 27. 14 *** |

注：（1）　*** 、** 和 * 分别表示 1%、5% 和 10% 水平上显著；（2）括号内数值为标准误。

由表 5.13 第（17）列可知，GVC 嵌入程度对中国制造业绿色技术创新效率的影响系数为 0.595 但不显著，明显小于 GVC 嵌入地位对绿色创新效率的影响系数 1.184，这反映出 GVC 嵌入对绿色技术创新效率的促进作用主要表现在 GVC 嵌入地位的提升上。也意味着在制造业嵌入 GVC 国际分工的过程中，尽管提高 GVC 嵌入程度很重要，但是更应该重视 GVC 嵌入地位的提升，即不断向 GVC 中高端攀升。上述实证结果可能的原因是，在中国制造业嵌入 GVC 的初期主要承担国外高耗能、高污染行业的转移，通过成本优势和规模经济专注于生产制造的加工组装环节，整体上对绿色技术溢出的消化吸收水平较低；或许随着嵌入程度的逐步加深，中国制造业引进与吸收国外更多的先进装备和技术，对绿色效率的影响情况会发生改变。为了进一步验证上述判断，在实证模型中加入 GVC 嵌入程度的平方项，以便探究 GVC 嵌入程度对绿色创新效率的影响是否存在非线性关系。从第（18）列的实证结果可见，GVC 嵌入程度的二次项、一次项系数均为正向显著，这说明 GVC 嵌入程度与绿色创新效率存在"U"型关系；也就是说，在 GVC 嵌入初期对绿色创新效率的影响为负向，只有嵌入程度越过曲线的最低点之后，才会对绿色创新效率产生正向的促进作用。

### 5.5.3 基于环境规制强度和模式的讨论

自 20 世纪 70 年代以来，环境的持续恶化迫使政府部门通过立法限制污染者，环境规制成为政府部门经常应用的监控手段。一般而言，环境规制强度越大，对绿色技术创新的促进作用越大，对后续技术变革的影响也越大[1]；相应地，适度提高环境规制的强度可以形成有效的环保激励机制，促进绿色清洁与高端产业的发展。新古典主义理论观点认为环境规制可以产生"遵循成本"效应，而以波特为代表的修正主义学派却认为环境规制可以产生"创新补偿"效应。事实上，只有当环境规制引起的"创新补偿效应"强于"遵循成本效应"时，才能够对绿色技术创新发挥促进作用。在 GVC 嵌入初始阶段，由于技术前沿和创新体系与发达国家的差距较大，中国制造业大多利用要素禀赋和宽松的环境规制条件进行 GVC 低端环节的转移，易产生较高的能源消耗以及环境污染。随着制造业深度融入全球生产网络，继续加强环境规制的作用和影响显得尤为重要。在"十一五"和"十二五"强制性节能减排之后，"十三五"以来我国更加重视产业发展与环境保护的协调。为了减缓环境承载能力的负荷，通过环境规制的政策力量不断提高制造业吸引投资的条件，防止污染行业和工序的转移与积累。由表 5.10 第（5）列的实证结果可知，当环境规制水平低于第一个阈值时，GVC 地位对绿色技术创新效率的影响仅为正向但不显著。随着环境规制强度的增大，一方面对绿色创新效率的影响程度和显著性都得到了明显改观；另一方面有利于中国制造业缩小与国外环保标准的差距，在某种程度上对国外高能耗、高污染和低附加值的生产环节向国内转移产生一定的抑制作用。然而，一旦超过环境规制的第二个阈值，GVC 地位对绿色技术创新效率影响的弹性系数将不再增加。这可能是因为在环境规制强度较低的情况下，制造业对污染治理成本的容忍度较高，使得该行业可以通过增加生产要素的投入进而获得更多的经济效益抵消环境规制成本的增加。然

---

① Lee J. , Veloso F. M. , Hounshell D. A. , Rubin E. S. Forcing technological change: A case of automobile emissions control technology development in the US [J]. Technovation, 2010, 30 (4): 249 – 264.

而，当受到更严格环境规制的约束时，制造业减排的抑制作用占主导地位；特别是对我国污染密集型产业结构"补偿效应"不能有效抵消"挤压效应"，从而反映了环境规制的绿色悖论理论①。另外，伴随环境规制强度的增大，中国制造业也会主动将高能耗、高碳排放的环节通过国际产能合作等方式转移至资源、环境优势比较大的国家或地区，最终提升制造业绿色效率。

值得注意的是，如果在短期内环境规制强度迅速加大，将增加制造业的合规成本，并直接影响行业减少清洁技术的研发投资，会损害绿色技术创新效率的改善。当前中国的市场经济体制还不够完善，许多传统产业难以有效配置资源，被扭曲的环境规制政策也可能阻碍绿色技术创新效率的提高；一些制造业甚至会选择逃避污染减排或追求寻租行为，或将导致更严重的经济后果和生态危机。因此，环境规制并非越严格越好②，不能盲目地提高环境规制的强度③。这是因为环境规制对一国企业的影响不仅与规制水平有关，还取决于规制的形式与标准④。例如，非正式环境规制作用下的需求拉动效应及倒逼机制也能够促进制造业的绿色技术创新，提高国际国内两大市场上的竞争力，并实现环境绩效与经济绩效的双赢。综上所述，需要选择合适的规制政策实施时机、形式和力度，才有可能达到较优的调控效果。

## 5.6 本章小结

首先，本章针对中国制造业嵌入 GVC 影响绿色技术创新整体效率的这

---

① Hou J., Teo T. S. H., Zhou F., Lim M. K., Chen H. Does industrial green transformation successfully facilitate a decrease in carbon intensity in China? An environmental regulation perspective [J]. Journal of Cleaner Production, 2018, 184: 1060 – 1071.

② Li B., Wu S. Effects of local and civil environmental regulation on green total factor productivity in China: A spatial Durbin econometric analysis [J]. Journal of Cleaner Production, 2017, 153: 342 – 353.

③ Yang G., Zha D., Wang X., Chen Q. Exploring the nonlinear association between environmental regulation and carbon intensity in China: The mediating effect of green technology [J]. Ecological Indicators, 2020, 114: 106309.

④ Sartzetakis E. S., Constantatos C. Environmental regulation and international trade [J]. Journal of Regulatory Economics, 1995, 8 (1): 61 – 72.

一科学问题进行描述；其次，在结合第 3 章作用机理分析的基础上，提出了 GVC 嵌入地位对中国制造业绿色技术创新效率直接影响以及考虑环境规制间接影响作用的研究假说；再次，构建相应的面板数据模型，实证研究 GVC 嵌入地位对绿色技术创新效率的直接和间接影响效果；最后，从行业异质性、比较研究和环境规制三个方面，进一步开展一系列讨论。相关的研究结论如下。

（1）GVC 嵌入地位对绿色技术创新效率具有直接的促进作用且在 1%显著水平；进一步将绿色创新效率分解为绿色技术进步指数和绿色效率变化指数，实证发现 GVC 嵌入地位对绿色创新效率的促进作用主要借助于绿色技术进步效率的路径实现的。

（2）当考虑环境规制的间接作用时，实证检验了环境规制正向调节 GVC 嵌入地位与绿色技术创新效率之间的关系；深入研究发现，GVC 嵌入地位对中国制造业绿色技术创新效率的影响存在以环境规制为门槛变量的双重门槛效应，这种影响程度随着门槛值的抬高呈现边际递增的趋势且显著性水平更好。

（3）针对具体的讨论内容，一是基于污染强度和要素密集程度的行业异质性，发现 GVC 嵌入地位对清洁生产型行业绿色技术创新效率的促进作用与显著性优于污染密集型行业；GVC 嵌入地位对知识密集型行业绿色创新效率的影响高度显著且回归系数明显大于劳动密集型行业和资本密集型行业。二是比较两种 GVC 嵌入指数对绿色创新效率影响的实证结果时，发现 GVC 嵌入对制造业绿色创新效率的综合影响主要体现在 GVC 嵌入地位的提升上；而 GVC 嵌入程度对制造业绿色创新效率的影响为正向促进但不显著，进一步考察发现二者存在"U"型的非线性关系。三是基于环境规制强度和模式的讨论，尽管实证发现环境规制强度的提升有助于绿色创新效率的改善，但是在制定调控政策时要充分考虑环境规制的成本、标准、实施时机以及发挥非正式环境规制的作用。

# 第6章

# GVC嵌入影响制造业绿色技术研发—成果转化创新的实证研究

为了透视GVC嵌入对绿色技术创新过程内部"黑箱"的影响，结合第2章绿色创新价值链的理论基础以及第3章相应的作用机理分析，分别考察嵌入GVC对中国制造业绿色"技术研发—成果转化"创新子维度的差异化影响，其结论为优化中国制造业绿色创新价值链的资源配置以及政府管理部门制定相关对策提供理论依据。本章同时对接第7章GVC嵌入对绿色"工艺—产品"创新子维度的影响研究，以及呼应第5章GVC嵌入影响绿色技术创新效率整体维度的研究内容。

##  6.1 问题描述

随着中国步入经济新常态阶段，发展动力正从要素驱动与投资驱动转向创新驱动。一个国家技术的革新进步，既来源于国内机构的自主研发对创新的促进效应，又受益于进出口贸易、FDI和OFDI等途径获取的国际技术溢出[①]。尤其在"创新、协调、绿色、开放、共享"发展理念指引下，有必要进一步整合与共享各种创新资源，以及协同绿色创新内部的各个环节。在开放经济背景下，绿色创新活动越来越复杂，与外部创新相关者进行深度合作逐渐成为支撑绿色产出的重要力量；企业不仅需要与政府、大学以及科研院所等机构合作，而且更需要与国外利益相关方开展绿色协同创新。由于GVC是融合国际商品制造与贸易的新模式，为各参与方提供了获取创新知识和技术溢出的独特渠道。

现有文献大多将创新活动视为一个由最初投入与最终产出构成的完整"黑箱"，仅仅把创新过程视为一种孤立的客观存在。一方面，并不清楚运作系统的具体过程，也未厘清绿色创新价值链各环节的结构特点，忽略了不同子阶段的关联性和异质性[②]。另一方面，关于外部环境对组织内部创新活动的影响尚未引起足够的重视，这直接制约了绿色"创新驱动发展战略"实施的有效性。事实上，创新过程本身已被"细分"，甚至分散到全球不同的公司，导致创新网络的出现[③]。

《中国制造2025》明确提出要围绕产业链部署创新链，以及围绕创新链配置资源链，加速科技成果的产业化步伐；2021年国务院发布《关于加快建立健全绿色低碳循环发展经济体系的指导意见》，进一步强调要鼓励研发绿色低碳技术以及加速科技成果转化。为此，本章以创新价值链理论为基础并结合增强绿色创新动能的现实背景，尝试打开GVC嵌入对中国制造业绿色创新价值链内部活动影响的"黑箱"，具体凝练以下核心问题：GVC嵌入地位对绿色技术研发阶段和绿色成果转化阶段的影响程度是否存在差异？GVC嵌入地位指数和程度指数对绿色创新价值链的影响是否相同？GVC嵌入地位对绿色创新价值链与普通创新价值链的影响有何区别？为了澄清这些问题，本章在采用NSBM–S模型测算（绿色）创新价值链整体与子过程效率的基础上，构建实证模型探讨GVC嵌入对制造业整体效

① 揭水晶，吉生保，温晓慧. OFDI逆向技术溢出与我国技术进步——研究动态及展望 [J]. 国际贸易问题，2013（8）：161–169.

② Guan J., Chen K. Measuring the innovation production process: A cross–region empirical study of China's high–tech innovations [J]. Technovation, 2010, 30 (5–6): 348–358.

③ Mudambi R. Location, control and innovation in knowledge–intensive industries [J]. Journal of Economic Geography, 2008, 8 (5): 699–725.

率以及两阶段效率的影响，这样可以更加明晰地剖析绿色创新过程评价的层次性。很显然，这对于中国制造业掌握全球创新价值链的主动权，有效化解创新动力的短板①，继而促进产业绿色转型升级乃至实现国内国际"双循环"新格局具有较强的现实价值。

在借鉴与吸收已有成果的基础上，依据创新价值链理论把绿色创新过程分解为在时间上、逻辑上相联系的两个阶段，这样针对绿色创新过程完整链条的理解应诠释为经历两阶段才形成的最终价值，为打开创新过程的"黑箱"提供了思路。本章考察的绿色创新价值链包括绿色创新要素投入、绿色中间产出以及绿色最终产出，是一个完整的价值创造与转化过程；此过程并非简单的线性组合，除了受企业自身资源和能力状况的直接影响以外，还受到外部 GVC 嵌入的间接影响，构成一个多层次、两阶段的关联型网络化结构（见图 6.1）。

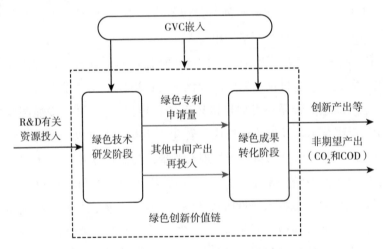

**图 6.1　嵌入 GVC 对两阶段绿色创新价值链影响**

为了研究 GVC 嵌入对中国制造业绿色研发创新和成果转化阶段影响的"黑箱"问题，本章构建了如图 6.1 所示的研究框架。由于绿色技术创新行为具有各个阶段连续性的明显特征，均与内在创新资源投入和外部环境等的关联性较强；为了彰显创新活动过程的"绿色化"特质，在两阶段中

---

① 崔兴华. 全球价值链嵌入对中国绿色发展的影响研究［D］. 泉州：华侨大学，2020.

分别考虑绿色专利申请量以及两种代表性的非期望产出二氧化碳（$CO_2$）和化学需氧量（COD）。

## 6.2 研究假设

### 6.2.1 GVC 嵌入与绿色技术研发创新

在 GVC 分工背景下，制造业的生产要素和中间产品可以在全球范围内进行配置，有助于发展中国家从发达国家进口高技术中间产品，并获得研发成果和技术溢出[①]。这种国际竞争力的形成既源于自身资源禀赋的多寡，又源于整合全球资源的能力，因此该阶段拟从资源配置和市场竞争两个层面进行分析。

**1. 在资源配置层面**

一般而言，制造业企业的创新可以概括为研发创新、直接技术引进和同业技术溢出[②]。作为研发支出中与环境保护、节能减排以及绿色产品开发设计密切相关的部分，绿色研发直接对企业的绿色技术创新能力与竞争优势产生较强的影响[③]。根据资源基础观理论，绿色技术创新的过程离不开充足资源的有效支撑（如研发人员、资金投入等）。中国制造业除了通过加大直接的 R&D 经费内部支出和 R&D 人员投入的绝对数量外，还借助于引进技术、购买技术、消化吸收技术和改造技术等多种方式进行绿色创新活动，竭力缩小与国际市场的绿色技术差距。作为后发国家，我国增加

① Naveed K., Watanabe C., Neittaanmaki P. The transformative direction of innovation toward an IoT – based society – increasing dependency on uncaptured GDP in global ICT firms [J]. Technology in Society, 2018, 53: 23 – 46.

② 陈伟，冯志军，姜贺敏，康鑫. 中国区域创新系统创新效率的评价研究——基于链式关联网络 DEA 模型的新视角 [J]. 情报杂志，2010，29（12）: 24 – 29.

③ 盛斌，陈帅. 全球价值链如何改变了贸易政策: 对产业升级的影响和启示 [J]. 国际经济评论，2015（1）: 85 – 97，86.

绿色研发创新的投入是实现蛙跳转换的主要路径①，是绿色发展、创新发展以及应对 GVC 下发达国家"低端锁定效应"的重要举措。万伦来和朱琴（2013）认为自主研发和国外技术引进均对绿色全要素生产率增长产生显著促进作用；岳鸿飞等（2017）发现自主创新、技术引进分别能够促进资源和技术密集型、劳动密集型产业的绿色转型；而嵌入 GVC 企业的国外技术引进既可以通过直接购买渠道，又可以依托人员交流和中间品的使用间接实现技术引入②。科埃和赫尔普曼（Coe & Helpman，1995）发现研发投入量、中间品进口数量均可以提高全要素生产率，继而对企业产品技术含量产生促进效果；科埃等（Coe et al.，1997）认为中间品进口能够促进国内资源配置，是不断培养高级劳动力的动力，将通过增强自身技术学习能力为提高产品技术含量奠定基础。总之，中国制造业研发投入总额和强度持续增长，这为提升生产、分配、交换、消费等工序环节的绿色技术含量以及缩短相对于发达国家的绿色技术差距奠定了物质根基；同时借助于嵌入 GVC 促进绿色研发知识和创新资源的高效配置，整体改善了中国制造业的绿色研发效率。

## 2. 在市场竞争层面

国内外激烈的市场竞争，在一定程度上也激发了制造业研发投入的增长。这不仅可以直接促进绿色技术创新，而且可以通过增强企业对绿色技术溢出的吸收能力间接提高整体创新水平。一是为了避免与国内技术水平相近同行产品在价值链上的竞争，提高技术水平显然是其生存之道③，为此企业主动提升自身的研发能力进而巩固市场地位④。二是主导行业 GVC 的发达国家要求产品质量与环保标准均较高，这也倒逼外包企业增加绿色生产技术的研发投入⑤。其中，布鲁姆等（Bloom et al.，2016）认为来自

① 殷宝庆，肖文，刘洋. 绿色研发投入与"中国制造"在全球价值链的攀升 [J]. 科学学研究，2018，36（8）：1395 – 1403，1504.

② 谢莹. 国际技术贸易对我国技术进步影响的实证分析 [D]. 北京：对外经济贸易大学，2018.

③ Chiarvesio M.，Di Maria E.，Micelli S. Global value chains and open networks：The case of italian industrial districts [J]. European Planning Studies，2010，18（3）：333 – 350.

④ Aghion P.，Van Reenen J.，Zingales L. Innovation and institutional ownership [J]. American Economic Review，2013，103（1）：277 – 304.

⑤ 胡飞. 制造业全球价值链分工的环境效应及中国的对策 [J]. 经济问题探索，2016（3）：151 – 155.

欠发达地区的进口竞争将有利于本国研发创新，发达国家致力于研发创新环节，研发效率将得到较大幅度改善。三是为应对绿色贸易壁垒，会刺激国内企业主动进行清洁技术研发，以应对发达国家严格的环境规制[1]。可见，在某种程度上市场竞争构成中国制造业绿色研发创新的无形动力和压力，间接促进研发效率的增长。

### 3. 在绿色技术溢出层面

根据技术进步后发优势理论，嵌入 GVC 形成的外源性技术进步也可以对绿色研发产生间接支撑与促进作用。在 GVC 要素分工背景下，一国产业国际竞争力既源于自身的要素禀赋状况，又源于整合全球资源的能力[2]。随着 GVC 分工参与程度加深，中间产品贸易更加广泛，商品交换实现了生产技术和知识的溢出[3]，通常掌握关键技术的企业有足够的动力和意愿实现知识转移与技术外溢。为满足出口产品在数量和质量等方面的要求，中国制造业除了依托专利转让、技术授权等渠道直接从发达国家获取技术转移外，还借助于"技术溢出效应"和"学习效应"促进（绿色）技术创新能力。有研究发现 GVC 生产网络使东道国企业更容易通过供应链网络或者进口贸易的方法获取海外专利以及相应的技术溢出，促进技术进步。尤其是对绿色技术溢出的消化吸收，将直接促进绿色专利水平的提升。而弗兰克尔（Frankel，2005）指出东道国通过对外贸易吸收先进的国际研发知识继而优化自身的生产手段，以及引进大量的环保设备提高三废利用率。罗堃（2007）也发现污染密集型产品的国际贸易推动清洁技术的全球扩散。可见，以上多种渠道的绿色技术溢出进一步丰富了制造业的研发资源，有利于提高中间产出的绿色化水准。

总之，本章认为嵌入 GVC 引发的竞争态势日益严峻，往往通过自身的研发投入改进生产工艺和绿色科技水平，以及依托专利转让、技术授权和

① Beladi H. , Oladi R. Does trade liberalization increase global pollution? [J]. Resource and Energy Economics, 2011, 33（1）: 172 - 178.

② 安礼伟，张二震. 新时代我国开放型经济发展的几个重大理论问题[J]. 经济学家, 2020（9）: 23 - 31.

③ Mendoza R. U. Trade - induced learning and industrial catch - up [J]. The Economic Journal, 2010, 120（546）: 313 - 350.

跨国并购等方式从发达国家获取技术转移①。上述举措增强了绿色技术的研发与设计能力，有助于打造更富有竞争力的新产品开发项目和绿色专利，从而达到巩固市场实力的目的。综上分析，提出研究假设 $H_{6.1}$：

$H_{6.1}$：GVC 嵌入地位的提高对制造业绿色技术研发创新产生促进作用。

### 6.2.2 GVC 嵌入与绿色成果转化创新

该阶段主要通过协同内外部资源将绿色中间产出转化为最终产出，实现新产品商业价值的最大化以及环境负产出的最小化；这是一个从技术知识获取、吸收到创新的循环上升过程，GVC 嵌入对绿色成果转化的影响主要体现在规模经济和节能减排两个层面。

#### 1. 在规模经济层面

中国制造业积极参与 GVC 将加速海外经营网络的布局，通过提升资源配置水平应对更加激烈的国际竞争，以改善生产效率②。而绿色贸易壁垒无形中也倒逼制造业不断改进绿色化绩效，这会加快绿色创新要素成果转化的步伐。卡拉姆·阿卡松（Karame Akamatsu，1932）发现发展中国家的企业在技术引进后应主动吸收、转化与扩散技术并及时应用于产品开发，这样可在短时间内实现业绩增长与市场辐射。利塞洛·贝里曼等（Liselore Berghman et al.，2012）认为企业通过获取 GVC 中的知识、技术和信息不断加强企业技术创新，生产满足市场需求的差异化产品的一种持续竞争优势。可见，该阶段通过协同内外部研发资源将绿色技术应用于价值增值的实现，也是一个从技术知识获取、吸收到创新的循环上升过程。

#### 2. 在节能减排层面

根据 GVC 理论，在全球生产网络中的最终产品以及中间品的进出口都

① Ghisetti C. , Quatraro F. Green technologies and environmental productivity：A cross – sectoral analysis of direct and indirect effects in Italian regions [J]. Ecological Economics, 2017, 132: 1 – 13; Acemoglu D. , Moscona J. , Robinson J. A. State Capacity and American Technology: Evidence from the Nineteenth Century [J]. American Economic Review, 2016, 106 (5): 61 – 67.

② Chiarvesio M. , Di Maria E. , Micelli S. Global value chains and open networks：The case of italian industrial districts [J]. European Planning Studies, 2010, 18 (3): 333 – 350.

具有参与专业化分工的机会。嵌入 GVC 能帮助国内制造业利用已有的资源禀赋（绿色专利等）与价值链上先进经济体交流合作，加速最终产出的转化与固化。科技成果转化的本质是知识流的运动，嵌入 GVC 则为加快全球生产网络的知识共享创设了有利条件，促进绿色科技实力和潜力转变为现实的经济与生态绩效。程萍（2002）认为应该以可持续发展的眼光对科技成果转化的过程与形成的新产品、新工艺、新材料、新产业进行衡量。而 GVC 嵌入有助于绿色专利、新产品开发项目等中间产出的高效转化，实现资源利用效率的最大化和环境污染的最小化。此外，GVC 嵌入既能够通过进口中间品投入直接影响技术水平，又可以依托国内企业 R&D 增强对进口技术能力的吸收[①]，被吸收的先进绿色技术还会沿着产业链进行传递扩散以及产生乘数效应，从而降低制造业的能源消耗与环境污染水平。

本章认为绿色成果转化阶段是制造业实现绿色创新最终产出的"最后一公里"，深度融入 GVC 能够与上下游环节形成紧密的前后关联，提供学习先进经验、获取创新要素的机会。这样总体上促进绿色技术的吸收与转化过程，进而实现由高消耗、高污染、低附加值向低消耗、低污染、高附加值的转变。综上，提出如下假设 $H_{6.2}$ 和 $H_{6.3}$：

$H_{6.2}$：GVC 嵌入地位的提高对制造业绿色成果转化创新产生促进作用。

$H_{6.3}$：GVC 嵌入地位的提高对制造业整个绿色创新价值链产生促进作用。

## 6.3 模型构建与数据说明

### 6.3.1 计量模型设计

参考许晓燕等（2013）的研究基础，构建 GVC 嵌入分别对我国制造

---

[①] 刘维林，李兰冰，刘玉海. 全球价值链嵌入对中国出口技术复杂度的影响 [J]. 中国工业经济，2014（6）：83 – 95.

业绿色技术研发阶段效率、绿色成果转化阶段效率以及绿色创新价值链整体效率影响的实证模型，如下所示。

$$LNE_{it}^{I} = \alpha_0 + \alpha_1 LNGVCPo_{it} + \alpha_2 LNSCH_{it} + \alpha_3 LNCYGM_{it} + \alpha_4 LNER_{it} + \varepsilon_{it}$$

$$(6.1)$$

$$LNE_{it}^{II} = \beta_0 + \beta_1 LNGVCPo_{it} + \beta_2 LNSCH_{it} + \beta_3 LNCYGM_{it} + \beta_4 LNER_{it} + \varepsilon_{it}$$

$$(6.2)$$

$$LNE_{it}^{G} = \gamma_0 + \gamma_1 LNGVCPo_{it} + \gamma_2 LNSCH_{it} + \gamma_3 LNCYGM_{it} + \gamma_4 LNER_{it} + \varepsilon_{it}$$

$$(6.3)$$

式（6.1）～式（6.3）中 $i$、$t$ 分别表示各制造行业、时间，$\alpha$、$\beta$ 和 $\gamma$ 为相应的回归系数值，$E^I$、$E^{II}$ 和 $E^G$ 分别表示绿色技术研发阶段、绿色成果转化阶段和绿色创新价值链整体的效率值，$SCH$、$CYGM$ 和 $ER$ 分别表示市场化水平、产业规模大小和环境规制强度，$\varepsilon_{it}$ 为随机误差项。当比较 GVC 嵌入程度对绿色创新价值链整体以及两阶段效率的影响结果时，可将 $LNGVCPo$ 替换为 $LNGVCPa$。为了降低异方差、时间趋势因素对实证回归结果的影响，对各变量均取自然对数的形式。

### 6.3.2　变量说明

**1. 被解释变量**

绿色技术研发效率（$LNE^I$）、绿色成果转化效率（$LNE^{II}$）和绿色创新价值链整体效率（$LNE^G$）：本章参考有关网络 DEA 模型文献[①]的基本思想，充分考虑"绿色中间产品的产出再投入"等因素，选择两阶段关联型超效率网络 SBM – DEA 模型测算效率；这样既可以解决效率评价中的投入产出松弛量和非期望产出等问题，又可以有效衡量决策单元之间绿色创新水平的差异，且效率值能够直接作为被解释变量。

---

① 肖仁桥，王宗军，钱丽. 我国不同性质企业技术创新效率及其影响因素研究：基于两阶段价值链的视角［J］. 管理工程学报，2015，29（2）：190－201.

## 2. 解释变量

GVC嵌入地位指数（*LNGVCPo*）和程度指数（*LNGVCPa*）：GVC嵌入地位是指我国在参与国际分工时的位置，主要表现为在GVC中是处于技术研发等核心上游地位还是简单加工组装等中下游的次要位置；GVC嵌入程度是指我国参与国际分工的程度，主要表现为承接中间品加工的份额以及中间品出口在GVC增加值中的占比[①]。本章主要探究GVC嵌入地位对两阶段绿色创新价值链的影响，在开展比较研究时将GVC嵌入程度作为解释变量之一。

## 3. 控制变量

为了有效地剔除不可控因素对绿色创新效率的影响[②]，本章结合相关文献从市场环境、企业规模和政策环境方面确定控制变量。

（1）市场化水平（*LNSCH*）。

市场结构具有多种形式，对技术创新的影响尚未形成一致的结论。熊彼特等（Schumpeter et al.，2008）认为垄断促进了技术创新，而艾罗等（Arrow et al.，1971）则表明由于企业间可以充分交流技术实现共同进步，完全竞争比完全垄断的市场结构更加有利于技术创新。市场化水平的提升意味着市场配置资源效率的改善，有利于加快绿色创新要素和技术信息的流动速度。本章使用制造业各行业的规模以上工业企业数量表示市场化水平。

（2）行业规模（*LNCYGM*）。

嵌入GVC的贸易企业在全球生产网络的市场规模更大，形成规模经济[③]。产业规模及其创新能力一直是创新理论研究的关注点，已证实规模效应在促进企业创新中的重要作用[④]。熊彼特（Schumpeter，2008）认为小

---

① 孙华平，杜秀梅. 全球价值链嵌入程度及地位对产业碳生产率的影响［J］. 中国人口·资源与环境，2020，30（7）：27－37.

② 赖志花，王必锋，刘月娜. 我国高技术产业技术创新效率行业差异性研究——基于三阶段DEA模型［J］. 统计与管理，2020，35（1）：74－79.

③ Feder G. On exports and economic growth［J］. Journal of Development Economics，1983，12（1－2）：59－73.

④ Eaton J.，Kortum S. Trade in capital goods［J］. European Economic Review，2001，45（7）：1195－1235.

企业的创新能力正常情况下弱于规模较大的企业，而梅特卡夫（Metcalfe，1995）则认为由于小企业的灵活性更易于创新。本书认为由于创新的风险高，大企业更能承担创新失败的后果。虽然大企业有不可比拟的创新优势，但并非规模越大创新效率越高。一个行业若形成较大的产业规模优势，可能有助于该行业的技术进步。本章采用平减后的总产值与行业大类相对应的企业数量之比表征行业规模的大小①。

（3）外商直接投资（LNFDI）。

关于 FDI 是否提升 GVC 地位仍有分歧。其中，邱斌等（2007）发现 FDI 对内资企业有正向溢出效应，但仍然需要依赖于自主创新改善其在 GVC 中的地位；李强等（2013）基于产品内分工视角指出 FDI 促进劳动密集型制造业价值链的攀升。FDI 企业与国内企业建立价值链以及产业链的前后双向联系，尤其是先发国家对后发国家的垂直技术溢出效应较为明显②。还有文献认为，FDI 技术溢出较少以及本土企业生产能力的短板，对中国加工贸易的转型升级产生阻碍效用③。由于跨国公司掌握前沿科学技术，在优化全球产业链布局过程中往往对东道国产生技术转移和溢出效应④。本章参考相关文献，选择中国制造业不同产业外商投资和港澳台商投资工业企业的资产数量进行衡量 FDI。

（4）环境规制（LNER）。

由于环境规制具备优化配置绿色技术创新投入要素的功能，进而对绿色技术创新的重点、方向和规模产生多方面的影响⑤。强有力的环境相关法规会显著影响企业的财务绩效、投资决策和绿色技术创新的

① 宋宪萍，贾芸菲. 全球价值链的深度嵌入与技术进步关系的机理与测算 [J]. 经济纵横，2019（12）：74－85.

② Li Y. F., Ji Q., Zhang D. Y. Technological catching up and innovation policies in China: What is behind this largely successful story? [J]. Technological Forecasting and Social Change, 2020, 153: 119918.

③ 汤碧，陈莉莉. 全球价值链视角下的中国加工贸易转型升级研究 [J]. 国际经贸探索，2012, 28（10）：44－55.

④ Doytch N., Narayan S. Does FDI influence renewable energy consumption? An analysis of sectoral FDI impact on renewable and non－renewable industrial energy consumption [J]. Energy Economics, 2016（54）：291－301.

⑤ Kriechel B., Ziesemer T. The environmental Porter hypothesis: Theory, evidence, and a model of timing of adoption [J]. Economics of Innovation and New Technology, 2009, 18（3）：267－294.

扩散①。一般认为加大环境规制强度能显著促进中间品贸易，以及主要通过 FDI 等形式实施产业转移。可见，环境规制会导致生产成本和技术的传递，间接影响一国参与国际分工的程度。本章继续沿用第 5 章环境规制变量的测度结果。

### 6.3.3 数据描述

各行业的 GVC 嵌入指标、（绿色）创新价值链的两阶段效率和整体效率，分别根据第 4 章介绍的测算方法得到。剔除 D13T15、D16 和 D25 三个不涉及绿色专利行业之后的实际研究对象为 11 个大类行业，实证样本时段为 2007~2014 年共 8 个时期，共得到 88 个观测值。本章涉及大类行业的其他数据，由相应的 29 个行业数据整合获得。关于四个控制变量，其原始数据来源于《中国工业经济统计年鉴》《中国环境统计年鉴》等。所有相关变量的描述性统计如表 6.1 所示。

表 6.1　　　　　　　　　　　各个变量的描述性统计

| 变量 | 样本数 | 均值 | 标准差 | 最小值 | 最大值 |
|---|---|---|---|---|---|
| $LNE^G$ | 88 | −0.737 | 0.587 | −2.487 | 0.171 |
| $LNE^I$ | 88 | −0.635 | 0.527 | −2.324 | 0 |
| $LNE^{II}$ | 88 | −0.394 | 0.407 | −1.447 | 0 |
| $LNE^g$ | 88 | −1.552 | 0.570 | −2.436 | 0.071 |
| $LNE^i$ | 88 | −1.228 | 0.513 | −2.326 | 0 |
| $LNE^{ii}$ | 88 | −1.013 | 0.690 | −2.045 | 0 |
| $LNGVCPo$ | 88 | 0.180 | 0.081 | −0.041 | 0.332 |
| $LNGVCPa$ | 88 | −0.340 | 0.095 | −0.505 | −0.120 |
| $LNSCH$ | 88 | −2.356 | 0.693 | −3.741 | −0.825 |
| $LNCYGM$ | 88 | 0.803 | 0.860 | −0.526 | 2.901 |
| $LNFDI$ | 88 | −1.300 | 0.519 | −2.302 | −0.211 |
| $LNER$ | 88 | −3.150 | 0.627 | −3.490 | −1.179 |

由表 6.1 可见，6 个被解释变量的均值小于标准差且二者存在明显的差异，这反映了各行业效率值的波动幅度较大；2 个解释变量的均值和标准差也存在一定的差距，对应不同行业 GVC 嵌入指标存在差异；4 个控制变量中仅有产业规模的均值与标准差基本相当，说明各个行业之间的变动程度相对很小。

## 6.4 实证结果与分析

面板数据具有时间序列和截面数据的两维性，为了消除异方差和序列自相关的影响，首先需要借助于软件 Stata15.0 采用 Hausman 检验与 F 检验综合判定面板模型的设定形式，其次使用面板回归方法（ordinary least squares，OLS）实证分析 GVC 嵌入地位对制造业两阶段 GIVC 的影响，实证与检验结果详见相应的表格。

### 6.4.1 GVC 嵌入地位对绿色技术研发影响的回归结果

在表 6.2 第（1）列中，GVC 嵌入地位对制造业绿色技术研发阶段效率的影响为正向显著；即 GVC 嵌入地位每提高 1%，对绿色技术研发阶段效率的促进作用为 3.935%；这也验证了微笑曲线左上端研发环节与 GVC 嵌入地位的提升具有一致性的结论。为此，可通过引领 GVC 嵌入地位的攀升带动制造业向绿色研发中高端迈进，继而带动绿色研发效率整体水平的改进。一般而言，制造业要以节能减排、绿色生产、新能源等清洁技术为重点，借助于人员外派、引进外资、贸易自由化和技术合作等途径，促进后发优势国家或地区尽可能从源头上减轻资源环境压力，由此带动绿色研发投入的增长[1]。综上，$H_{6.1}$ 得到验证。

---

① 肖仁桥，沈路，钱丽."一带一路"沿线省份工业企业绿色创新效率及其影响因素研究 [J]. 软科学，2020，34（8）：37 – 43.

### 6.4.2　GVC嵌入地位对绿色成果转化影响的回归结果

在表6.2第（3）列中，GVC嵌入地位对中国制造业绿色成果转化阶段效率的影响也为正向显著；即GVC嵌入地位每提高1%，对绿色成果转化阶段效率的改善效果为1.617%。这可能是提升GVC嵌入地位有效促进了创新价值链上利益主体之间的互相学习与绿色创新成果的协同共享，进而增加了经营绩效以及改善了节能减排效果等。为此，开放经济条件下有必要继续强化绿色技术的引进、消化、吸收、再创新等活动，不断提升绿色技术成果转化的能力，从而将更多的科技成果转化为经济产出，并减少污染物和$CO_2$排放，引导制造业向绿色创新发展方式转变。同样，$H_{6.2}$也得到验证。

### 6.4.3　GVC嵌入地位对GIVC整体影响的回归结果

在表6.2第（5）列中，GVC嵌入地位对中国制造业GIVC整体效率的影响也为正向显著；即GVC嵌入地位每提高1%，对GIVC整体效率的改善作用为5.181%。显然，GVC嵌入地位对制造业GIVC整体效率的影响主要体现在对绿色技术研发阶段效率的影响上。当然，GVC嵌入地位的提高能促进两阶段绿色创新效率的改善，自然会带动GIVC整体效率的提高。上述研究结果与陈劲等（2002）的结论相一致，反映了绿色技术创新过程环节对绿色创新绩效的积极影响关系。这说明在嵌入GVC过程中提升了整合全球优势资源的能力和技术吸收能力，以开放视野谋划绿色技术创新的成效显著。"双碳"目标的实现要发挥科技创新在能源转型和产业升级中的引领作用，促进产业链的低碳化、绿色化、清洁化发展，实现全球产业链与绿色创新链的深度融合。未来有必要继续加强绿色技术创新的国际交流合作，积极引进、消化与吸收先进绿色技术，争取更好地实现国际和国内资源互补。可见，$H_{6.3}$也得到验证。

表 6.2　　　　　　　　　GVC 嵌入对制造业 GIVC 影响的回归结果

| VARIABLES | (1)<br>$LNE^{I}$ | (2)<br>$LNE^{I}$ | (3)<br>$LNE^{II}$ | (4)<br>$LNE^{II}$ | (5)<br>$LNE^{G}$ | (6)<br>$LNE^{G}$ |
|---|---|---|---|---|---|---|
| $LNGVCPo$ | 3.935 *** <br> (1.393) | | 1.617 * <br> (0.929) | | 5.181 ** <br> (2.230) | |
| $LNGVCPa$ | | -6.120 *** <br> (1.482) | | 0.31 <br> (0.539) | | -6.365 *** <br> (1.885) |
| $LNSCH$ | -0.316 ** <br> (0.138) | -0.276 * <br> (0.158) | 0.042 <br> (0.098) | 0.008 <br> (0.097) | -0.432 ** <br> (0.204) | -0.313 <br> (0.201) |
| $LNCYGM$ | 0.454 *** <br> (0.115) | 0.267 * <br> (0.137) | 0.255 *** <br> (0.084) | 0.132 * <br> (0.076) | 0.365 * <br> (0.189) | 0.259 <br> (0.175) |
| $LNFDI$ | 0.260 <br> (0.241) | -0.269 <br> (0.313) | 0.238 ** <br> (0.114) | 0.140 <br> (0.108) | -0.048 <br> (0.454) | -0.441 <br> (0.398) |
| $LNER$ | -0.228 <br> (0.217) | 1.970 ** <br> (0.900) | 0.087 <br> (0.084) | 0.181 ** <br> (0.070) | 1.295 <br> (1.275) | 2.119 * <br> (1.145) |
| $Constant$ | -2.833 *** <br> (0.892) | 2.272 <br> (2.887) | -0.207 <br> (0.516) | 0.376 <br> (0.521) | 1.035 <br> (4.077) | 2.252 <br> (3.672) |
| $Observations$ | 88 | 88 | 88 | 88 | 88 | 88 |
| $R-squared$ | | 0.407 | 0.591 | 0.464 | 0.568 | 0.337 |
| $F$ | | 9.86 *** | 4.24 *** | 3.81 *** | 5.76 *** | 7.36 *** |

注：（1）***、** 和 * 分别表示 1%、5% 和 10% 水平上显著；（2）括号内数值为标准误。

就控制变量而言，市场化水平对 GIVC 整体效率和两阶段效率的影响不明显或负向显著，这可能与市场化发育程度的不健全有一定关系。而产业规模对 GIVC 整体效率和两阶段效率的影响均产生促进作用，且对绿色研发阶段的影响程度明显大于绿色成果转化阶段；这也佐证了规模效应促进企业边际利润率的提高和创新边际成本的降低[①]，提高了嵌入 GVC 背景下企业从事绿色创新活动的研发动力。而 FDI 仅仅显著促进了绿色成果转化阶段的效率，即这种影响同样存在较大的差异性；此外，环境规制对 GIVC 产生了积极影响但不显著。

---

① Bloom N., Draca M., Van Reenen J. Trade induced technical change? The impact of Chinese imports on innovation, IT and productivity [J]. The Review of Economic Studies, 2016, 83（1）: 87 - 117.

总之，借助于 GVC 嵌入地位的提高整体上改善了中国制造业绿色创新水平，且对绿色研发阶段的影响明显大于绿色成果转化阶段。一方面，主要由于制造业嵌入 GVC 分工能够以较低的学习成本模仿和吸收发达国家已有技术，接受跨国公司的绿色技术溢出，提升整体的技术与管理水平；另一方面，由于现阶段我国制造业人力资本结构失衡、创新发展需求与员工水平的匹配程度低等原因，尤其是高水平的研发人员和专业化的管理人员匮乏，难以满足于绿色技术研发以及成果转化对人才的实际需要。为此，政府需更加关注企业、高等院校和科研机构合作的力度，鼓励"产学研"形成创新共同体，以及提供适当的政策倾斜。例如，可以利用税收优惠、研发补贴和专利保护等措施扶持产业绿色技术创新。而中国制造业自身要充分利用出口贸易、合资合作等方式嵌入 GVC 的契机，以更包容的姿态引进消化吸收外部创新资源要素，尤其是加大对绿色技术溢出的吸收和消化能力，促进创新要素共享与隐性知识传递，同时依托产学研科技成果转化平台加速落地的步伐，推动绿色创新活动过程的一体化发展。

### 6.4.4 内生性问题

GVC 嵌入性和 GIVC 之间可能存在一定程度的交互作用。由于难以获得 GVC 嵌入性的工具变量，本研究选择 GVC 位置的滞后期作为重新估计的解释变量，模型的结果显示在表6.3 的第（7）列中。总体而言，全球价值链地位与绿色技术研发效率之间存在正相关，市场化水平、产业规模、外商直接投资、环境规制等其他控制变量与基础模型的回归结果基本一致。

### 6.4.5 稳健性检验

**1. 基于分位数回归**

为了检验模型的稳健性以及克服均值回归存在的极值偏差等缺陷，本章截取0.2、0.4、0.6 以及0.8 四个分位点分别验证 GVC 嵌入地位对中国制造业 GIVC 整体效率的影响结果（见表6.3）。

表 6.3　　　　　　　　内生性问题和稳健性检验的回归结果

| VARIABLES | (7) LNE$^I$ | (8) Q$_{20th}$ | (9) Q$_{40th}$ | (10) Q$_{60th}$ | (11) Q$_{80th}$ | (12) LNE$^I$ |
|---|---|---|---|---|---|---|
| LNGVCPo | | 4.438 ** (1.955) | 3.330 * (1.885) | 4.336 ** (1.862) | 2.909 ** (1.459) | 5.083 ** (2.321) |
| L. LNGVCo | 3.052 * (1.771). | | | | | |
| LNSCH | −0.241 (0.181) | −0.392 ** (0.179) | −0.302 (0.225) | −0.307 * (0.180) | −0.247 (0.152) | −0.394 * (0.207) |
| LNCYGM | 0.153 (0.156) | 0.575 *** (0.177) | 0.511 *** (0.141) | 0.628 *** (0.141) | 0.604 *** (0.178) | 0.187 (0.190) |
| LNFDI | −0.135 (0.363) | 0.651 *** (0.231) | 0.636 *** (0.236) | 0.371 (0.227) | 0.033 (0.155) | −0.283 (0.563) |
| LNER | −0.083 (0.189) | −0.241 * (0.130) | −0.081 (0.148) | −0.319 ** (0.148) | −0.359 *** (0.114) | 0.095 (0.207) |
| Constant | −2.556 * (1.334) | −3.275 *** (0.893) | −2.064 * (1.232) | −3.126 *** (1.095) | −2.990 *** (1.046) | −2.328 (1.409) |
| Observations | 77 | 88 | 88 | 88 | 88 | |
| R − squared | 0.146 | | | | | 0.183 |
| F | 2.09 | | | | | 2.244 |

注：（1）　***、** 和 * 分别表示1%、5%和10%水平上显著；（2）括号内数值为标准误。

由表 6.3 第（8）~ 第（11）列各分位数的回归结果可见，*LNGVCPo* 回归系数的统计符号和显著性均没有明显改变，只是整体上呈现波浪式下降的趋势；其中，在 0.2 分位点时 GVC 嵌入地位对中国制造业 GIVC 整体效率的影响系数最大，上述回归结果说明基础模型的稳健性。

## 2. 排除首尾年份

为了进一步测试模型的稳健性，我们删除了研究期间第一年和最后一年的数据进行回归。根据表 6.3 第（12）列，*LNGVCPo* 的系数为正且显著，*LNGVCPo* 每增加1%，*LNEI* 就会增加5.083%，这也验证了基本模型的稳健性。

## 6.5　进一步讨论

为了探究 GVC 嵌入对创新价值链的影响规律以及考虑到上述研究问题的异质性，本节拟从 GVC 嵌入程度、普通创新价值链以及 GVC 嵌入程度的门槛效应等方面进行深入讨论。

### 6.5.1　基于 GVC 嵌入程度对 GIVC 整体和两阶段影响的比较分析

本章结合 GVC 嵌入概念的界定以及影响机制的理论梳理，主要实证探究了 GVC 嵌入地位对 GIVC 的影响；事实上，GVC 嵌入地位指数和程度指数作为反映 GVC 嵌入的两大指标，为此可以比较研究 GVC 嵌入程度对 GIVC 效率的影响。由表 6.2 第（2）列可见，GVC 嵌入程度对绿色技术研发效率的影响为负向显著，即 GVC 嵌入程度每提高 1%，对绿色技术研发效率的抑制作用为 6.120%；可能的原因是中国制造业尚处于 GVC 嵌入的初步阶段，对国外技术引进与绿色技术溢出的吸收转化不充分，熟悉相关标准、工艺流程以及生产调整有一个过渡期，短期内难以实现绿色技术进步的突飞猛进。同样表 6.2 第（4）列可知 GVC 嵌入程度对绿色成果转化阶段效率产生正向影响，尽管这种促进作用不显著；即 GVC 嵌入程度每提高 1%，对绿色成果转化阶段效率的影响增加 0.31%。就第（6）列中 GVC 嵌入程度对中国制造业 GIVC 整体效率的影响变为负向显著，即 GVC 嵌入程度每提高 1%，对 GIVC 整体效率的抑制作用为 6.365%。由此可知，中国制造业嵌入 GVC 地位和嵌入程度对 GIVC 的影响呈现出明显的异质性，积极影响仍然集中体现在 GVC 嵌入地位的提升上；而 GVC 嵌入程度的加深对 GIVC 主要产生消极影响或影响不明显，片面追求 GVC 嵌入程度的增加可能会导致过度嵌入甚至面临被发达国家跨国公司"低端锁定"的后果。

## 6.5.2 基于普通创新价值链实证结果的比较分析

本章同时测度中国制造业普通创新价值链相关的效率值，进一步比较与剖析 GVC 嵌入对非绿色创新价值链的影响差异。相对于 GIVC 效率的测量而言，在测度创新价值链效率时不考虑绿色中间产出（绿色专利申请数量）以及非期望产出（COD 和 $CO_2$）等"绿色化"特质指标，同样采用关联型超效率网络 SBM – DEA 模型进行效率的测度，具体实证结果如表 6.4 所示。

表 6.4　　　　　　GVC 嵌入地位对制造业非 GIVC 影响的回归结果

| VARIABLES | (7)<br>LNE$^{\mathrm{I}}$ | (8)<br>LNE$^{\mathrm{I}}$ | (9)<br>LNE$^{\mathrm{II}}$ | (10)<br>LNE$^{\mathrm{II}}$ | (11)<br>LNE$^{\mathrm{G}}$ | (12)<br>LNE$^{\mathrm{G}}$ |
|---|---|---|---|---|---|---|
| LNGVCPo | 3.973 ***<br>(1.466) | | 5.021 ***<br>(1.570) | | 7.738 ***<br>(2.048) | |
| LNGVCPa | | − 2.427 **<br>(1.142) | | − 2.424 *<br>(1.444) | | − 2.112 ***<br>(0.647) |
| LNSCH | 0.135<br>(0.146) | 0.077<br>(0.143) | 0.117<br>(0.144) | 0.155<br>(0.154) | − 0.050<br>(0.188) | 0.132<br>(0.108) |
| LNCYGM | 0.306 **<br>(0.120) | 0.243 **<br>(0.115) | 0.055<br>(0.133) | − 0.058<br>(0.134) | 0.485 ***<br>(0.173) | 0.503 ***<br>(0.085) |
| LNFDI | 0.690 ***<br>(0.248) | 0.544 **<br>(0.233) | 0.358<br>(0.319) | − 0.051<br>(0.305) | 0.688<br>(0.417) | 0.516 ***<br>(0.130) |
| LNER | 0.0687<br>(0.217) | 0.269<br>(0.195) | − 0.190<br>(0.898) | 0.764<br>(0.877) | 0.296<br>(1.171) | 0.318 ***<br>(0.086) |
| Constant | − 0.756<br>(0.909) | − 0.515<br>(0.895) | − 1.817<br>(2.871) | 0.914<br>(2.814) | − 1.624<br>(3.745) | − 0.693<br>(0.585) |
| Observations | 88 | 88 | 88 | 88 | 88 | 88 |
| R – squared | | | 0.446 | 0.362 | 0.567 | |
| F | | | 2.470 *** | 0.951 *** | 5.241 *** | |

注：（1）*** 、** 和 * 分别表示 1%、5% 和 10% 水平上显著；（2）括号内数值为标准误。

由表 6.4 可知，GVC 嵌入地位、嵌入程度分别对中国制造业普通创新价值链整体效率以及两阶段效率的影响同样存在明显的异质性，前者均为正向促进作用，后者多为负向抑制作用。对比发现，GVC 嵌入地位对中国制造业 GIVC 整体效率以及两阶段效率的影响要小于对普通创新价值链效率的影响；而 GVC 嵌入程度无论对 GIVC 整体效率以及两阶段效率的影响还是对普通创新价值链的影响大多为抑制作用，没有其他明显的变化趋势。GVC 嵌入地位对绿色创新技术研发阶段效率的影响要大于对绿色成果转换阶段效率的影响，然而 GVC 嵌入地位对技术研发阶段效率的影响要小于对成果转化阶段效率的影响。

### 6.5.3 基于 GVC 嵌入门槛效应实证结果的比较分析

由上述的实证结果发现，GVC 嵌入的两个指标各自对 GIVC 效率的影响存在明显的差异。中国制造业嵌入 GVC 地位的提升对于 GIVC 的促进作用大有裨益，然而不可能片面追求 GVC 嵌入地位的提高而忽视 GVC 嵌入程度的作用。那么，同时考虑这两种 GVC 嵌入指标的作用对 GIVC 效率到底有何影响？GVC 嵌入地位对两阶段 GIVC 的影响作用可能同时受到 GVC 嵌入程度的间接影响。为了深究 GVC 嵌入地位与程度的共同作用对两阶段 GIVC 效率影响的客观规律，本章借鉴汉森提出的面板门槛模型，分别选择 *LNGVCPo*、*LNGVCPa* 为门槛依附变量、门槛变量，进行门槛效应模型的检验与实证分析（见表 6.5）。

表 6.5　　　　GVC 嵌入对制造业 GIVC 影响的门槛效应回归结果

| VARIABLES | (13) $LNE^I$ | (14) $LNE^{II}$ | (15) $LNE^G$ |
|---|---|---|---|
| $LNGVCPo \cdot I \, (LNGVCPa \leqslant -0.3262)$ | 8.671*** (2.083) | | |
| $LNGVCPo \cdot I \, (LNGVCPa > -0.3262)$ | 5.094*** (1.695) | | |
| $LNGVCPo \cdot I \, (LNGVCPa \leqslant -0.4649)$ | | 5.746*** (1.723) | |

| VARIABLES | (13)<br>LNE$^{I}$ | (14)<br>LNE$^{II}$ | (15)<br>LNE$^{G}$ |
|---|---|---|---|
| $LNGVCPo \cdot I$ ( $-0.4649 < LNGVCPa \leqslant -0.3262$ ) | | 4.631 ***<br>(1.675) | |
| $LNGVCPo \cdot I$ ( $LNGVCPa > -0.3262$ ) | | 1.484<br>(1.360) | |
| $LNGVCPo \cdot I$ ( $LNGVCPa \leqslant -0.3262$ ) | | | 10.910 ***<br>(2.545) |
| $LNGVCPo \cdot I$ ( $LNGVCPa > -0.3262$ ) | | | 6.332 ***<br>(2.070) |
| LNSCH | −0.392 **<br>(0.154) | −0.199<br>(0.122) | −0.431 **<br>(0.188) |
| LNCYGM | 0.524 ***<br>(0.150) | 0.053<br>(0.120) | 0.588 ***<br>(0.183) |
| LNFDI | 0.341<br>(0.351) | −0.153<br>(0.280) | 0.334<br>(0.429) |
| LNER | 1.482<br>(0.959) | 0.756<br>(0.769) | 1.473<br>(1.172) |
| Constant | 1.775<br>(3.066) | 0.591<br>(2.460) | 1.146<br>(3.745) |
| Observations | 88 | 88 | 88 |
| R − squared | 0.423 | 0.277 | 0.406 |
| F | 8.682 *** | 3.828 *** | 8.085 *** |

注：（1）***、** 和 * 分别表示 1%、5% 和 10% 水平上显著；（2）括号内数值为标准误。

经过门槛模型的检验可知，以 $LNGVCPo$ 为门槛依附变量和以 $LNGVCPa$ 为门槛变量对中国制造业绿色技术研发阶段效率、绿色成果转化阶段效率以及 GIVC 整体效率的影响分别存在单门槛（$\tau = -0.3262$）、双门槛（$\tau_1 = -0.4649$、$\tau_2 = -0.3262$）以及单门槛（$\tau = -0.3262$），具体的门槛参数和回归结果见表 6.5。由第（13）列可知，随着 $LNGVCPa$ 的提升跨越门槛值 $\tau$ 时，$LNGVCPo$ 对 $LNE^{I}$ 影响的回归系数由 8.671 下降到 5.094，且均通过 1% 显著性水平的检验；由第（14）列可知，当 $LNGVCPa$ 由门槛值

$\tau_1$ 逐步提高到门槛值 $\tau_2$ 时，$LNGVCPo$ 对 $LNE^{II}$ 的影响系数分别为 5.746、4.631 和 1.484，呈现明显的拐点下降趋势且超过第二个门槛后不再显著；由第（15）列可知，随着 $LNGVCPa$ 跨过门槛值 $\tau$ 后，$LNGVCPo$ 对 $LNE^{I}$ 的影响系数由 10.91 下降到 6.332，依然为 1% 水平显著。综上可见，随着 $LNGVCPa$ 的提升，$LNGVCPo$ 对 GIVC 整体以及两阶段的间接影响系数均呈现出明显的边际效应递减趋势。因此，中国制造业在嵌入 GVC 过程中，有必要向 GVC 嵌入地位的中高端攀升，而不宜片面追求嵌入程度的提升；可以更多地借助于前向嵌入程度的加深带动 GVC 嵌入地位的提升。

## 6.6 本章小结

首先，阐述了中国制造业嵌入 GVC 对 GIVC 整体以及两阶段影响的现实问题，即结合创新价值链理论将其划分为绿色技术研发阶段和绿色成果转化阶段，打开绿色创新过程内部的第一个"黑箱"。其次，紧密结合第 3 章有关的机理分析基础提出了 GVC 嵌入分别影响绿色技术研发和绿色成果转化的研究假说。再次，构建了针对 2007~2014 年中国制造业 11 个大类行业的面板数据模型，分别实证研究了 GVC 嵌入地位对绿色技术研发和绿色成果转化率影响的结果。最后，为了进一步探究 GVC 嵌入对创新价值链相关的其他影响规律，从 GVC 嵌入程度、普通创新价值链以及考虑 GVC 嵌入程度的门槛效应等三个方面进行了讨论。具体的研究结论如下：

（1）GVC 嵌入地位的提升对 GIVC 两阶段子效率和整体效率均产生显著的促进作用，其中 GVC 嵌入地位对绿色技术研发效率的影响程度和显著性水平大于对绿色成果转化效率的影响，GVC 嵌入地位对整个 GIVC 的影响更多体现在对绿色技术研发阶段的影响上。

（2）进一步讨论时发现：①GVC 嵌入程度对 GIVC 两阶段子效率和整体效率的影响多为负向不显著，这说明 GVC 嵌入对三类绿色效率的促进作用主要体现在 GVC 嵌入地位上。②GVC 嵌入地位对普通创新价值链两阶段子效率和整体效率的影响同样产生促进作用；而 GVC 嵌入程度对普通创新价值链两阶段子效率和整体效率产生抑制作用且显著性较差。若忽视中间产出的"绿色化"特质，将高估 GVC 嵌入对普通创新价值链的影响结果。③以 *LNGVCPo* 为门槛依附变量和以 *LNGVCPa* 为门槛变量考察对 GIVC 两阶段子效率和整体效率的促进作用分别存在单门槛、双门槛以及单门槛，且边际效应递减。

# 第7章

# GVC 嵌入影响制造业绿色工艺创新和绿色产品创新的实证研究

为了探究 GVC 嵌入对绿色技术创新内部第二个"黑箱"的深层次影响规律，本章在拓展 A-U 技术创新过程模型的基础上，结合第 3 章相应的作用机理分析实证 GVC 嵌入、绿色工艺创新和绿色产品创新三者之间的多重中介关系，同时探索了被环境规制调节的中介效应，其结论旨在为制定开放经济条件下绿色生产制造的对策提供理论依据。本章与第 6 章共同形成对绿色技术创新过程两个子维度的研究，并呼应第 5 章 GVC 嵌入对绿色技术创新整体维度的影响研究。

## 7.1 问题描述

随着全球经济一体化步伐的加速，中国制造业参与国际生产分工的程度也越来越深，已成为 GVC 中不可或缺的重要力量。目前，"碎片化"生产已不再局限于产品零部件的生产与整装，而是深入产品内不同工序之间形成所谓的产品内分工；各个国家或地区参与产品生产过程的不同环节被拆分，形成以工序、区段为对象的分工体系。现阶段，我国制造业增加值率约为 21%，而发达国家则高达 35%~40%；相应地，人均制造业增加值为 3000 多美元，仅占发达国家平均水平的 1/3①。我国产业传统的资源禀赋优势正在快速散失，土地、劳动力等要素价格攀升趋势异常明显，资源和环境的约束逐渐苛刻。与此同时，越来越多的国家参与激烈的市场竞争之中，全球要素进入了高端回流、低端转移的重塑阶段②；这就意味着发达国家积极推进的高起点"再工业化"以及发展中国家的加速工业化，迫使中国制造业价值链不得不承受被挤占、被压制的风险。上述状况的部分原因在于我国制造业在工艺技术水平和产品技术含量方面缺乏较强的竞争能力，阻碍了打造制造强国与抢占高端市场的进程，因此开展一场以绿色技术创新为核心内容之一的革命势在必行。

考虑到"基于过程观点"的理念以及创新的复杂性和特殊性，绿色技术创新过程可以被视为创新目标下创新要素的流动与实现过程，这对于最终的绿色创新结果有着至关重要的影响。中国制造业绿色技术创新的整体改善取决于过程子维度节能减排的成效，技术创新的子维度绿色化水平的提高与绿色技术创新总体水平相得益彰。随着环境保护的重视，制造业正在将工艺和产品创新纳入可持续性发展的范畴，绿色产品和生产技术已成为管理绿色创新的战略重点③，将清洁技术应用于绿色产品制造是企业参与减缓全球变暖行动的基本特征。20 世纪 70 年代，厄特巴克和阿伯纳西（Utterback & Abernathy，1975）提出的 A－U 创新过程模型，认为工艺创新与产品创新存在明显的相关性，以及企业的技术创新类型（包括工艺创新、产品创新）和创新倾向与企业成长阶段的关系密切。现阶段，传统的产业或部门间升级已经逐步转变为工艺升级和产品升级等多种形态的升级④，其中工艺升级是产品升级的基础，而产品升级则是价值链升级的

① 林火灿. 促进产业迈向全球价值链中高端 ［EB/OL］. 中国社会科学网，2017－11－8.

② 刘志彪，吴福象. "一带一路"倡议下全球价值链的双重嵌入 ［J］. 中国社会科学，2018（8）：17－32.

③ Awan U.，Sroufe R.，Kraslawski A. Creativity enables sustainable development：Supplier engagement as a boundary condition for the positive effect on green innovation ［J］. Journal of Cleaner Production，2019（226）：172－185.

④ 盛斌，陈帅. 全球价值链如何改变了贸易政策：对产业升级的影响和启示 ［J］. 国际经济评论，2015（1）：85－97＋86.

"关键节点"①。

作为中国政府实施"制造强国"战略的首个十年纲领，《中国制造2025》明确提出要强化节能环保技术、工艺、装备的推广应用力度，全方位推进清洁生产过程的实践。这就意味着，若提升中国制造业绿色技术创新绩效，还在于促进产品创新和工艺创新的协同发展；这样能够实现创新资源的优化整合与高效配置，从而提升资源利用效率和劳动生产率②。然而，我国制造业面临严格的环境规制压力以及较苛刻的生产流程规范，考虑到高昂的人力、物力、财力支出以及创新的沉没成本，一般企业往往将有限的创新资源重点投入到末端治理环节之中，争取直接高效降低非期望产出的数量，而非钻研生产工艺的优化；这不能从根本上彻底解决生产过程的污染排放问题，与绿色发展理念也并不匹配。事实上，"双碳"目标的实现需要着重攻克节能减排工艺和装备的短板，通过技术创新优化能源结构和工艺流程结构，加快工艺设备的更新换代进而构建绿色循环低碳的产业链。由于绿色技术创新及其构成要素同时具备技术创新、环境效应的双重"外部性"，存在不确定性以及外溢性等特征，造成制造企业创新动力匮乏；显然，仅依靠市场机制很难激发企业绿色发展的积极性，要求政府制定一定程度的激励或监管政策，鼓励企业实施可持续创新。因而就有必要结合环境规制考察我国制造业 GVC 嵌入对绿色"工艺—产品"创新子维度的影响，进而解决制造业的绿色生产和运营难题。

本章在作用机理分析以及拓展 A－U 技术创新过程模型的基础上，提出被环境规制调节的"GVC 嵌入程度、绿色工艺创新和绿色产品创新"中介效应研究假说，构建以绿色工艺创新为中介变量的中介递推回归模型，并进行一揽子实证检验；同时围绕 GVC 嵌入程度、绿色工艺创新的细分，更加细致地刻画中介效应的作用路径，这对于深度揭示 GVC 嵌入对绿色技术创新过程的影响规律具有较强的理论和实践价值。

① 刘斌，魏倩，吕越，祝坤福. 制造业服务化与价值链升级 [J]. 经济研究，2016 (3)：151－162.

② 毕克新，孙德花. 制造业企业产品创新与工艺创新协同发展博弈分析 [J]. 管理评论，2010，22 (5)：104－111.

## 7.2 研究假设

### 7.2.1 GVC 嵌入程度、环境规制与绿色产品创新

在经济发展方式转变和企业节能减排压力加大的背景下，绿色产品创新作为实现可持续发展与建设资源节约型、环境友好型社会的一种手段应运而生。绿色产品创新在产品设计和改造过程中充分考虑环境因素，既满足日益多元化的市场需求，又能优化经济结构以及减少环境污染。我国制造业嵌入 GVC 能够直接与先发国家跨国公司的先进技术和生产工艺进行接触，为本土企业引进与吸收外来新知识、新技术提供契机。这主要是通过跨国企业绿色技术转移为制造业学习、应用环境友好型生产技术和污染治理技术提供了便利条件，促进制造业的绿色产品创新。具体而言，在 GVC 生产分工体系下，一是发包企业对产品的安全性、环保性等质量标准较高，通常要求代工企业在生产工艺流程等环节做好配套的技术保障，以便支撑绿色产品升级。二是国际市场较为苛刻的绿色贸易壁垒，也将倒逼发展中国家主动革新绿色生产制造工艺，进一步提升资源能源利用率并抑制污染物排放水平。三是制造业自身也会通过绿色研发以及吸收绿色技术溢出等渠道升级绿色技术，间接驱动生产制造环节绿色创新水平的整体改善。可见，嵌入 GVC 使得发展中国家的企业面临更激烈的市场竞争、更复杂的需求、更高的环境标准和更多的学习机会[1]，整体上有助于降低能源消耗和污染物排放的相对水平。

与传统技术创新相比较，绿色产品创新一方面关心产品的功能、质量以及可靠性程度，另一方面还关注降低原材料、能源的消耗使用以及对外部环境的负面影响。企业作为环境污染的责任主体和绿色产品创新的实践

---

[1] Liu Y. L. , Li Z. H. , Yin X. M. Environmental regulation, technological innovation and energy consumption——A cross – region analysis in China [J]. Journal of Cleaner Production, 2018（203）: 885 – 897.

者，理应对绿色发展负责；然而，大多数企业局限于短期利益，市场投机性较强，对绿色产品创新的重视程度和投资意愿不足，缺乏绿色产品创新与推广的战略眼光[①]。绿色产品创新被视为实现环境保护与协调经济发展的关键手段，在我国尚处于前期导入阶段；仅仅依靠市场力量很难实现快速推进，需要政府干预和调控[②]。环境规制不仅可以在制度层面上显著提高企业的"绿色"意识，使企业认识到实施绿色产品创新的重要性，而且可以增加企业的污染成本，迫使企业投资于绿色产品创新，激励产业转型升级[③]。另外，由于绿色产品创新的收益是公共的而非私人的，且初期回报往往较低，这意味着不能仅仅依靠市场力量实施绿色产品创新，必须通过环境规制的作用加以引导与约束。总之，伴随中国制造业嵌入 GVC 程度的逐渐加深，以及本土企业自主创新能力和技术吸收能力的提升，一方面，可以充分借助于价值链上各个关联主体相互合作产生的知识扩散、技术创新和外资溢出等效应，进而实现多元技术创新资源的优化组合，提升绿色产品创新水平。另一方面，要摆脱企业参与绿色产品创新发展缺乏投资意愿和动力的困境，政府必须采取严格惩戒与激励并举的干预政策，才有可能取得更好的效果。为此，提出下列假设 $H_{7.1}$ 和 $H_{7.2}$：

$H_{7.1}$：随着 GVC 嵌入程度的增加，对制造业绿色产品创新具有促进作用。

$H_{7.2}$：环境规制正向调节了 GVC 嵌入程度与绿色产品创新之间的关系。

### 7.2.2 绿色工艺创新的中介效应

众所周知，良好的生产工艺条件是制造低成本、高质量产品的前提和保证。作为绿色创新的关键措施之一，工艺创新的重要价值被证实能够显

---

① Stucki T., Woerter M., Arvanitis S., Peneder M., Rammer C. How different policy instruments affect green product innovation: A differentiated perspective [J]. Energy Policy, 2018 (114): 245 – 261.

② Song M., Wang S., Zhang H. Could environmental regulation and R&D tax incentives affect green product innovation? [J]. Journal of Cleaner Production, 2020 (258): 120849.

③ Ji Z., Li P., Zheng X. Manufacturing agglomeration and environmental efficiency in China: Insights from the panel threshold model [J]. Transformations in Business & Economics, 2019, 18 (1): 257 – 277.

著减少制造过程中的污染排放，并大大提高产品的绿色工艺性能①。绿色工艺创新被描述为技术和工艺的进步，侧重于生产与销售对人类、环境没有或较小影响的产品或服务②；通过改进现有的生产工艺或增加新的工艺以减少不利的环境影响，可以有效提高企业的环境合规性和差异化优势③。也就是说，绿色工艺与产品创新聚焦于环境和人道主义关切④；制造过程较多关注环保因素，因而产品更具有优越的绿色工艺创新性能；工艺改进的主要途径为生态节能设备，提高生产过程的能源资源利用效率⑤。鉴于环保压力，中国制造业积极引进先进的节能减排技术和高效率的生产设备，以期匹配绿色工艺创新的现实条件。

此外，还有学者认为绿色工艺创新可以通过发展绿色产品的竞争优势，帮助企业成功地生产新的绿色产品。工艺创新能够助力企业提高产品质量，拓宽产品的范围分类，或生产全新的产品，从而扩大市场份额⑥。可见工艺创新在产品中扮演着关键的创新角色⑦，这是由于聚焦于绿色工艺创新能够改造生产流程以及升级工艺技术，进而为产品价值实现过程降低"三废"的产生与排放提供支撑作用。达曼普尔（Damanpour，2010）也认为绿色工艺创新和绿色产品创新研究的综合观体现了所谓的"资源基础观"，企业内部资源的协同对竞争优势和绩效产生积极的影响。

总之，中国制造业在广泛参与 GVC 分工的过程中，获得大量向发达国

① Gavronski I., Klassen R. D., Vachon S., do Nascimento L. F. M. A resource – based view of green supply management [J]. Transportation Research Part E: Logistics and Transportation Review, 2011, 47 (6): 872 – 885.

② Chen Y. S. Green organizational identity: Sources and consequence [J]. Management Decision, 2011, 49: 384 – 404.

③ Cheng C. C. J., Yang C. – l., Sheu C. The link between eco – innovation and business performance: A taiwanese industry context [J]. Journal of Cleaner Production, 2014, 64: 81 – 90.

④ Rennings K. Redefining innovation—eco – innovation research and the contribution from ecological economics [J]. Ecological Economics, 2000, 32 (2): 319 – 332.

⑤ Hu D., Wang Y., Huang J., Huang H. How do different innovation forms mediate the relationship between environmental regulation and performance? [J]. Journal of Cleaner Production, 2017, 161: 466 – 476.

⑥ Damanpour F. An integration of research findings of effects of firm size and market competition on product and process innovations [J]. British Journal of Management, 2010, 21 (4): 996 – 1010.

⑦ Martinez – Ros E. Explaining the decisions to carry out product and process innovations: the Spanish case [J]. The Journal of High Technology Management Research, 1999, 10 (2): 223 – 242.

家学习与吸收先进技术、生产方式、管理模式的机会，这将促进整个绿色工艺创新的水平，进而内化为绿色产品创新的具体表现载体上。由此可见，绿色工艺创新在影响 GVC 嵌入程度与绿色产品创新之间的关系方面发挥着桥梁媒介作用。综合上述阐述，为此提出以下假设 $H_{7.3}$：

$H_{7.3}$：绿色工艺创新在 GVC 嵌入程度对绿色产品创新的影响中存在中介效应。

### 7.2.3　被环境规制调节的中介效应

由于绿色工艺创新的双重外部特性，导致创新主体的激励效用不足，因而必须借助于外部环境管制约束才能促进工业创新主体绿色工艺创新的实施[①]。林等（Lin et al.，2014）发现环境规制推动了绿色产品和绿色生产工艺的创新，约翰斯通（Johnstone，2007）发现政府规制通过促进工艺创新从而对绿色创新有正向影响，克莱夫和伦宁（Cleff & Rennings，1999）认为环境规制是绿色工艺创新能力的最主要影响因素。一般而言，环境规制是政府对企业资源利用、环境保护和能源节约的直接或间接的控制与干预。为了在发展经济的同时减少环境污染，环境监管在各国得到广泛应用。与波特假说相呼应，艾阿达特等（Eiadat et al.，2008）认为政府的环境法规可能帮助组织克服淘汰资源效率低下老旧设施的惰性，接受新思想与激励创造性思维并投资于技术改进。在中国制造业嵌入 GVC 过程中，环境管制政策的落实与执行对绿色工艺创新的调节效应具体表现在：由于发达国家对产品质量、环保、安全、款式要求普遍高于中国，迫使企业主动承担环境规制的"内在化"成本。基于环境规制政策的倒逼压力，企业增加科研经费投入力度，瞄准于绿色生产工艺和产品的模仿与创新，引导企业主动改造升级生产设施；并借助于源头控制、清洁生产和末端治理等多元化手段，尽量降低非期望产出的形成与排放，实现生产过程清洁化并向产业价值链高端攀升，这一过程间接提升了中国制造业的能源利用

---

① 杨朝均，呼若青．环境管制工具对工业绿色工艺创新影响的实证研究——基于省级面板数据［J］．现代经济探讨，2017（8）：79 – 86．

效率和绿色创新水平。然而，当环境监管相对较弱时，相应的污染成本较低；为了实现利润最大化，企业可能不愿意增加对绿色产品创新的投资。当环境政策越来越严格时，将吸引更多公众对企业的关注；为了创造更多的绿色产品市场需求，确保绿色投资的长期价值，企业通常更有可能增加生态治理资源。可见，环境规制在 GVC 嵌入程度与绿色工艺创新之间发挥着调节作用，且被环境规制调节的绿色工艺创新中介了 GVC 嵌入与绿色产品创新的关系。基于上述理论分析，提出假设 $H_{7.4}$：

$H_{7.4}$：环境规制正向调节绿色工艺创新在 GVC 嵌入程度与绿色产品创新之间的中介作用。

综上可知，环境管制分别调节了全球价值链嵌入、绿色工艺创新和绿色产品创新之间的关系，绿色工艺创新中介了全球价值链嵌入对绿色产品创新的影响，本章的研究框架如图 7.1 所示。

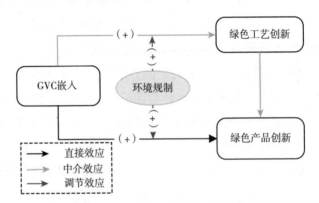

图 7.1　GVC 嵌入对绿色工艺创新和绿色产品创新影响的研究框架

## 7.3　模型构建与变量说明

### 7.3.1　模型构建

#### 1. 基础模型

为了进一步研究 GVC 嵌入程度、绿色工艺创新与绿色产品创新三者之间的关系，本章在经典的 A–U 技术创新过程模型基础上，将其拓展至绿色技术创新过程以及对接全球生产网络这一特定情境；即结合 GVC 嵌入程度探讨绿色工艺创新与绿色产品创新三者之间的关系，基于 2006～2015 年中国制造业 14 个大类行业的面板数据，构建以绿色工艺创新为中介变量的中介递推回归模型。为了缓解各个变量的多重共线性和模型的异方差性，对模型均取双对数形式。

$$LNGPI_{it} = \alpha_0 + \alpha_1 cLNGVCPa_{it} + \alpha_2 LNER_{it} + \alpha_3 LNRD_{it} + \alpha_4 LNTSI_{it} + \varepsilon_{it}$$
$$(7.1)$$

$$LNGTI_{it} = \beta_0 + \beta_1 aLNGVCPa_{it} + \beta_2 LNER_{it} + \beta_3 LNRD_{it} + \beta_4 LNTSI_{it} + \varepsilon_{it}$$
$$(7.2)$$

$$LNGPI_{it} = \gamma_0 + \gamma_1 cLNGVCPa_{it} + bLNGTI_{it} + \gamma_3 LNER_{it} + \gamma_4 LNRD_{it}$$
$$+ \gamma_5 LNTSI_{it} + \varepsilon_{it}$$
$$(7.3)$$

### 2. 被环境规制调节的中介效应模型

$$LNGPI_{it} = \alpha_0 + \alpha_1 LNGVCPa_{it} + \alpha_2 LNGVCPa_{it} * LNER_{it} + \alpha_3 LNER_{it}$$
$$+ \alpha_4 LNRD_{it} + \alpha_5 LNTSI_{it} + \varepsilon_{it}$$
$$(7.4)$$

$$LNGTI_{it} = \beta_0 + \beta_1 LNGVCPa_{it} + \beta_2 LNGVCPa_{it} * LNER_{it} + \beta_3 LNER_{it}$$
$$+ \beta_4 LNRD_{it} + \beta_5 LNTSI_{it} + \varepsilon_{it}$$
$$(7.5)$$

$$LNGPI_{it} = \gamma_0 + \gamma_1 LNGVCPa_{it} + \gamma_2 LNGTI_{it} + \gamma_3 LNGVCPa_{it} * LNER_{it}$$
$$+ \gamma_4 LNER_{it} + \gamma_5 LNRD_{it} + \gamma_6 LNTSI_{it} + \varepsilon_{it}$$
$$(7.6)$$

式（7.1）～式（7.6）中 $i$ 和 $t$ 分别表示行业和时间，$a$、$b$、$c$、$\alpha$、$\beta$ 和 $\gamma$ 分别表示相应的回归系数值，$GPI$ 和 $GTI$ 分别表示绿色产品创新和绿色工艺创新，$GVCPa$ 代表 GVC 嵌入程度；为了进一步考察 GVC 嵌入对绿色产品创新的影响路径，可将 $GVCPa$ 分别替换为全球价值链前向嵌入 $GVCB$ 和后向嵌入 $GVCF$，以及将绿色工艺创新细分为清洁生产技术创新和末端治理技术创新。而 $RD$、$TSI$ 和 $ER$ 分别表示研发经费内部支出、科技活动人员投入和环境规制强度变量指标，$\varepsilon_{it}$ 为随机误差项。为了降低异方差、时间趋势等因素对实证回归结果的影响，各变量均取了自然对数。

### 3. 中介效应检验

参照温忠麟中介效应检验方法和流程，具体判别步骤如图 7.2 所示。

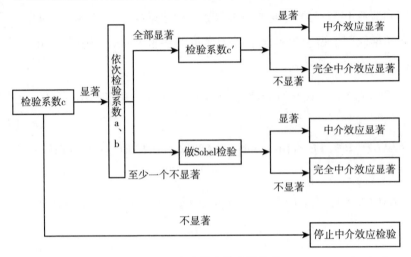

**图 7.2　中介效应检验的流程**

首先，对式（7.1）进行回归，如果 GVC 嵌入程度对绿色产品创新的直接影响系数 c 为正且显著，说明 GVC 嵌入程度促进了绿色产品创新。其次，对式（7.2）中 GVC 嵌入程度与中介变量绿色工艺创新之间的关系进行检验。最后对式（7.3）进行检验，当 $c > 0$、$a > 0$，如果 $c'$ 没有通过显著性检验，则为完全中介效应；如果 $c'$ 通过了显著性检验并且 $c' < c$，则说明为部分中介效应，中介效应量为 $ab/c$，即中介效应占总效应的比重。

## 7.3.2　变量说明

### 1. 被解释变量

绿色产品创新（*LNGPI*）：按照 OECD（2015）对技术创新的研究分类标准，将绿色技术创新细分为绿色工艺创新、绿色产品创新。其中绿色产品创新是指设计、开发和生产符合环境保护要求的商品，以节约资源、减少能源消耗和降低污染物排放。相对于传统产品创新而言，绿色产品创新更加重视产品创新各个环节的节能降耗效果，包括全方位降低采购、生产、运输、营销、消费等各环节的物料与能源消耗。具体而言，由于绿色创新间接增加了销售额，并创造了新客户为环保产品和服务付费的意愿，从而使公司高效且盈利[1]；阿莫雷斯·雷尔瓦多等（Amores Salvadó et al.，2014）还认为，企业的绿色产品创新积极促进了经济绩效，公司的绿色形象调整了两者之间的关系。绿色产品创新意味着企业产品或服务的性质或目的在环境方面是新的或显著改善的，其表征方法主要包括绿色产品创新绩效、绿色产品创新强度[2]等。古塞蒂等（Ghisetti et al.，2014）提出分别使用降低单位生产活动的资源和能源消耗、污染物减排量进行衡量有效型创新、外部性减弱型创新，为表征绿色产品创新提供了衡量依据，已有研究通过产品生产环节的节能与减排活动测度绿色产品创新。李婉红等（2013）、张倩（2015）以及王锋正等（2015）认为在生产制造过程或者存储、运输等环节中，新产品依托技术改进与创新活动进而减少能源消耗或者污染物排放等，并选取新产品产值收入与综合能源消耗量之比度量绿色产品创新。本章沿袭上述衡量绿色产品创新的做法，基础数据的获取主要源于《工业企业科技活动统计年鉴》《中国能源统计年鉴》等。

### 2. 中介变量

绿色工艺创新（*LNGTI*）：绿色工艺创新主要指清洁生产、污染限制和预防、环境效率和再循环等技术，以及从可持续角度为商品和服务生产作出贡献的新的或改进的活动；其主要聚焦于对现有生产工艺设备的更新、升级改造或对生产过程中新工艺、新设备的研发与引进等途径，从而达到降低污染物的产生和排放、减轻环境负担的目的[3]。还有研究认为，绿色工艺创新主要通过创新手段降低生产全过程对环境的负外部性影响，包括

---

① Ahmeda U., Mozammelb S., Zamanc F. Green HRM and Green Innovation: Can Green Transformational Leadership Moderate: Case of Pharmaceutical Firms in Australia [J]. Systematic Reviews in Pharmacy, 2020, 11（7）: 616 –617; Ali F., Ashfaq M., Begum S., Ali A. How "Green" thinking and altruism translate into purchasing intentions for electronics products: The intrinsic – extrinsic motivation mechanism [J]. Sustainable Production and Consumption, 2020, 24: 281 –291.

② Stucki T., Woerter M., Arvanitis S., Peneder M., Rammer C. How different policy instruments affect green product innovation: A differentiated perspective [J]. Energy Policy, 2018, 114: 245 –261.

③ 王锋正，刘宇嘉，孙玥. 制度环境、开放式创新与资源型企业转型 [J]. 科技进步与对策，2020，37（5）: 114 –123.

降低有害排放物以及能源、原材料的消耗活动①。目前，对绿色工艺创新的研究总体上处于起步阶段，主要集中在企业的微观层面，包括绿色工艺创新影响因素和绿色流程创新对企业绩效的影响；然而，在行业层面上对绿色工艺创新的研究相对较少②。本章沿袭毕克新、王锋正等的做法，采用 R&D 经费内部支出与技术改造经费投入之和表征绿色工艺创新，上述两项经费投入越大越好。

另外，绿色工艺创新还可以进一步细分为清洁生产技术创新（*LNCTI*）和末端治理技术创新（*LNETI*），即减少污染物产生的清洁生产技术创新和减少污染物最终排放的终端环境治理③。清洁生产技术创新是指持续应用综合预防性环境战略，旨在最大限度地减少环境危害并提高生产力，包括使用更高效的能源、减少自然资源的使用，以及用污染更少的材料替代特定材料④。相比之下，末端治理技术创新是一种通过改进和更新终端设备和工艺来减少污染排放的方法，重点是限制或消除制造过程中的后期问题⑤。本章将分别尝试检验清洁生产技术创新、末端治理技术创新作为中介变量是否成立，以便深入探究 GVC 嵌入程度对绿色产品创新影响更具体的中介路径。由于 $SO_2$ 的排放及减少与环保实践紧密相连，藤井等（Fujii et al.，2013）将清洁生产技术创新界定为污染产生量与产值的比值，刘和王（Liu & Wang，2013）则采用一个地区 $SO_2$ 产生量与相应 GDP 之比进行测度。据此，本章采取总产值与 $SO_2$ 产生量的比值（即 $SO_2$ 污染物强度的倒数）表征中国制造业清洁生产技术创新水平。另外，参考克恩和雷诺（King & Lenox et al.，2002）以及贝罗尔和戈麦斯梅西亚（Berrone &

---

①② Tseng M. - L., Wang R., Chiu A. S. F., Geng Y., Lin Y. H. Improving performance of green innovation practices under uncertainty [J]. Journal of Cleaner Production, 2013 (40): 71 - 82.

③ Liao Z. Temporal cognition, environmental innovation, and the competitive advantage of enterprises [J]. Journal of Cleaner Production, 2016 (135): 1045 - 1053.

④ Severo E. A., de Guimaraes J. C. F., Dorion E. C. H. Cleaner production and environmental management as sustainable product innovation antecedents: A survey in Brazilian industries [J]. Journal of Cleaner Production, 2017 (142): 87 - 97.

⑤ Yang C., Yang H. Research on spatial - temporal differentiation of the coupling coordination degree between cleaner production technology innovation and end - of - pipe treatment technology innovation based on provincial panel data of 2003 - 2013 [J]. Science and Technology Management Research, 2016 (18): 137 - 143.

Gomez – Mejia，2009）的惯常做法，使用 $SO_2$ 污染减少强度（即减少量与产生量之比）衡量末端治理技术创新指标；也就是说，末端治理技术创新效果越好，相应的污染减少强度越大。

### 3. 主要解释变量

GVC 嵌入程度（$LNGVCPa$）、GVC 前向参与程度（$LNGVCF$）和 GVC 后向参与程度（$LNGVCB$）：均采用第 4 章介绍的由库普曼等（2010）提出的 KPWW 方法测度 GVC 嵌入程度指数、GVC 前向与后向参与程度指数。

### 4. 调节变量

环境规制（$LNER$）：瓦格纳和莱雷纳（Wagner & Llerena，2011）认为环境规制有助于绿色技术创新扩散；施泰因霍斯特和马蒂斯（Steinhorst & Matthies）发现环境监管可以通过促进公共利益和投资，积极影响绿色产品创新；环境管制部分显著影响了制造业的绿色产品创新[1]；赫米克塞姆（Hemmelskamp，1997）则认为环境管制的作用并非想象中的重要；还有研究表明环境规制对绿色产品和工艺创新的驱动力是相互重叠的。本章继续沿用第 5 章熵值法测度的环境规制强度进行表征。

### 5. 控制变量

为降低遗漏变量对估计结果的影响，结合理论研究与借鉴相关文献的建模思路，除了考虑研发投入、科技活动人员投入等影响绿色创新的因素外，还将一些影响非期望产出排放的因素纳入模型进行扩展研究。

（1）科技活动人员投入（$LNTSI$）。

一般来说，施特纳和图尔恩海姆（Sterner & Turnheim，2009）认为科技活动人员投入是影响绿色技术创新的主要内在因素之一，与行业绿色技术创新效率成正比，与环境污染物排放量成反比。为了尽可能剔除行业从业人员总数因素的复杂影响，本章选取规模以上工业企业的科技活动人员

---

[1] Kammerer D. The effects of customer benefit and regulation on environmental product innovation：Empirical evidence from appliance manufacturers in Germany [J]. Ecological Economics，2009，68（8 – 9）：2285 – 2295.

与行业全部从业人员的比值表征该变量。

（2）R&D 投资（*LNRD*）。

根据内生经济增长理论，R&D 投资是技术进步的重要驱动力，对促进绿色增长水平具有一定的正向作用。伦宁（Rennings，2006）发现环境管理系统与研发投入直接促进了绿色工艺创新；齐格勒等（Ziegler，2004）实证了 R&D、环境管理体系认证、市场竞争与需求等因素对绿色工艺创新具有重要的影响。本章采用各行业 R&D 经费内部支出与工业总产值之比进行衡量。

### 7.3.3　数据说明

#### 1. 变量数据的描述性统计

本章所有变量的描述性统计如表 7.1 所示，被解释变量 *GPI* 的均值小于标准差，这反映了各行业绿色产品创新数据具有一定的离散性；而 3 个解释变量 *GVCPa*、*GVCF* 和 *GVCB* 的均值远远大于标准差，表明数据结构非常好；中介变量 *GTI* 的均值与标准差基本一致，说明数据相对较好。总体来看，这些变量满足实证回归的基本要求。

**表 7.1　变量的描述性统计**

| 变量 | 含义 | 均值 | 标准差 | 最小值 | 最大值 |
|---|---|---|---|---|---|
| *GPI* | 绿色产品创新 | 142.800 | 214.400 | 1.844 | 993.500 |
| *GTI* | 绿色工艺创新 | 26.000 | 25.390 | 0.619 | 104.900 |
| *GVCPa* | GVC 嵌入程度 | 0.707 | 0.069 | 0.565 | 0.887 |
| *GVCF* | GVC 前向嵌入程度 | 0.498 | 0.053 | 0.366 | 0.614 |
| *GVCB* | GVC 后向嵌入程度 | 0.209 | 0.082 | 0.080 | 0.449 |
| *ER* | 环境规制 | 0.054 | 0.069 | 0.030 | 0.308 |
| *RD* | 研发投资 | 0.008 | 0.005 | 0.001 | 0.022 |
| *TSI* | 科技人员投入 | 299.800 | 190.000 | 22.620 | 689.600 |
| *CTI* | 清洁生产技术创新 | 12.320 | 28.750 | 0.062 | 196.800 |
| *ETI* | 末端治理技术创新 | −0.028 | 0.203 | −1.061 | 0.399 |

## 2. 相关性分析

相关性分析主要用于对两变量之间的相互关联程度以及线性关系强弱程度的描述。在实证前通过 Pearson 相关性分析，以便初步判断各变量间或许存在的某种依赖关系，具体分析结果如表 7.2 所示。

三个解释变量全球价值链嵌入程度（$LNGVCPa$）（包括 GVC 前向嵌入和后向嵌入）与被解释变量绿色产品创新（$LNGPI$）呈现正向关系，表明绿色产品创新是建立在 GVC 嵌入程度加深的基础上实现的；中介变量绿色工艺创新（$LNGTI$）和清洁生产技术创新（$LNCTI$）与绿色产品创新（$LNGPI$）也存在正相关关系，说明中介变量对被解释变量具有积极的促进作用；调节变量环境规制（$LNER$）与绿色产品创新（$LNGPI$）以及全球价值链嵌入程度（$LNGVCPa$）也存在相关关系。此外，各变量间相关系数的大小基本未超过 0.5，共线性问题整体处于可接受范围中，可以进行下一步的回归分析检验。

表 7.2                    全样本变量的相关性分析

| 变量 | LNGPI | LNGVCPa | LNGVCF | LNGVCB | LNGTI | LNISC | LNCTI | LNETI | LNER | LNRD |
|------|-------|---------|--------|--------|-------|-------|-------|-------|------|------|
| *LNGPI* | 1 | | | | | | | | | |
| *LNGVCPa* | 0.270 *** | 1 | | | | | | | | |
| *LNGVCF* | 0.227 *** | 0.119 | 1 | | | | | | | |
| *LNGVCB* | 0.0946 * | 0.736 *** | −0.535 *** | 1 | | | | | | |
| *LNGTI* | 0.381 *** | 0.126 * | −0.214 * | 0.252 *** | 1 | | | | | |
| *LNISC* | 0.387 *** | −0.137 * | −0.0756 | −0.103 * | 0.847 *** | 1 | | | | |
| *LNCTI* | 0.938 *** | 0.386 *** | 0.246 *** | 0.196 ** | 0.251 *** | 0.251 *** | 1 | | | |
| *LNETI* | −0.232 *** | −0.0625 * | 0.0344 * | −0.0793 | −0.165 * | −0.0834 | −0.252 *** | 1 | | |
| *LNER* | 0.0838 * | −0.0571 * | 0.408 *** | −0.486 *** | 0.0305 * | 0.223 *** | −0.002 | 0.0556 | 1 | |
| *LNRD* | 0.624 *** | 0.217 ** | −0.0318 | 0.305 *** | 0.644 *** | 0.379 *** | 0.549 *** | −0.232 *** | −0.166 * | 1 |

注：*** 、** 和 * 分别表示 1% 、5% 和 10% 水平上显著，没有星号表示不显著。

## 3. 数据来源

本章有关 GVC 指标均采用第 4 章介绍的 KPWW 方法进行测算而得；其他与变量有关的基础数据，主要源于《中国环境统计年鉴》《工业企业科技活动统计年鉴》《中国能源统计年鉴》等。

为避免回归结果出现较大偏差，在参数估计之前应选择正确的面板模型形式。参照刘等（Liu et al.，2000）的做法，采用 LM 检验、Hausman检验和似然 F 统计量对混合效应模型、固定效应模型和随机效应模型进行比较选择，其检验结果如表 7.3 所示。

表 7.3　　　　　　　　以绿色工艺创新为中介变量的回归结果

| VARIABLES | (1)<br>LNGPI | (2)<br>LNGTI | (3)<br>LNGPI |
|---|---|---|---|
| *LNGTI* | | | 0.791 *** (0.097) |
| *LNGVCPa* | 2.010 ** (0.960) | 3.442 *** (0.724) | − 0.712 (0.842) |
| *LNER* | − 0.509 (0.532) | 0.497 (0.401) | − 0.903 ** (0.431) |
| *LNRD* | − 1.773 *** (0.131) | − 1.404 *** (0.099) | − 0.662 *** (0.172) |
| *LNTSI* | 1.793 *** (0.097) | 1.329 *** (18.060) | 0.743 *** (4.940) |
| *Constant* | − 15.79 *** (1.945) | − 8.811 *** (0.074) | − 8.823 *** (0.150) |
| *Observations* | 140 | 140 | 140 |
| *R − squared* | 0.742 | 0.730 | 0.834 |
| *F* | 87.67 *** | 82.49 *** | 121.47 *** |

注：（1）\*\*\*、\*\* 和 \* 分别表示 1%、5% 和 10% 水平上显著；（2）括号内数值为标准误。

### 7.4.1　基准模型回归结果

表 7.3 为绿色工艺创新对 GVC 嵌入程度和绿色产品创新之间关系影响的中介效应回归结果。由表 7.3 可见，第（1）列的结果表明 GVC 嵌入程度的提升正向促进了绿色产品创新，且在 1% 水平上显著；即当 GVC 嵌入程度提高 1% 时，绿色产品创新增长 2.01%。第（2）列表明 GVC 嵌入程

全球价值链嵌入对中国制造业绿色创新的影响研究

度也正向促进了绿色工艺创新，同样在1%水平上显著；即当GVC嵌入程度提高1%时，绿色工艺创新增长3.442%。第（3）列中的GVC嵌入程度对绿色产品创新的影响为负向不显著，且回归系数要小于第（2）列中的回归系数。基于中介效应判定规则，意味着绿色工艺创新在GVC嵌入程度对绿色产品创新的影响中存在完全中介效应。这表明GVC嵌入程度对绿色产品创新的影响要完全借助于绿色工艺创新的中介作用；也就是说，高质量的中间投入要素要求较高的生产工艺，无形中提高了企业的清洁生产水平，从源头上减少了污染物的排放；通过制造业生产工艺流程的再造与上下游产业布局的优化，能够改善绿色产品创新的成效，可以提高生态环境的承载力和绿色发展的保障能力。上述实证结果与刘冬冬（2020）发现了GVC嵌入程度促进工艺升级和产品升级的研究结论较为类似。在全球生产网络的背景下，制造企业还应开发和增加技术储备，通过绿色工艺创新发展绿色产品创新[1]。依靠持续改进以降低非期望产出的排放强度，绿色工艺创新可以加强污染预防，从而提高企业的环境绩效[2]。对于制造企业来说，至关重要的是通过加强绿色工艺创新来提高外部环境的合法性、声誉和盈利能力，并降低产品的生命周期成本，从而实现经济和环境的"双赢"局面[3]。可见，工艺创新与产品创新的协调发展对于中国制造业高效配置创新资源进而推动绿色转型升级具有重要的现实价值。综上，研究假设$H_{7.1}$和假设$H_{7.2}$同时得到验证。

就控制变量的回归结果而言，环境规制分别对绿色产品创新、绿色工

---

① De Stefano M. C., Montes-Sancho M. J., Busch T. A natural resource-based view of climate change: Innovation challenges in the automobile industry [J]. Journal of Cleaner Production, 2016 (139): 1436-1448.

② Shu-Hsien L., Chih-Chiang C., Da-Chian H., Yu-chun C., Min-Ju Y. Developing a sustainable competitive advantage: Absorptive capacity, knowledge transfer and organizational learning [J]. Journal of Technology Transfer, 2017, 42 (6): 1431-1450.

③ Leonidou L. C., Christodoulides P., Kyrgidou L. P., Palihawadana D. Internal drivers and performance consequences of small firm green business strategy: The moderating role of external forces [J]. Journal of business ethics, 2017, 140 (3): 585-606; Hojnik J., Ruzzier M. The driving forces of process eco-innovation and its impact on performance: Insights from Slovenia [J]. Journal of cleaner production, 2016 (133): 812-825; Liao Z. Environmental policy instruments, environmental innovation and the reputation of enterprises [J]. Journal of Cleaner Production, 2018 (171): 1111-1117; ling Guo L., Qu Y., Tseng M.-L. The interaction effects of environmental regulation and technological innovation on regional green growth performance [J]. Journal of Cleaner Production, 2017 (162): 894-902.

艺创新的影响均不显著，然而在第（3）列的中介效应模型中环境规制为负向显著；这说明环境规制对绿色产品创新和绿色工艺创新的影响更多体现在二者的协同上。研发投入在第（1）、第（2）和第（3）列中的回归系数均为负向显著，可能由于现有研发投入的方向或者强度与绿色创新的需求尚有一定的差距，或者现阶段的研发强度还不足以支撑绿色创新的改善。而科技活动人员投入这一控制变量无论是单独对绿色产品创新、绿色工艺创新以及对二者的共同影响均为正向显著，这表明未来有必要进一步强化科技人才的投入总量，进而对整个绿色技术创新水平的提升大有裨益。

## 7.4.2 被环境规制调节的中介效应回归结果

当考虑环境规制对绿色工艺创新和绿色产品创新的调节作用时，具体的实证回归结果如表 7.4 所示。其中，第（4）列 GVC 嵌入程度与环境规制的交叉项系数为正且在 1% 显著性水平，表明环境规制积极调节了 GVC 嵌入程度与绿色产品创新的关系；第（5）列 GVC 嵌入程度与环境规制的交叉项系数为正同样在 1% 显著性水平，表明对绿色工艺创新产生积极的影响；第（6）列中，绿色工艺创新，以及 GVC 嵌入程度与环境规制的交叉项系数均显著为正，其交叉项的系数 1.081 小于第（4）列中的系数值 1.588，表明存在绿色工艺创新的部分中介效应；即首先 GVC 嵌入程度被环境规制调节，然后借助于绿色工艺创新的中介效应，最终促进了绿色产品创新的提升，中介效应占总效应的比重为 32.96%（5.624 × 0.695/11.86 = 32.96%）。

表 7.4　　　　　被环境规制调节的部分中介效应回归结果

| VARIABLES | (4) LNGPI | (5) LNGPI | (6) LNGPI |
|---|---|---|---|
| *LNGTI* | — | — | 0.695 *** (0.097) |
| *LNGVCPa* | 11.860 *** (3.765) | 5.624 *** (2.106) | 6.369 * (3.257) |
| *LNGVCPa * LNER* | 1.588 *** (0.577) | 1.047 *** (0.326) | 1.081 ** (0.490) |

| VARIABLES | (4) LNGPI | (5) LNGPI | (6) LNGPI |
|---|---|---|---|
| *LNER* | 0.236 (0.214) | 0.186 (0.125) | 0.176 (0.180) |
| *LNRD* | −1.455 *** (0.150) | −0.511 *** (0.132) | −0.598 *** (0.174) |
| *LNTSI* | 1.540 *** (0.118) | 0.914 *** (0.099) | 0.717 *** (0.152) |
| *Constant* | −9.865 *** (1.689) | −4.054 *** (1.295) | −4.085 ** (1.633) |
| *Observations* | 140 | 140 | 140 |
| *R − squared* | 0.774 | — | 0.841 |
| *F* | 82.68 *** | — | 106.02 *** |

注：（1）\*\*\*、\*\* 和 \* 分别表示 1%、5% 和 10% 水平上显著；（2）括号内数值为标准误。

　　一方面，这说明环境规制直接调节了 GVC 嵌入程度和绿色产品创新的关系，该结论与波特（1991）、波特和范德林德（Porter & Van der Linde，1995）关于环境规制对绿色创新具有积极促进作用的观点相类似，即在研究制造业 GVC 嵌入程度对绿色创新的相关影响时不能忽视环境规制的调节作用。另一方面，其具体路径为环境规制通过调节 GVC 嵌入程度和绿色工艺创新的关系，再进一步通过中介效应影响绿色产品创新。由外部性理论可知，当绿色创新活动产生正外部性时，制造业自身难以达到最优状态，此时就离不开政府实施的环境规制政策；适度的环境规制有利于纠正企业的排污行为以及不断缩小与发达国家环保标准的差距，尽可能规避"污染天堂"效应的产生。尤其是从动态来看，严格且恰当的环境规制水平既可以对社会公共福利产生正外部性，又能够激发企业的"创新补偿效应"，通过提升资源配置水平进一步优化生产工艺流程，继而达到帕累托改进或"双赢"状态。假设 $H_{7.3}$ 同样也得到验证。

　　值得特别说明的是，单独考虑环境规制在第（4）、第（5）和第（6）列中的回归系数均为正向不显著，这与没有考虑环境规制调节效应时的回归结果存在较大的差异。由于环境规制强度直接影响企业的规制成本和投资决策，中国制造业嵌入 GVC 是否加大绿色工艺创新和产品创新的投入，取决于能否带来与环境规制成本相当的净收益。随着环境规制政策的推进，在某种程度上企业外部的环境成本将持续增加，这也倒逼企业重视与依托绿色工艺创新的手段提高资源能源利用效率，同时增加产品的成功产出率进而提高生产利润①。对于绿色产品创新而言，当环境监管较弱时相应的污染成本较低，企业可能会拒绝投资绿色产品创新以实现利润最大化②。而环境监管强度一旦持续加大，一方面企业拒绝绿色产品创新的代价将上升；另一方面会吸引公众的关注并激发绿色产品的市场需求，进而保障企业绿色产品创新投资的长期价值，同时可以进一步增加企业的投资信心和投资可能性③。此外，研发强度在第（4）、第（5）和第（6）列中的回归系数仍然均为负向显著，只是相应的系数绝对值变小。而科技活动人员投入相应的回归结果只是系数稍微变小，显著性水平没有发生变化。

总之，考虑环境规制的间接影响时，GVC 嵌入对绿色工艺创新和绿色产品创新各自的影响作用均进一步增大，即环境规制正向调节了 GVC 嵌入与两类绿色创新之间的关系。

### 7.4.3　基于稳健性和异质性的中介效应讨论

为了探索中介效应的具体影响路径以及开展模型的稳健性检验，本部分内容分别围绕 GVC 嵌入程度、绿色工艺创新的再细分进行深层次的讨论。

#### 1. 绿色工艺创新细分的考察

本章进一步将中介变量绿色工艺创新细分为清洁生产技术创新（LNCTI）和末端治理技术创新（LNETI），以便更好地考察中介效应更详尽的作用路径。结合表 7.5 的回归结果并参照中介效应判定规则可知，第（7）~第（9）列为以清洁生产工艺创新为中介变量的回归结果属于完全中介效

---

① 杨朝均. FDI 对我国制造业绿色工艺创新的影响及溢出效应研究 [D]. 哈尔滨：哈尔滨工程大学，2013.

②③ Lanoie P., Patry M., Lajeunesse R. Environmental regulation and productivity: Testing the Porter Hypothesis [J]. Journal of Productivity Analysis, 2008, 30 (2): 121 – 128.

应，而第（10）~第（11）列以末端治理技术创新为中介变量的回归结果不成立。也就是说，绿色工艺创新对 GVC 嵌入程度与绿色产品创新之间关系的中介效应影响主要通过清洁生产工艺创新这一路径实现；这与陈劲等[1]认为绿色工艺创新对企业环境绩效的影响大于末端治理技术的观点相类似。

这意味着要提升制造业整体过程的绿色技术创新水平，重在改进清洁生产工艺创新，而不是将重点着眼于末端治理技术创新，否则本末倒置。然而，中国制造业嵌入 GVC 中可能形成了路径依赖，往往优先使用价值链上较低成本的知识和技术，而尽可能规避高成本且"研发风险"大的自主创新[2]，多选择易获取的末端治理技术以期实现降低污染排放的短期目的。事实上，清洁生产作为区别于传统工业污染防治模式不同的新型生产方式，更加侧重于从源头以及生产过程通过污染预防与废物循环利用等手段解决环境污染问题。克拉弗等（Claver et al.，2007）实证发现前期预防措施产生的环境绩效强于末端治理的形式，同时能够有效促进生产技术进步和产业结构调整，创造显著的经济效益。加强清洁生产技术创新是推进清洁生产实施的保障，进而达到节能降耗、减少污染排放与节约治理投入的目的。尤其是嵌入 GVC 条件下，中国制造业有必要充分利用国际交流合作的便利条件，加快推动绿色低碳生产模式的实施步伐，进而满足国际贸易有关环境保护的要求和条款。然而，末端治理（end - of - pipe treatment）技术创新主要针对生产过程末端已经产生的污染物开发并实施的治理技术，是一种被动的、消极的处置方式；尽管减缓了生产活动对环境污染的破坏程度，但其本质上不是彻底治理而是污染物的转移，同时还存在污染处理的设施投资大、运行费用较高等缺陷。由此可见，中国制造业有必要优化绿色资源的配置方式，实现由"末端治理"向"源头以及过程治理"的转变，激活绿色技术创新的潜力。

① 陈劲，刘景江，杨发明.绿色技术创新审计实证研究 [J].科学学研究，2002，20（1）：107 – 112.

② 郝凤霞，张璘.低端锁定对全球价值链中本土产业升级的影响 [J].科研管理，2016（4）：131 – 141.

第 7 章　GVC嵌入影响制造业绿色工艺创新和绿色产品创新的实证研究

表 7.5 以清洁生产工艺创新为影响路径的中介效应回归结果

| VARIABLES | (7)<br>LNGPI | (8)<br>LNCTI | (9)<br>LNGPI | (10)<br>LNETI | (11)<br>LNGPI |
|---|---|---|---|---|---|
| *LNCTI* | — | — | 0.307 ***<br>(0.061) | — | — |
| *LNETI* | — | — | — | — | 0.078<br>(0.154) |
| *LNGVCPa* | 2.010 **<br>(0.960) | 2.994 **<br>(1.303) | 1.091<br>(0.895) | −0.013<br>(0.194) | 1.373<br>(1.043) |
| *LNER* | −0.509<br>(0.532) | 2.832 ***<br>(0.722) | −1.379 ***<br>(0.515) | 0.006<br>(0.009) | −0.040<br>(0.369) |
| *LNRD* | −1.773 ***<br>(0.131) | −1.937 ***<br>(0.178) | −1.178 ***<br>(0.168) | −0.059<br>(0.042) | −1.574 ***<br>(0.150) |
| *LNTSI* | 1.793 ***<br>(0.097) | 1.573 ***<br>(0.132) | 1.310 ***<br>(0.131) | 0.002<br>(0.048) | 1.725 ***<br>(0.113) |
| *Constant* | −15.79 ***<br>(1.945) | −7.556 ***<br>(2.64) | −13.470 ***<br>(1.833) | −0.309<br>(0.509) | −13.140 ***<br>(1.692) |
| *Observations* | 140 | 140 | 140 | 140 | 140 |
| *R − squared* | 0.742 | 0.579 | 0.787 | — | — |
| *F* | 87.67 *** | 41.99 *** | 89.31 *** | — | — |

注:(1) *** 、** 和 * 分别表示 1%、5% 和 10% 水平上显著;(2) 括号内数值为标准误。

至于控制变量而言,对比没有将绿色工艺创新进一步细分的实证结果,研发投入和科技活动人员投入的回归结果未发生大的变化。

## 2. GVC 嵌入程度分解的考察

将解释变量 GVC 嵌入程度指数进一步分解为 GVC 前向嵌入程度指数和 GVC 后向嵌入程度指数,其中前向嵌入表示中国的中间投入品在其他国家出口成分的占比,而后向价值链嵌入表示中国的出口中来自于其他国家的成分占比情况;下面拟从前、后向嵌入的自变量端更为细致地探索中介效应的作用路径(见表 7.6)。

表 7.6　　　　　基于价值链嵌入细分的中介效应影响路径回归结果

| VARIABLES | (12)<br>LNGPI | (13)<br>LNGTI | (14)<br>LNGPI | (15)<br>LNCTI | (16)<br>LNGPI | (17)<br>LNETI | (18)<br>LNGPI |
|---|---|---|---|---|---|---|---|
| LNGTI | — | — | 1.061***<br>(0.109) | — | — | — | — |
| LNCTI | — | — | — | 0.363***<br>(0.072) | — | — | — |
| LNGVCF | 0.834**<br>(0.420) | 2.461***<br>(0.261) | -1.776***<br>(0.414) | 3.593***<br>(0.482) | -0.471<br>(0.462) | 0.037<br>(0.144) | — |
| LNGVCB | — | — | — | — | — | — | -0.241<br>(0.233) |
| LNER | -0.732<br>(0.540) | -0.113<br>(0.338) | -0.612<br>(0.406) | 1.979***<br>(0.620) | -1.450***<br>(0.513) | 0.002<br>(0.015) | -0.612<br>(0.542) |
| LNRD | -1.608***<br>(0.120) | -1.069***<br>(0.075) | -0.474***<br>(0.147) | -1.572***<br>(0.137) | -1.037***<br>(0.157) | -0.055<br>(0.039) | -1.562***<br>(0.146) |
| LNTSI | 1.672***<br>(0.102) | 1.027***<br>(0.064) | 0.582***<br>(0.136) | 1.180***<br>(0.118) | 1.243***<br>(0.126) | -0.001<br>(0.038) | 1.669***<br>(0.123) |
| Constant | -15.13***<br>(1.973) | -6.910***<br>(1.234) | -7.798***<br>(1.662) | -4.823**<br>(2.264) | -13.38***<br>(1.834) | -0.251<br>(0.386) | -15.48***<br>(1.988) |
| Observations | 140 | 140 | 140 | 140 | 140 | 140 | 140 |
| R-squared | 0.741 | 0.814 | 0.855 | 0.699 | 0.786 | — | 0.735 |
| F | 87.26*** | 133.54*** | 142.69*** | 70.67*** | 88.59*** | — | 84.57*** |

注：（1）　***、**和*分别表示1%、5%和10%水平上显著；（2）括号内数值为标准误。

从表 7.6 可知并参照中介效应判定规则，第（12）~ 第（14）列为以绿色工艺创新为中介变量，GVC 前向嵌入程度对绿色产品创新影响的实证结果，为部分中介效应成立。一般而言，通过 GVC 前向嵌入参与国际分工的行业位于"微笑曲线"两端的高附加值环节，承担着关键零部件生产供应等 GVC 活动，从而促进工艺升级和产品升级以及二者的协调发展；这也说明研究期间中国制造业嵌入 GVC 的总体状况得以改善，并对绿色技术创新过程产生积极的影响。第（12）、第（15）和第（16）列为以清洁生产技术创新为中介变量，前向价值链嵌入对绿色产品创新影响的实证结果，为完全中介效应同样成立；即 GVC 前向嵌入对绿色产品创新的影响，是完全借助于清洁生产技术创新这一路径实现的，可见非常有必要进一步加大对清洁生产技术创新的重视程度。例如，增加清洁生产技术创新相应的研发投入、技术引进与消化吸收的力度，以便更好地支撑绿色产品创新。然而，当考察 GVC 后向嵌入情景时，无论是以绿色工艺创新还是以末端治理技术创新为中介变量，中介效应条件均不满足。其原因可能是，由于 GVC 后向嵌入参与国际分工的行业大多从事加工、组装等低附加值活动，这些行业很容易被发达国家跨国企业低端锁定而无法有效吸收先进技术，进而抑制中国制造业推行绿色技术创新。很显然，也难以通过绿色工艺创新对绿色产品创新产生实质性的影响，且其环境行为往往表现出负外部性。就控制变量而言，对比没有将 GVC 嵌入程度进一步细分的回归结果，研发强度和科技活动人员投入的回归结果也没有发生大的变化。

综上分析，绿色工艺创新对 GVC 嵌入程度和绿色产品创新中介关系的影响路径，主要借助于清洁生产工艺创新对 GVC 前向嵌入程度与绿色产品创新关系的中介路径实现。因而，在开放背景下，中国制造业要以节能减排、绿色生产、新能源等清洁技术为重点，尽可能从源头上减轻资源环境压力，条件成熟时推进环境治理向全生命周期管理转变。

### 3. 被调节的中介效应模型稳健性检验探讨

与 2006～2015 年的 GVCPA 指数数据相比，2016～2018 年相关数据的波动性略大，这可能与全球贸易格局的变化有关。例如，2016 年，中国进出口贸易额失去了世界第一的地位，2018 年中美发生贸易摩擦。由于三年周期太短而无法有效揭示变化机制，因此很难通过现有的实证方法直接验证全球价值链波动对绿色创新的影响规律。因此，基于 2006～2015 年的数据，依次添加 2016 年、2017 年和 2018 年的数据以分阶段讨论调整后的中介效应模型的稳健性，实证结果如表 7.7 所示。

参照表 7.7 中的结果和中介效应模型的判断规则，2006～2016 年第（19）～第（21）列、2006～2017 年第（22）～第（24）列和 2006～2018 年第（25）～第（27）列的实证检验结果分别属于被环境监管调节的部分中介效应模型、部分中介效应模型和完全中介效应模型；至于控制变量，LNRD 和 LNTSI 的回归系数基本不变。

表7.7　2006~2018年被调节的中介效应模型稳健性检验的实证结果

| VARIABLES | (19) | (20) | (21) | (22) | (23) | (24) | (25) | (26) | (27) |
|---|---|---|---|---|---|---|---|---|---|
| | 2006~2016年 | | | 2006~2017年 | | | 2006~2018年 | | |
| | LNGPI | LNGTI | LNGPI | LNGPI | LNGTI | LNGPI | LNGPI | LNGTI | LNGPI |
| *LNGTI* | — | — | 0.667*** (0.0808) | — | — | 0.816*** (0.0692) | — | — | 0.809*** (0.0656) |
| *LNGVCPA* | 12.35*** (3.571) | 7.624** (3.079) | 6.730** (3.107) | 12.60*** (4.043) | 9.122*** (3.448) | 5.152* (2.980) | 11.86*** (4.074) | 8.859** (3.538) | 4.359 (3.083) |
| *LNGVCPA * LNER* | 1.826*** (0.552) | 0.879* (0.476) | 1.158** (0.478) | 1.862*** (0.615) | 1.091** (0.524) | 0.972** (0.449) | 1.856*** (0.615) | 1.102** (0.534) | 0.891* (0.464) |
| *LNER* | 0.380* (0.201) | 0.220 (0.173) | 0.0993 (0.171) | 0.510** (0.223) | 0.415** (0.190) | 0.171 (0.163) | 0.559** (0.221) | 0.495** (0.192) | 0.0507 (0.167) |
| *LNRD* | -1.347*** (0.131) | -1.147*** (0.113) | -0.459*** (0.140) | -1.315*** (0.141) | -1.164*** (0.120) | -0.365*** (0.130) | -1.199*** (0.137) | -1.113*** (0.119) | -0.209* (0.122) |
| *LNTSI* | 1.529*** (0.0914) | 1.224*** (0.0788) | 0.627*** (0.125) | 1.643*** (0.0944) | 1.357*** (0.0805) | 0.535*** (0.116) | 1.659*** (0.0891) | 1.406*** (0.0774) | 0.467*** (0.113) |
| *Constant* | -8.651*** (1.569) | -7.628*** (1.353) | -3.396** (1.505) | -8.203*** (1.706) | -7.062*** (1.455) | -2.440* (1.323) | -7.602*** (1.698) | -6.634*** (1.474) | -2.170 (1.373) |
| *Observations* | 154 | 154 | 154 | 168 | 168 | 168 | 182 | 182 | 182 |
| *R - squared* | 0.790 | 0.744 | — | 0.747 | 0.717 | 0.870 | 0.733 | 0.716 | — |
| *F* | 101.8 | 78.63 | — | 88.19 | 75.67 | 164.8 | 89.46 | 82.03 | — |

注：(1) ***、**和*分别表示1%、5%和10%水平上显著；(2) 括号内数值为标准误。

总之，上述中介效应模型回归结果的异质性考察，也进一步佐证了基础计量模型的稳健性。

## 7.5 本章小结

本章系统梳理了考虑被环境规制调节情境下绿色工艺创新对 GVC 嵌入程度与绿色产品创新之间影响关系的研究假设，并着力经典 A－U 技术创新过程模型的拓展，构建了以绿色工艺创新为中介变量和以环境规制为调节变量的递推回归模型。首次实证研究了被环境规制调节的 GVC 嵌入、绿色工艺创新和绿色产品创新之间关系的中介机制，阐释了绿色工艺升级与绿色产品升级互动演进的本质，进一步深化了开放经济条件和绿色创新领域的知识体系。主要研究结论如下。

（1）绿色工艺创新对 GVC 嵌入程度和绿色产品创新之间关系存在完全中介效应；环境规制分别调节了 GVC 嵌入程度与绿色产品创新、绿色工艺创新之间的关系，且存在被环境规制调节的部分中介效应。

（2）将绿色工艺创新细分为清洁生产技术创新和末端治理技术创新，发现清洁生产技术创新完全中介了 GVC 嵌入程度和绿色产品创新之间的关系。

（3）将 GVC 嵌入程度分解为 GVC 前向嵌入和 GVC 后向嵌入，绿色工艺创新部分中介了 GVC 前向嵌入与绿色产品创新影响之间的关系。

（4）清洁生产技术创新完全中介了 GVC 前向嵌入与绿色产品创新之间的关系。

第 **8** 章

# 研究结论、政策建议及展望

本书瞄准 GVC 嵌入对中国制造业绿色技术创新的多维影响关系进行了一揽子研究。本章首先归纳全书的主要研究结论，然后结合 GVC 嵌入分别从绿色技术创新整体维度、绿色"技术研发—成果转化"创新子维度以及绿色"工艺—产品"创新子维度提出相应的政策建议，最后指出该研究可能存在的局限性并指明未来进一步研究的方向。

## 8.1 主要研究结论

本书构建了 GVC 嵌入对绿色技术创新整体以及两个子维度影响机理的理论研究框架，实现了关注点由"结果导向"到"过程导向"的转变，为分析绿色创新环节的薄弱点以及绩效改善指明了方向，丰富了开放式创新的理论成果。该研究为制造业整合外向型绿色创新资源及实施绿色"创新驱动发展战略"，进而为实现"中国制造"的节能减排目标和高质量增长提供了决策支持，同时为其他后发国家制造业的绿色低碳转型发展提供一定的范式参考。具体研究结论如下。

（1）大部分中国制造业 GVC 嵌入地位增长趋势明显，多数行业的

GVC 嵌入程度整体呈现小幅波动上升的趋势。同时发现较高的嵌入地位往往伴随着较深的参与度，但较深的参与度并不意味着较高的嵌入地位。中国制造业绿色技术创新整体效率呈现增长趋势，仅有 D20T21 和 D25 的效率表现为恶化现象；绿色技术创新整体效率的增长主要归功于绿色技术进步指数的改善；绿色成果转化阶段效率均值明显高于绿色技术研发阶段以及绿色创新价值链整体效率均值。

（2）GVC 嵌入地位对中国制造业绿色技术创新效率具有显著的促进作用，主要借助于绿色技术进步效率的路径实现；环境规制正向调节了 GVC 嵌入地位与绿色技术创新效率之间的关系，同时存在环境规制的双门槛效应且呈现边际递增的趋势。进一步讨论发现：一是基于异质性考察，GVC 嵌入地位对清洁生产型制造业绿色技术创新效率的促进作用与显著性水平均优于污染密集型制造业；对知识密集型制造业绿色技术创新效率的影响显著且回归系数远大于劳动密集型制造业和资本密集型制造业。二是 GVC 嵌入对制造业绿色创新效率的影响主要体现在 GVC 嵌入地位的提升上；而 GVC 嵌入程度对绿色创新效率的影响为正向促进但不显著，深入研究发现二者存在"U"型关系。三是关于环境规制强度和模式，在制定调控政策时有必要考虑各行业规制的成本、标准、实施时机以及发挥非正式环境规制的作用。

（3）GVC 嵌入地位对制造业绿色技术研发效率、绿色成果转化效率以及整体绿色创新价值链效率均为积极影响且显著，其中对绿色技术研发效率的促进作用和显著性水平均优于对绿色成果转化效率的影响，即 GVC 嵌入地位对绿色创新价值链的整体影响更多体现在对绿色技术研发阶段的影响上。进一步讨论时发现：一是 GVC 嵌入程度对绿色技术研发效率、绿色成果转化效率以及整体绿色创新价值链效率多为负向影响且显著性水平较差，反映出 GVC 嵌入对绿色创新价值链的促进作用主要体现在 GVC 嵌入地位上。二是 GVC 嵌入地位对制造业普通（非绿色）创新价值链整体效率和两阶段效率的影响要大于对绿色创新价值链三类相应效率的影响；这说明若忽视中间产出的"绿色化"特质，将高估 GVC 嵌入对普通创新价值链的影响结果。三是以 GVC 嵌入程度为门槛变量考察 GVC 嵌入地位对绿色技术研发效率、绿色成果转化效率以及整体绿色创新价值链效率的影响分别存在单门槛、双门槛以及单门槛的促进作用，这种影响呈现边际效应递减的趋势。

（4）绿色工艺创新完全中介了 GVC 嵌入程度和绿色产品创新之间的关系；环境规制调节了 GVC 嵌入程度分别与绿色产品创新、绿色工艺创新之间的关系，且被环境规制调节的部分中介效应成立。将中介变量绿色工艺创新细分为清洁生产技术创新和末端治理技术创新，发现清洁生产技术创新完全中介了 GVC 嵌入程度和绿色产品创新之间的关系。将解释变量GVC 嵌入程度分解为 GVC 前向嵌入和 GVC 后向嵌入，发现绿色工艺创新部分中介 GVC 前向嵌入与绿色产品创新之间的关系。同时考虑 GVC 嵌入程度和绿色工艺创新细分的情形，发现清洁生产技术创新完全中介了 GVC前向嵌入与绿色产品创新之间的关系。

## 8.2 政策建议

基于上述研究结论，主要从"深层次嵌入 GVC 推动整体绿色技术创新、攀升 GVC 中高端撬动绿色创新价值链和提高 GVC 嵌入度驱动绿色工艺—产品协同创新"三大方面提出相应的政策建议。

### 8.2.1 深层次嵌入 GVC 推动整体绿色技术创新

（1）彰显国内外两类绿色创新资源的整合与内化作用。在全球生产网络体系中，中国制造业应基于比较优势通过中间品进出口贸易、国际产能合作、对外援助等方式探索可持续的嵌入路径，加强在绿色低碳循环发展领域的项目合作与技术交流。汲取价值链上下游关联企业的先进信息、知识和技术等资源要素，积极挖掘与节能减排目标相关的绿色创造潜力；并加大国际先进绿色技术的引进、消化和吸收力度，努力将外部绿色创新资源内化为企业核心竞争优势[①]，有效提升技术供给体系对绿色需求的适配

① 肖仁桥，宋莹，钱丽. 企业绿色创新产出及其空间溢出效应研究——基于两阶段价值链视角 [J]. 财贸研究，2019，30（4）：71 – 83.

性。针对传统产业部门仍是能源消耗和污染物排放的大户这一现实，应该多关注绿色化改造以及国外清洁生产技术尤其是低碳技术的推广应用，有效提高资源、能源利用效率。

（2）增加绿色技术创新利益共同体的激励与保障作用。为此，重视培养与价值链绿色升级环节相匹配的创新型人才，以支撑自主创新水平和消化吸收能力的改善；探索经费奖励、技术入股等新途径，建立一套适合从事绿色创新活动科研人员的激励考核办法。绿色技术创新是解决生态危机的突破口，充分彰显企业在绿色创新中的主导地位，积极推进知识型、清洁生产型行业的"产学研"深度融合，以及健全市场化运行的绿色技术创新联合体；加强对知识产权战略的学习及应用，完善专利申请以及保护制度，尽可能规避企业绿色创新成果纠纷的发生；同时，适当加大对侵权行为的执法与惩戒力度，为绿色研发活动和成果转化提供相应的经济激励与制度保障①。

（3）发挥政府在环境规制与创新政策中的指挥棒作用。绿色技术创新的双重外部性决定了必须借助于政府"游戏规则"的导向作用，尤其是在我国处于绿色发展初期还未形成完善、成熟的绿色市场之前；政府必须成为绿色技术创新体系的制定者、促进者和支撑者，为推动体系的正常运转提供动力来源。同时考虑嵌入 GVC 的行业异质性，一是适度加大污染密集型行业及高碳行业的治理强度，可以集中采用排放权交易、排污费返还机制与税收补贴机制等灵活多样的调控形式。二是针对清洁生产型行业，可更多地推广使用环境税、回收利用系统、绿色消费等与市场需求密切相关的规制手段，这无疑对于促进绿色技术创新水平跃迁至更高阶门槛大有裨益。例如，中国应该有效链接碳市场、环境税等政策工具，充分发挥碳交易机制与其他环境保护系统的协同作用②。三是要推动环境规制实现由传统的"行政命令"型向"市场激励"型的转变，努力寻求经济发展和生态

---

① 殷宝庆，肖文，刘洋. 绿色研发投入与"中国制造"在全球价值链的攀升 [J]. 科学学研究，2018，36（8）：1395–1403，1504.

② Zhu B., Zhang M., Huang L., Wang P., Su B., Wei Y.–M. Exploring the effect of carbon trading mechanism on China's green development efficiency: A novel integrated approach [J]. Energy Economics，2020（85）：104601.

保护的协调发展。

（4）借势制造业服务化提升国内增加值的导向作用。制造业服务化是破解中国出口之困、引领制造业向价值链中高端攀升以及提升国内附加值贡献度的重要手段之一，也是顺应全球化发展的新态势①。为此，要重点发展低能耗的先进制造业、高新技术产业和现代服务业，促进传统产业低碳化发展；助力研发、设计、营销、咨询等位于"微笑曲线"两端的服务贸易，创新智能服务与共享服务的模式，提升出口产品的国内增加值含量。充分发挥产业集聚的成本优势与规模效应，积极承接技术研发、产品设计等高端服务业外包；通过绿色循环经济产业园区或加工贸易示范区的建设，打造信息研发、物流仓储与金融中介等一体化的服务体系，进而带动绿色技术创新水平的整体改善。

## 8.2.2　攀升 GVC 中高端撬动绿色创新价值链

（1）多渠道拓宽与盘活绿色创新研发资源。中国制造业的绿色技术创新过程，从研发到规模化应用都离不开资金以及配套政策的支持。一是尽管在 GVC 中可以通过中间品贸易获得更多绿色技术引进模仿机会，但仍需要认识到自主研发的重要性；尤其是对标国际先进的绿色技术关键性能，将研发资源聚焦于清洁生产、节能环保、清洁能源、生态保护与修复等关键领域。二是鼓励企业牵头或参与财政资金支持的绿色技术研发和创新项目，推动研制一批具有自主知识产权、达到国内外先进水平的核心绿色技术，切实提升原始创新能力。三是除了直接加大在基础性、关键共性绿色技术创新方面的资本投入外，建议政府通过信贷优惠、税收减免、财政补贴等多种途径惠及重点绿色创新企业，通过保障资金链的畅通助推绿色技术的跨越式发展。

（2）强化绿色技术研发与成果转化的协同。建议制造业突破外部合作的行业边界，与高校、科研机构等协同攻关绿色技术，搭建一批分领域、

① 刘斌，魏倩，吕越，祝坤福．制造业服务化与价值链升级［J］．经济研究，2016，51（3）：151-162.

分类别的专业绿色技术创新联盟，打造中国情境下的动态、开放、协同的创新生态系统甚至多层次绿色创新共同体。依托配套的科技孵化器以及商业化平台，加快绿色技术中试、规模化等环节的进程。搭建人才交流、资源共享的信息平台，建立健全风险分担、收益分配相挂钩的运行机制，切实保障合作各方的利益诉求等。积极推进绿色技术交易中心及其配套中介机构建设，及时发布绿色技术推广目录，加快先进成熟技术的应用推广。要加快产业融合、逐步构建市场化运行的绿色技术创新体系，不断发挥市场在配置绿色要素流动中的关键作用，提升科技成果转化效率。总之，引导制造业绿色技术研发与成果转化两阶段的协调发展，优化产业链上下游更广阔领域的绿色创新资源配置与转化效率。

（3）深化国际合作赋能绿色创新价值链。面对发达国家的技术冲击波，中国制造业加强自身绿色技术创新能力的同时，迫切需要以更加开放包容的合作姿态嵌入价值链，在全球范围内获得更多整合科技资源的机会。一是加强绿色标准国际化的对接与合作，推动落实合格评定合作和互认机制；做好绿色贸易规则与进出口政策的相互衔接，积极发展高技术、高质量、高附加值的绿色产品贸易。二是重点拓宽节能环保、清洁能源等领域的合作，以政策引导和环境优化为举措吸引跨国公司绿色技术的交易与转移；充分借鉴先发优势国家的绿色发展模式以及引进、消化与吸收绿色技术溢出，促进绿色创新要素的共享与隐性知识的传递。三是鼓励有条件的龙头企业积极实施"走出去"战略，按照国际互利合作规则促进成熟绿色技术在产业价值链上下游的转化和应用；最终以实际行动推动"碳达峰、碳中和"目标的如期实现，进一步彰显"中国制造"在节能减排方面的积极贡献。

## 8.2.3 提高 GVC 嵌入度驱动绿色工艺—产品协同创新

（1）发挥绿色工艺创新对"开放式 + 绿色创新"的中介效应。围绕绿色工艺创新对 GVC 嵌入程度和绿色产品创新之间关系影响的完全中介效应这一发现，重视绿色工艺创新在整个绿色创新过程中的独特作用，可以通过优化生产工艺与采用新能源等多种方式不断降低生产过程中的污染排放水平。重点围绕设备更新和工艺流程改进绿色制造过程，在强化对绿色产品创新支撑的同时降低对环境的负面影响；鼓励将有限的资源重点投入到源头的污染控制技术以及清洁生产技术创新，而不是侧重于末端治理环节的投入。同时要凸显 GVC 前向嵌入程度对绿色产品创新的影响，即中国制造业更多的以上游供应商的角色参与 GVC 分工。建议中国制造业争取从前端中间品生产和后端加工制造两个角度融入 GVC，促进工艺升级与产品升级的协调发展，进而实现制造业的绿色转型升级。为此，中国应该推动形成全面开放新格局，提升整合全球优势资源的能力和技术吸收能力，实现国际资源和国内资源的相互补充，积极提升应对外生冲击的本领。

（2）强化环境规制对绿色"工艺—产品"创新的调节效应。一是通过环境倒逼机制诱导制造业主动增加绿色生产工艺与产品创新的经费投入；制定适合各大类行业特点的环境规制政策，避免"一刀切"的硬性规定，同时综合运用环境税、排污权市场化交易、创新补贴等多种规制工具的设计组合；不仅要考虑制造企业的行业特征及升级方向，还需推动环境规制由单一的命令控制型向市场激励型和自愿型相结合的转变。二是由于适度的环境规制政策能够规避地方政府在对外贸易与引进外资过程中的"逐底竞争"，应设置相应的准入门槛并加强媒体舆论的监督力度，优先考虑生物燃料、新能源等绿色技术贸易项目，杜绝引进高耗能、高污染的 FDI 以期规避出现"污染避难所"效应，从而最大程度共享嵌入 GVC 带来的绿色技术溢出。三是借助于环境规制的力量引导企业的绿色技术研发方向，发展绿色金融缓解融资约束，引导企业主动适应全球治理体系变革走绿色低碳的可持续发展道路[①]，助推"双碳"目标的如期达成。

## 8.3 研究展望

本书从行业尺度探讨了 GVC 嵌入对中国制造业绿色创新及其过程的多

① 殷宝庆，肖文，刘洋．绿色研发投入与"中国制造"在全球价值链的攀升 [J]．科学学研究，2018，36（8）：1395－1403，1504.

重影响关系，进一步丰富与拓展了现有的研究成果，这无疑有助于实现制造业高质量经济增长与绿色转型升级的"双赢"局面。然而，由于问题本身的复杂性以及部分数据资料难以获取，本书可能存在部分不足之处。

（1）本书主要从行业尺度探讨 GVC 嵌入对于绿色技术创新的影响，力求深度剖析与揭开绿色技术创新的"黑箱"，但与企业的真实状况可能略有差异。未来将加强微观尺度的研究，借助调查问卷等方法收集相关数据，从全方位、多角度揭示嵌入 GVC 对绿色创新过程影响的科学规律。例如，可以尝试将企业生命周期、技术突变等因素纳入 GVC 嵌入对 A – U 绿色技术创新过程模型框架，这样对现实状况可能有更强的指导价值。另外，由于部分变量数据收集困难，本书采取替代指标和转换数据的方法，难免存在测量偏差。

（2）面对数字经济、反全球化、俄乌冲突等复杂环境的严峻挑战，中国制造业承载着 GVC 重构乃至断链的风险，这可能会削弱绿色技术创新能力。考虑到连通性、协同定位的重要性以及 GVC 配置对技术架构选择的影响，或将对中国制造业绿色创新价值链产生波及效应。此外，企业跨境配置生产要素时不能仅仅考虑比较优势，而要更多地顾及公共利益乃至国家安全，预防产业的"空洞化"，这也可能导致国际经贸合作受到断崖式冲击以及淡化对绿色技术创新的重视。在后续研究中，拟重点围绕 GVC 重构对中国制造业绿色技术创新的影响做全面的评估，并针对衍生问题开展更深层次的探讨。

# 参 考 文 献

[1] 安礼伟, 张二震. 新时代我国开放型经济发展的几个重大理论问题 [J]. 经济学家, 2020 (9): 23-31.

[2] 毕克新, 孙德花. 制造业企业产品创新与工艺创新协同发展博弈分析 [J]. 管理评论, 2010, 22 (5): 104-111.

[3] 毕克新, 杨朝均, 黄平. FDI 对我国制造业绿色工艺创新的影响研究——基于行业面板数据的实证分析 [J]. 中国软科学, 2011 (9): 172-180.

[4] 毕克新, 杨朝均, 黄平. 中国绿色工艺创新绩效的地区差异及影响因素研究 [J]. 中国工业经济, 2013 (10): 57-69.

[5] 曾凡银. 绿色发展: 国际经验与中国选择 [J]. 国外理论动态, 2018 (8): 85-92.

[6] 陈爱贞. 中国装备制造业自主创新的制约与突破——基于全球价值链的竞争视角分析 [J]. 南京大学学报 (哲学人文科学社会科学版), 2008 (1): 36-45, 142-143.

[7] 陈超凡, 韩晶, 毛渊龙. 环境规制、行业异质性与中国工业绿色增长——基于全要素生产率视角的非线性检验 [J]. 山西财经大学学报, 2018, 40 (3): 65-80.

[8] 陈劲, 刘景江, 杨发明. 绿色技术创新审计实证研究 [J]. 科学学研究, 2002, 20 (1): 107-112.

[9] 陈劲, 吴波. 开放式创新下企业开放度与外部关键资源获取 [J]. 科研管理, 2012, 33 (9): 10-21, 106.

[10] 陈劲, 李佳雪. 创新公地: 后熊彼特创新范式的新探索 [J]. 科学学与科学技术管理, 2022, 43 (8): 3-18.

[11] 陈琳，林珏．不同股权参与、企业绩效及FDI技术溢出效应——来自中国制造业企业的实证研究 [J]．财经研究，2009，35 (1)：28－36.

[12] 陈诗一．节能减排与中国工业的双赢发展：2009—2049 [J]．经济研究，2010，45 (3)：129－143.

[13] 陈伟，冯志军，姜贺敏，康鑫．中国区域创新系统创新效率的评价研究——基于链式关联网络DEA模型的新视角 [J]．情报杂志，2010，29 (12)：24－29.

[14] 崔兴华．全球价值链嵌入对中国绿色发展的影响研究 [D]．泉州：华侨大学，2020.

[15] 戴翔，刘梦，张为付．本土市场规模扩张如何引领价值链攀升 [J]．世界经济，2017，40 (9)：27－50.

[16] 范林凯，李晓萍，应珊珊．渐进式改革背景下产能过剩的现实基础与形成机理 [J]．中国工业经济，2015 (1)：19－31.

[17] 冯冰．基于创新价值链视角下的高技术产业技术创新效率的影响研究 [D]．合肥：中国科学技术大学，2017.

[18] 傅家骥．技术创新学 [M]．北京：清华大学出版社，1998.

[19] 高静，韩德超，刘国光．全球价值链嵌入下中国企业出口质量的升级 [J]．世界经济研究，2019 (2)：74－84.

[20] 官建成，余进．基于DEA的国家创新能力分析 [J]．研究与发展管理，2005 (3)：8－15.

[21] 郭秋秋，马晓钰．市场激励型环境规制对企业绿色创新的影响研究——基于上市公司绿色专利视角 [J]．技术经济与管理研究，2022 (9)：44－50.

[22] 韩文艳，熊永兰．开放式创新背景下创新范式研究演化路径与热点分析 [J]．科技管理研究，2021，41 (9)：1－7.

[23] 郝凤霞，张璘．低端锁定对全球价值链中本土产业升级的影响 [J]．科研管理，2016 (4)：131－141.

[24] 胡飞．制造业全球价值链分工的环境效应及中国的对策 [J]．经济问题探索，2016 (3)：151－155.

[25] 胡亚男，余东华．全球价值链嵌入、技术路径选择与制造业高质

量发展［J］. 科技进步与对策, 2021（11）: 1-9.

［26］胡昭玲, 聂燕峰. 经济全球化对 GVC 地位的影响——基于跨国面板数据的经验研究［J］. 国际经贸探索, 2020, 36（2）: 56-71.

［27］黄平. 我国制造业低碳技术创新与产业升级关联研究［D］. 哈尔滨: 哈尔滨工程大学, 2015.

［28］黄庆华, 胡江峰, 陈习定. 环境规制与绿色全要素生产率: 两难还是双赢?［J］. 中国人口·资源与环境, 2018, 28（11）: 140-149.

［29］黄先海, 刘毅群. 1985-2010 年间中国制造业要素配置扭曲变动的解析——资本结构变动与技术进步的影响分析［J］. 经济理论与经济管理, 2013（11）: 90-101.

［30］黄祎, 葛虹, 冯英浚. 基于链形系统的关联网络 DEA 模型: 以我国 14 家商业银行为例［J］. 系统工程理论与实践, 2009, 29（5）: 106-114.

［31］黄永春, 魏守华. 后发国家企业实现新兴产业赶超的时机选择研究——基于 GVC 视角下的技术创新 A-U 模型［J］. 南京社会科学, 2014（6）: 7-15.

［32］江剑, 官建成. 中国中低技术产业创新效率分析［J］. 科学学研究, 2008, 26（6）: 1325-1332.

［33］蒋伏心, 王竹君, 白俊红. 环境规制对技术创新影响的双重效应——基于江苏制造业动态面板数据的实证研究［J］. 中国工业经济, 2013（7）: 44-55.

［34］揭水晶, 吉生保, 温晓慧. OFDI 逆向技术溢出与我国技术进步——研究动态及展望［J］. 国际贸易问题, 2013（8）: 161-169.

［35］解学梅, 韩宇航, 李国燕. 绿色创造力对企业财务绩效的作用机制——一个有调节的中介模型［J］. 研究与发展管理, 2022, 34（4）: 21-37.

［36］解学梅, 韩宇航. 本土制造业企业如何在绿色创新中实现"华丽转型"?——基于注意力基础观的多案例研究［J］. 管理世界, 2022, 38（3）: 76-106.

［37］解学梅, 王宏伟. 网络嵌入对企业创新绩效的影响机理: 一个

基于非研发创新的有调节中介模型 [J]. 管理工程学报, 2020, 34 (6): 13 - 28.

[38] 解学梅, 余生辉. 双向开放式创新与企业新产品绩效关系研究 [J]. 科研管理, 2022, 43 (2): 72 - 80.

[39] 赖志花, 王必锋, 刘月娜. 我国高技术产业技术创新效率行业差异性研究——基于三阶段 DEA 模型 [J]. 统计与管理, 2020, 35 (1): 74 - 79.

[40] 黎峰. 全球生产网络下的国际分工地位与贸易收益——基于主要出口国家的行业数据分析 [J]. 国际贸易问题, 2015 (6): 33 - 42.

[41] 李勃昕, 韩先锋, 宋文飞. 环境规制是否影响了中国工业 R&D 创新效率 [J]. 科学学研究, 2013, 31 (7): 1032 - 1040.

[42] 李宏兵, 赵春明. 环境规制影响了我国中间品出口吗——来自中美行业面板数据的经验分析 [J]. 国际经贸探索, 2013, 29 (6): 36 - 48.

[43] 李健旋, 杨浩昌. 制造业产品和工艺创新协同及其区域比较研究 [J]. 科研管理, 2018, 39 (4): 43 - 54.

[44] 李强, 郑江淮. 基于产品内分工的我国制造业价值链攀升: 理论假设与实证分析 [J]. 财贸经济, 2013 (9): 95 - 102.

[45] 李婉红, 毕克新, 孙冰. 环境规制强度对污染密集行业绿色技术创新的影响研究——基于 2003 - 2010 年面板数据的实证检验 [J]. 研究与发展管理, 2013, 25 (6): 72 - 81.

[46] 李丫丫, 赵玉林. 战略性新兴产业融合发展机理——基于全球生物芯片产业的分析 [J]. 宏观经济研究, 2015 (11): 30 - 38.

[47] 廖明中, 胡彧彬. 国际科技创新中心的演进特征及启示 [J]. 城市观察, 2019 (3): 117 - 126.

[48] 刘斌, 魏倩, 吕越, 祝坤福. 制造业服务化与价值链升级 [J]. 经济研究, 2016, 51 (3): 151 - 162.

[49] 刘传江, 赵晓梦. 强 "波特假说" 存在产业异质性吗?——基于产业碳密集程度细分的视角 [J]. 中国人口·资源与环境, 2017, 27 (6): 1 - 9.

[50] 刘冬冬. 全球价值链嵌入是否会驱动中国制造业升级——基于

工艺升级与产品升级协调发展视角 [J]. 产业经济研究, 2020 (5): 58 - 72.

[51] 刘华军, 曲惠敏. 黄河流域绿色全要素生产率增长的空间格局及动态演进 [J]. 中国人口科学, 2019 (6): 59 - 70, 127.

[52] 刘骏, 刘媛媛, 俞立平. 高技术企业间数字鸿沟对协同创新的影响 [J]. 科技进步与对策, 2017, 34 (1): 75 - 82.

[53] 刘琳, 盛斌. 全球价值链和出口的国内技术复杂度——基于中国制造业行业数据的实证检验 [J]. 国际贸易问题, 2017, 34 (8): 3 - 13.

[54] 刘琳. 中国参与全球价值链的测度与分析——基于附加值贸易的考察 [J]. 世界经济研究, 2015 (6): 71 - 83, 128.

[55] 刘树林, 姜新蓬, 余谦. 中国高技术产业技术创新三阶段特征及其演变 [J]. 数量经济技术经济研究, 2015, 32 (7): 104 - 116.

[56] 刘维林, 李兰冰, 刘玉海. 全球价值链嵌入对中国出口技术复杂度的影响 [J]. 中国工业经济, 2014 (6): 83 - 95.

[57] 刘晓东, 毕克新, 叶惠. 全球价值链下低碳技术突破性创新风险管理研究——以中国制造业为例 [J]. 中国软科学, 2016 (11): 152 - 166.

[58] 刘章生, 宋德勇, 弓媛媛. 中国绿色创新能力的时空分异与收敛性研究 [J]. 管理学报, 2017, 14 (10): 1475 - 1483.

[59] 刘志彪, 吴福象. "一带一路" 倡议下全球价值链的双重嵌入 [J]. 中国社会科学, 2018 (8): 17 - 32.

[60] 刘志彪, 张杰. 全球代工体系下发展中国家俘获型网络的形成、突破与对策——基于 GVC 与 NVC 的比较视角 [J]. 中国工业经济, 2007 (5): 39 - 47.

[61] 刘志迎, 沈磊, 韦周雪. 企业开放式创新动力源的实证研究 [J]. 科学学研究, 2018, 36 (4): 732 - 743.

[62] 刘志迎, 周晴晴. 二元创新: 研究动态、理论框架与未来展望 [J]. 科学学与科学技术管理, 2023, 44 (3): 98 - 119.

[63] 罗堃. 我国污染密集型工业品贸易的环境效应研究 [J]. 国际贸易问题, 2007 (10): 96 - 100.

[64] 罗良文, 梁圣蓉. 中国区域工业企业绿色技术创新效率及因素分

解 [J]. 中国人口·资源与环境, 2016, 26 (9): 149 - 157.

[65] 吕越, 陈帅, 盛斌. 嵌入全球价值链会导致中国制造的"低端锁定"吗? [J]. 管理世界, 2018, 34 (8): 11 - 29.

[66] 吕越, 黄艳希, 陈勇兵. 全球价值链嵌入的生产率效应: 影响与机制分析 [J]. 世界经济, 2017 (7): 28 - 51.

[67] 吕越, 吕云龙. 全球价值链嵌入会改善制造业企业的生产效率吗——基于双重稳健 - 倾向得分加权估计 [J]. 财贸经济, 2016 (3): 109 - 122.

[68] 吕越, 吕云龙. 中国参与全球价值链的环境效应分析 [J]. 中国人口·资源与环境, 2019, 29 (7): 91 - 100.

[69] 马富萍. 高管社会资本对技术创新绩效的作用机制研究 [M]. 北京: 中国经济出版社, 2014.

[70] 马述忠, 吴国杰. 中间品进口、贸易类型与企业出口产品质量——基于中国企业微观数据的研究 [J]. 数量经济技术经济研究, 2016, 33 (11): 77 - 93.

[71] 潘辉, 唐海燕, 张会清. 参与全球价值链分工如何影响制造业技术升级?——基于 GVC 分工对制造业技术升级影响机制的理论分析 [J]. 经济体制改革, 2020 (6): 115 - 122.

[72] 潘闽, 张自然, 李辉. 全球价值链嵌入、产业集聚与中国工业行业技术进步 [J]. 工业技术经济, 2019, 38 (2): 129 - 136.

[73] 庞瑞芝, 李鹏, 李嫣怡. 网络视角下中国各地区创新过程效率研究: 基于我国八大经济区的比较 [J]. 当代经济科学, 2010, 32 (6): 56 - 65 + 124.

[74] 钱丽, 肖仁桥, 陈忠卫. 我国工业企业绿色技术创新效率及其区域差异研究——基于共同前沿理论和 DEA 模型 [J]. 经济理论与经济管理, 2015 (1): 26 - 43.

[75] 秦楠, 刘李华, 孙早. 环境规制对就业的影响研究——基于中国工业行业异质性的视角 [J]. 经济评论, 2018 (1): 106 - 119.

[76] 邱斌, 杨帅, 辛培江. FDI 技术溢出渠道与中国制造业生产率增长研究: 基于面板数据的分析 [J]. 世界经济, 2008 (8): 20 - 31.

[77] 申萌，李凯杰，曲如晓. 技术进步、经济增长与二氧化碳排放：理论和经验研究 [J]. 世界经济，2012，35（7）：83-100.

[78] 沈能，周晶晶. 技术异质性视角下的我国绿色创新效率及关键因素作用机制研究：基于 Hybrid DEA 和结构化方程模型 [J]. 管理工程学报，2018，32（4）：46-53.

[79] 沈能. 环境效率、行业异质性与最优规制强度——中国工业行业面板数据的非线性检验 [J]. 中国工业经济，2012（3）：56-68.

[80] 盛斌，陈帅. 全球价值链如何改变了贸易政策：对产业升级的影响和启示 [J]. 国际经济评论，2015（1）：85-97+86.

[81] 石博，田红娜. 基于生态位态势的家电制造业绿色工艺创新路径选择研究 [J]. 管理评论，2018，30（2）：83-93.

[82] 司月芳，刘婉昕，曹贤忠. 外部知识源异质性对企业工艺和产品创新绩效的影响研究 [J]. 工业技术经济，2019，38（11）：77-85.

[83] 宋马林，刘贯春. 增长模式变迁与中国绿色经济增长源泉——基于异质性生产函数的多部门核算框架 [J]. 经济研究，2021，56（7）：41-58.

[84] 宋培，陈喆，宋典. 绿色技术创新能否推动中国制造业 GVC 攀升？——基于 WIOD 数据的实证检验 [J]. 财经论丛，2021（5）：3-13.

[85] 宋宪萍，贾芸菲. 全球价值链的深度嵌入与技术进步关系的机理与测算 [J]. 经济纵横，2019（12）：74-85.

[86] 孙华平，杜秀梅. 全球价值链嵌入程度及地位对产业碳生产率的影响 [J]. 中国人口·资源与环境，2020，30（7）：27-37.

[87] 孙学敏，王杰. 全球价值链嵌入的"生产率效应"——基于中国微观企业数据的实证研究 [J]. 国际贸易问题，2016（3）：3-14.

[88] 唐青青，王珏. 全球价值链嵌入影响制造业企业出口产品质量研究 [J]. 财经论丛，2022（4）：3-14.

[89] 陶冶，张世龙，于俭. 重新认识熊彼得的创新理论 [J]. 经济论坛，2009（13）：15-17.

[90] 万伦来，黄志斌. 推动绿色技术创新，促进经济可持续发展——"全国绿色技术创新与社会经济发展研讨会"综述 [J]. 自然辩证法研究，

2003（2）：94 - 95.

[91] 万伦来，朱琴. R&D 投入对工业绿色全要素生产率增长的影响——来自中国工业 1999～2010 年的经验数据 [J]. 经济学动态，2013（9）：20 - 26.

[92] 王兵，吴延瑞，颜鹏飞. 中国区域环境效率与环境全要素生产率增长 [J]. 经济研究，2010，45（5）：95 - 109.

[93] 王锋正，姜涛，郭晓川. 政府质量、环境规制与企业绿色技术创新 [J]. 科研管理，2018，39（1）：26 - 33.

[94] 王锋正，姜涛. 环境规制对资源型产业绿色技术创新的影响——基于行业异质性的视角 [J]. 财经问题研究，2015（8）：17 - 23.

[95] 王锋正，刘宇嘉，孙玥. 制度环境、开放式创新与资源型企业转型 [J]. 科技进步与对策，2020，37（5）：114 - 123.

[96] 王锋正，赵宇霞，夏嘉欣. 异质环境政策、高管风险偏好与绿色技术创新——基于中国重污染上市公司的实证研究 [J]. 科研管理，2022，43（11）：143 - 153.

[97] 王瑾. 技术引进、自主创新和环境规制——基于中国省际面板数据的实证研究 [J]. 中国科技论坛，2011（2）：15 - 20.

[98] 王思语，郑乐凯. 全球价值链嵌入特征对出口技术复杂度差异化的影响 [J]. 数量经济技术经济研究，2019，36（5）：65 - 82.

[99] 王玉燕，林汉川，吕臣. 全球价值链嵌入的技术进步效应——来自中国工业面板数据的经验研究 [J]. 中国工业经济，2014（9）：65 - 77.

[100] 王玉燕，王建秀，阎俊爱. 全球价值链嵌入的节能减排双重效应——来自中国工业面板数据的经验研究 [J]. 中国软科学，2015（8）：148 - 162.

[101] 王玉燕，涂明慧. 国内大循环与制造业全球价值链地位——兼论双循环发展格局的新思路 [J]. 商业研究，2021（6）：44 - 54.

[102] 魏江，黄学. 后发企业全球研发系统架构的设计规则——基于多案例比较的研发"走出去"过程研究 [J]. 科学学研究，2014，32（11）：1668 - 1678.

[103] 魏龙，杨晖. 服务外包对中国制造业出口复杂度影响的研究

[J]. 北京邮电大学学报（社会科学版），2019，21（6）：46-57.

[104] 吴延兵. 自主研发、技术引进与生产率——基于中国地区工业的实证研究 [J]. 经济研究，2008（8）：51-64.

[105] 肖仁桥，沈路，钱丽. "一带一路"沿线省份工业企业绿色创新效率及其影响因素研究 [J]. 软科学，2020，34（8）：37-43.

[106] 肖仁桥，宋莹，钱丽. 企业绿色创新产出及其空间溢出效应研究——基于两阶段价值链视角 [J]. 财贸研究，2019，30（4）：71-83.

[107] 肖仁桥，王宗军，钱丽. 我国不同性质企业技术创新效率及其影响因素研究：基于两阶段价值链的视角 [J]. 管理工程学报，2015，29（2）：190-201.

[108] 肖仁桥，王冉，钱丽. 数字化水平对企业碳绩效的非线性影响——绿色技术创新的中介作用 [J]. 科技进步与对策，2023，40（5）：96-106.

[109] 谢建国，周露昭. 进口贸易、吸收能力与国际 R&D 技术溢出：中国省区面板数据的研究 [J]. 世界经济，2009，32（9）：68-81.

[110] 谢锐，刘岑婕. 国内环境规制对垂直专业化分工的影响研究 [J]. 世界经济与政治论坛，2015（1）：107-121.

[111] 谢莹. 国际技术贸易对我国技术进步影响的实证分析 [D]. 北京：对外经济贸易大学，2018.

[112] ［美］约瑟夫·阿洛伊斯·熊彼特著. 经济发展理论 [M]. 叶华译. 北京：中国社会科学出版社，2009.

[113] 徐宁. 从"市场换技术"到"市场用技术"——基于 GVC 与 NVC 视角的中国企业技术创新机制研究 [J]. 现代经济探讨，2017（12）：84-92.

[114] 许冬兰，于发辉，张敏. 全球价值链嵌入能否提升中国工业的低碳全要素生产率？[J]. 世界经济研究，2019（8）：60-72，135.

[115] 许晓燕，赵定涛，洪进. 绿色技术创新的影响因素分析——基于中国专利的实证研究 [J]. 中南大学学报（社会科学版），2013，19（2）：29-33.

[116] ［英］亚当·斯密. 国民财富的性质和原因的研究 [M]. 郭大

力、王亚南，译．上海：商务印书馆，1972.

[117]［美］亚历山大，格申克龙．经济落后的历史透视［M］.上海：商务印书馆，2009.

[118] 杨朝均，呼若青．环境管制工具对工业绿色工艺创新影响的实证研究——基于省级面板数据［J］．现代经济探讨，2017（8）：79 – 86.

[119] 杨朝均．FDI 对我国制造业绿色工艺创新的影响及溢出效应研究［D］.哈尔滨：哈尔滨工程大学，2013.

[120] 杨发明，吕燕．绿色技术创新的组合激励研究［J］.科研管理，1998（1）：41 – 45.

[121] 杨飞．中美制造业技术差距及其影响因素研究［J］.世界经济研究，2017（8）：122 – 134，137.

[122] 杨国忠，席雨婷．企业绿色技术创新活动的融资约束实证研究［J］.工业技术经济，2019，38（11）：70 – 76.

[123] 杨仁发，刘勤玮．生产性服务投入与制造业全球价值链地位：影响机制与实证检验［J］.世界经济研究，2019（4）：71 – 82，135.

[124] 杨善林，郑丽，冯南平，彭张林．技术转移与科技成果转化的认识及比较［J］.中国科技论坛，2013（12）：116 – 122.

[125] 杨忠，李嘉，巫强．创新链研究：内涵、效应及方向［J］.南京大学学报（哲学·人文科学·社会科学），2019，56（5）：62 – 70，159.

[126] 殷宝庆，肖文，刘洋．绿色研发投入与"中国制造"在全球价值链的攀升［J］.科学学研究，2018，36（8）：1395 – 1403，1504.

[127] 殷宝庆．环境规制与我国制造业绿色全要素生产率——基于国际垂直专业化视角的实证［J］.中国人口·资源与环境，2012，22（12）：60 – 66.

[128] 尹向飞，段文斌．中国全要素生产率的来源：理论构建和经验数据［J］.南开经济研究，2016（1）：95 – 116.

[129] 余泳泽，刘大勇．我国区域创新效率的空间外溢效应与价值链外溢效应——创新价值链视角下的多维空间面板模型研究［J］.管理世界，2013（7）：6 – 20，70，187.

[130] 余泳泽，张先轸．要素禀赋，适宜性创新模式选择与全要素生

产率提升 [J]. 管理世界, 2015, 31 (9): 13 –31.

[131] 袁宝龙, 李琛. 环境规制政策下创新驱动中国工业绿色全要素生产率研究 [J]. 产业经济研究, 2018 (5): 101 –113.

[132] 岳鸿飞, 徐颖, 吴璘. 技术创新方式选择与中国工业绿色转型的实证分析 [J]. 中国人口·资源与环境, 2017, 27 (12): 196 –206.

[133] 张辉. 全球价值链理论与我国产业发展研究 [J]. 中国工业经济, 2004 (5): 38 –46.

[134] 张慧颖, 王丽苹, 张颖春, 陈根来. 改进 A –U 模型视角下我国战略性新兴产业的发展路径研究——以机器人产业为例 [J]. 天津大学学报 (社会科学版), 2016, 18 (1): 6 –10.

[135] 张江雪. 我国技术市场对企业自主创新能力的影响分析 [J]. 中国科技财富, 2011 (5): 40 –45.

[136] 张倩. 环境规制对绿色技术创新影响的实证研究——基于政策差异化视角的省级面板数据分析 [J]. 工业技术经济, 2015, 34 (7): 10 –18.

[137] 张晓林, 吴育华. 创新价值链及其有效运作的机制分析 [J]. 大连理工大学学报 (社会科学版), 2005 (3): 23 –26.

[138] 赵梦垠, 钟昌标. 全球价值链嵌入对科技创新的驱动效应研究——基于高技术产业面板数据分析 [J]. 科技与经济, 2018, 31 (2): 35 –39.

[139] 周亚敏. 全球绿色治理中的美国行为与中国选择 [J]. 中国发展观察, 2019 (20): 34 –35, 64.

[140] 朱建峰, 郁培丽, 石俊国. 绿色技术创新、环境绩效、经济绩效与政府奖惩关系研究——基于集成供应链视角 [J]. 预测, 2015, 34 (5): 61 –66.

[141] Abbas A. , Avdic A. , Xiaobao P. , Hasan M. M. , Ming W. University – government collaboration for the generation and commercialization of new knowledge for use in industry [J]. Journal of Innovation & Knowledge, 2019, 4 (1): 23 –31.

[142] Abramovitz M. Catching up, forging ahead, and falling behind

［J］. Journal of Economic History, 1986: 385 −406.

［143］Acemoglu D. , Aghion P. , Bursztyn L. , Hemous D. The environment and directed technical change ［J］. The American Economic Review, 2012, 102（1）: 131 −166.

［144］Acemoglu D. , Akcigit U. , Hanley D. , Kerr W. Transition to clean technology ［J］. Journal of Political Economy, 2016, 124（1）: 52 −104.

［145］Acemoglu D. , Moscona J. , Robinson J. A. State Capacity and American Technology: Evidence from the Nineteenth Century ［J］. American Economic Review, 2016, 106（5）: 61 −67.

［146］Acemoglu D. , Zilibotti F. Productivity Differences ［J］. Quarterly Journal of Economics, 2001, 116（2）: 563 −606.

［147］Aghion P. , Blundell R. , Griffith R. , Howitt P. , Prantl S. The effects of entry on incumbent innovation and productivity ［J］. The Review of Economics and Statistics, 2009, 91（1）: 20 −32.

［148］Aghion P. , Van Reenen J. , Zingales L. Innovation and institutional ownership ［J］. American Economic Review, 2013, 103（1）: 277 −304.

［149］Ahmeda U. , Mozammelb S. , Zamanc F. Green HRM and Green Innovation: Can Green Transformational Leadership Moderate: Case of Pharmaceutical Firms in Australia ［J］. Systematic Reviews in Pharmacy, 2020, 11（7）: 616 −617.

［150］Akamatsu K. The synthetic principles of the economic development of our country ［J］. Theory of Commerce and Economics, 1932, 6: 179 −220.

［151］Ali F. , Ashfaq M. , Begum S. , Ali A. How "Green" thinking and altruism translate into purchasing intentions for electronics products: The intrinsic − extrinsic motivation mechanism ［J］. Sustainable Production and Consumption, 2020, 24: 281 −291.

［152］Altenburg T. , Schmitz H. , Stamm A. Breakthrough? China's and India's transition from production to innovation ［J］. World Development, 2008, 36（2）: 325 −344.

［153］Ambec S. , Barla P. Can environmental regulations be good for business? An assessment of the Porter hypothesis [J]. Energy Studies Review, 2006, 14 (2): 42 –62.

[154] Ambos B. , Brandl K. , Perri A. , Scalera V. G. , Van Assche A. The nature of innovation in global value chains [J]. Journal of World Business, 2021, 56 (4): 101 –121.

[155] Amores – Salvadó J. , Martín – de Castro G. , Navas – López J. E. Green corporate image: Moderating the connection between environmental product innovation and firm performance [J]. Journal of Cleaner Production, 2014, 83: 356 –365.

[156] Anderson R. G. , Chauvet M. , Jones B. Nonlinear relationship between permanent and transitory components of monetary aggregates and the economy [J]. Econometric Reviews, 2015, 34 (1 –2): 228 –254.

[157] Ar I. M. The impact of green product innovation on firm performance and competitive capability: The moderating role of managerial environmental concern [J]. Procedia – Social and Behavioral Sciences, 2012, 62: 854 –864.

[158] Arrow K. J. The economic implications of learning by doing [M]. London: Palgrave Macmillan, 1971.

[159] Asheim B. T. , Isaksen A. Regional Innovation Systems: The Integration of Local 'Sticky' and Global 'Ubiquitous' Knowledge [J]. Journal of Technology Transfer, 2002, 27 (1): 77 –86.

[160] Autant – Bernard C. , Billand P. , Frachisse D. , Massard N. Social distance versus spatial distance in R&D cooperation: Empirical evidence from European collaboration choices in micro and nanotechnologies [J]. Papers in Regional Science, 2007, 86 (3): 495 –519.

[161] Awan U. , Sroufe R. , Kraslawski A. Creativity enables sustainable development: Supplier engagement as a boundary condition for the positive effect on green innovation [J]. Journal of Cleaner Production, 2019, 226: 172 –185.

[162] Bansal P. , Roth K. Why companies go green: A model of ecological responsiveness [J]. Academy of Management Journal, 2000, 43 (4): 717 –736.

[163] Bas M. , Strauss – Kahn V. Input – trade liberalization, export prices and quality upgrading [J]. Journal of International Economics, 2015, 95 (2): 250 – 262.

[164] Beladi H. , Oladi R. Does trade liberalization increase global pollution? [J]. Resource and Energy Economics, 2011, 33 (1): 172 – 178.

[165] Ben Arfi W. , Hikkerova L. , Sahut J. M. External knowledge sources, green innovation and performance [J]. Technological Forecasting and Social Change, 2018, 129: 210 – 220.

[166] Berghman L. , Matthyssens P. , Vandenbempt K. Value innovation, deliberate learning mechanisms and information from supply chain partners [J]. Industrial Marketing Management, 2012, 41 (1): 27 – 39.

[167] Bergquist A. – K. , Söderholm K. , Kinneryd H. , Lindmark M. , Söderholm P. Command – and – control revisited: Environmental compliance and technological change in Swedish industry 1970 – 1990 [J]. Ecological Economics, 2013, 85: 6 – 19.

[168] Bernauer T. , Engel S. , Kammerer D. , Sejas Nogareda J. Explaining green innovation: Ten years after Porter's win – win proposition: How to study the effects of regulation on corporate environmental innovation? [J]. Politische Vierteljahresschrift, 2007, 39: 323 – 341.

[169] Berrone P. , Gomez – Mejia L. R. Environmental performance and executive compensation: An integrated agency – institutional perspective [J]. Academy of Management Journal, 2009, 52 (1): 103 – 126.

[170] Bloom N. , Draca M. , Van Reenen J. Trade induced technical change? The impact of Chinese imports on innovation, IT and productivity [J]. The Review of Economic Studies, 2016, 83 (1): 87 – 117.

[171] Braun E. , Wield D. Regulation as a means for the social control of technology [J]. Technology Analysis & Strategic Management, 1994, 6 (3): 259 – 272.

[172] Brezis E. S. , Krugman P. R. , Tsiddon D. Leapfrogging in international competition: A theory of cycles in national technological leadership [J].

The American Economic Review, 1993: 1211 -1219.

[173] Brunnermeier S. B. , Cohen M. A. Determinants of environmental innovation in US manufacturing industries [J]. Journal of Environmental Economics and Management, 2003, 45 (2): 278 -293.

[174] Capaldo A. , Lavie D. , Messeni Petruzzelli A. Knowledge maturity and the scientific value of innovations: The roles of knowledge distance and adoption [J]. Journal of Management, 2017, 43 (2): 503 -533.

[175] Cassiman B. , Valentini G. Open innovation: Are inbound and outbound knowledge flows really complementary? [J]. Strategic Management Journal, 2016, 37 (6): 1034 -1046.

[176] Cavallo M. , Landry A. The quantitative role of capital goods imports in US growth [J]. American Economic Review, 2010, 100 (2): 78 -82.

[177] Chan H. K. , Yee R. W. Y. , Dai J. , Lim M. K. The moderating effect of environmental dynamism on green product innovation and performance [J]. International Journal of Production Economics, 2016, 181: 384 -391.

[178] Chen Y. S. Green organizational identity: Sources and consequence [J]. Management Decision, 2011, 49: 384 -404.

[179] Chen Y. - S. The driver of green innovation and green image - green core competence [J]. Journal of Business Ethics, 2008, 81 (3): 531 - 543.

[180] Chen Y. - S. , Lai S. - B. , Wen C. - T. The influence of green innovation performance on corporate advantage in Taiwan [J]. Journal of Business Ethics, 2006, 67 (4): 331 -339.

[181] Cheng C. C. J. , Yang C. - l. , Sheu C. The link between eco - innovation and business performance: A taiwanese industry context [J]. Journal of Cleaner Production, 2014, 64: 81 -90.

[182] Chesbrough H. W. Open innovation: The new imperative for creating and profiting from technology [M]. Boston: Harvard Business Press, 2003.

[183] Chiarvesio M. , Di Maria E. , Micelli S. Global value chains and open networks: The case of Italian industrial districts [J]. European Planning

参考文献

Studies, 2010, 18 (3): 333 – 350.

[184] Chintrakarn P. Environmental regulation and US states' technical inefficiency [J]. Economics Letters, 2008, 100 (3): 363 – 365.

[185] Chung Y. H. , Färe R. , Grosskopf S. Productivity and undesirable outputs: A directional distance function approach [J]. Journal of Environmental Management, 1997 (51): 229 – 240.

[186] Chunjia H. , Thomas S. R. , Mu Y. , Ieromonachou P. , Hongru Z. Evaluating R&D investment efficiency in China's high – tech industry [J]. Journal of High Technology Management Research, 2017, 28 (1): 93 – 109.

[187] Claver E. , Lopez M. D. , Molina J. F. , Tari J. J. Environmental management and firm performance: A case study [J]. Journal of Environmental Management, 2007, 84 (4): 606 – 619.

[188] Cleff T. , Rennings K. Determinants of environmental product and process innovation [J]. European Environment, 1999, 9 (5): 191 – 201.

[189] Coe D. T. , Helpman E. International R&D spillovers [J]. European Economic Review, 1995, 39 (5): 859 – 887.

[190] Coe D. T. , Helpman E. , Hoffmaister A. W. North – south R&D spillovers [J]. The Economic Journal, 1997, 107 (440): 134 – 149.

[191] Costinot A. , Vogel J. , Wang S. An elementary theory of global supply chains [J]. Review of Economic Studies, 2013, 80 (1): 109 – 144.

[192] Damanpour F. An integration of research findings of effects of firm size and market competition on product and process innovations [J]. British Journal of Management, 2010, 21 (4): 996 – 1010.

[193] De Backer K. , Sleuwaegen L. Does foreign direct investment crowd out domestic entrepreneurship? [J]. Review of Industrial Organization, 2003, 22 (1): 67 – 84.

[194] De Stefano M. C. , Montes – Sancho M. J. , Busch T. A natural resource – based view of climate change: Innovation challenges in the automobile industry [J]. Journal of Cleaner Production, 2016, 139: 1436 – 1448.

[195] Deardorff A. V. Fragmentation in simple trade models [J]. The

North American Journal of Economics and Finance, 2001, 12 (2): 121 – 137.

[196] Defraigne J. C. Chinese outward direct investments in Europe and the control of the global value chain [J]. Asia Europe Journal, 2017, 15: 213 – 228.

[197] Dianxi Hu, Jianling Jiao, Chuxi Chen, Renqiao Xiao, Yunshu Tang*. Does global value chain embeddedness matter for green innovation value chain? [J]. Frontiers in Environmental Science, Volume 10, 2022, 779617.

[198] Dianxi Hu, Jianling Jiao, Yunshu Tang*, Xiaofei Han, Huaping Sun. The effect of global value chain position on green technology innovation efficiency: From the perspective of environmental regulation [J]. Ecological Indicators, Volume 121, 2021, 107195.

[199] Dianxi Hu, Jianling Jiao, Yunshu Tang*, Yuwen Xu, Jianrui Zha. How global value chain participation affects green technology innovation processes: A moderated mediation model [J]. Technology in Society, Volume 68, 2022, 101916.

[200] Doytch N. , Narayan S. Does FDI influence renewable energy consumption? An analysis of sectoral FDI impact on renewable and non – renewable industrial energy consumption [J]. Energy Economics, 2016, 54: 291 – 301.

[201] Eaton J. , Kortum S. Trade in capital goods [J]. European Economic Review, 2001, 45 (7): 1195 – 1235.

[202] Eiadat Y. , Kelly A. , Roche F. , Eyadat H. Green and competitive? An empirical test of the mediating role of environmental innovation strategy [J]. Journal of World Business, 2008, 43 (2): 131 – 145.

[203] El – Kassar A. – N. , Singh S. K. Green innovation and organizational performance: The influence of big data and the moderating role of management commitment and HR practices [J]. Technological Forecasting and Social Change, 2019, 144: 483 – 498.

[204] Erdogan A. M. Bilateral trade and the environment: A general equilibrium model based on new trade theory [J]. International Review of Economics & Finance, 2014, 34: 52 – 71.

[205] Feder G. On exports and economic growth [J]. Journal of Development Economics, 1983, 12 (1 – 2): 59 – 73.

[206] Feenstra R. C. , Hanson G. H. Foreign direct investment and relative wages: Evidence from Mexico's maquiladoras [J]. Journal of International Economics, 1997, 42 (3 – 4): 371 – 393.

[207] Frankel J. A. , Rose A. K. Is trade good or bad for the environment? Sorting out the causality [J]. Review of Economics and Statistics, 2005, 87 (1): 85 – 91.

[208] Frantzen D. The causality between R&D and productivity in manufacturing: An international disaggregate panel data study [J]. International Review of Applied Economics, 2003, 17 (2): 125 – 146.

[209] Freeman C. , Soete L. The economics of industrial innovation [M]. Psychology Press, 1997.

[210] Fujii H. , Managi S. , Kaneko S. Decomposition analysis of air pollution abatement in China: Empirical study for ten industrial sectors from 1998 to 2009 [J]. Journal of Cleaner Production, 2013, 59: 22 – 31.

[211] Furman J. L. , Porter M. E. , Stern S. The determinants of national innovative capacity [J]. Research Policy, 2002, 31 (6): 899 – 933.

[212] Gavronski I. , Klassen R. D. , Vachon S. , do Nascimento L. F. M. A resource – based view of green supply management [J]. Transportation Research Part E: Logistics and Transportation Review, 2011, 47 (6): 872 – 885.

[213] Ge J. , Fu Y. , Xie R. , Liu Y. , Mo W. The effect of GVC embeddedness on productivity improvement: From the perspective of R&D and government subsidy [J]. Technological Forecasting and Social Change, 2018, 135: 22 – 31.

[214] Geffen C. A. Radical innovation in environmental technologies: The influence of federal policy [J]. Science and Public Policy, 1995, 22 (5): 313 – 323.

[215] Gereffi G. International trade and industrial upgrading in the apparel

commodity chain [J]. Journal of International Economics, 1999, 48 (1): 37 –
70.

[216] Gereffi G. The organization of buyer – driven global commodity
chains: How U. S. retailers shape overseas production networks [M]. Westport:
Praeger, 1994.

[217] Gereffi G. , Humphrey J. , Sturgeon T. The governance of global
value chains [J]. Review of International Political Economy, 2005, 12 (1):
78 – 104.

[218] Gereffi G. , Lee J. Why the world suddenly cares about global sup-
ply chains [J]. Journal of Supply Chain Management, 2012, 48 (3): 24 – 32.

[219] Gerschenkron A. Economic Backwardness in Historical Perspective
[J]. The Political Economy Reader: Markets as Institutions, 1962: 211 –
228.

[220] Ghisetti C. , Quatraro F. Green technologies and environmental pro-
ductivity: A cross – sectoral analysis of direct and indirect effects in Italian re-
gions [J]. Ecological Economics, 2017, 132: 1 – 13.

[221] Ghisetti C. , Rennings K. Environmental innovations and profitabili-
ty: How does it pay to be green? An empirical analysis on the German innovation
survey [J]. Journal of Cleaner Production, 2014, 75: 106 – 117.

[222] Glass A. J. , Saggi K. Innovation and wage effects of international
outsourcing [J]. European Economic Review, 2001, 45 (1): 67 – 86.

[223] Glückler J. Knowledge, networks and space: Connectivity and the
problem of non – interactive learning [J]. Regional Studies, 2013, 47 (6):
880 – 894.

[224] Guan J. C. , Yan Y. Technological proximity and recombinative in-
novation in the alternative energy field [J]. Research Policy, 2016, 45 (7):
1460 – 1473.

[225] Guan J. , Chen K. Measuring the innovation production process: A
cross – region empirical study of China's high – tech innovations [J]. Technova-
tion, 2010, 30 (5 – 6): 348 – 358.

［226］Guan J. , Chen K. Modeling the relative efficiency of national innovation systems ［J］. Research Policy, 2012, 41 （1）: 102 – 115.

［227］Hage J. , Hollingsworth J. R. A strategy for the analysis of idea innovation networks and institutions ［J］. Organization Studies, 2000, 21 （5）: 971 – 1004.

［228］Hall L. A. , Bagchi – Sen S. A study of R&D, innovation, and business performance in the Canadian biotechnology industry ［J］. Technovation, 2002, 22 （4）: 231 – 244.

［229］Hansen B. E. Threshold effects in non – dynamic panels: Estimation, testing, and inference ［J］. Journal of Econometrics, 1999, 93 （2）: 345 – 368.

［230］Hansen M. T. , Birkinshaw J. The innovation value chain ［J］. Harvard Business Review, 2007, 85 （6）: 121.

［231］Hellström T. Dimensions of environmentally sustainable innovation: The structure of eco – innovation concepts ［J］. Sustainable Development, 2007, 15 （3）: 148 – 159.

［232］Hemmelskamp J. Environmental policy instruments and their effects on innovation ［J］. European Planning Studies, 1997, 5 （2）: 177 – 194.

［233］Hojnik J. , Ruzzier M. The driving forces of process eco – innovation and its impact on performance: Insights from slovenia ［J］. Journal of Cleaner Production, 2016, 133: 812 – 825.

［234］Hou J. , Teo T. S. H. , Zhou F. , Lim M. K. , Chen H. Does industrial green transformation successfully facilitate a decrease in carbon intensity in China? An environmental regulation perspective ［J］. Journal of Cleaner Production, 2018, 184: 1060 – 1071.

［235］Hu D. , Wang Y. , Huang J. , Huang H. How do different innovation forms mediate the relationship between environmental regulation and performance? ［J］. Journal of Cleaner Production, 2017, 161: 466 – 476.

［236］Hummels D. , Ishii J. , Yi K. – M. The nature and growth of vertical specialization in world trade ［J］. Journal of International Economics, 2001,

54 (1): 75 –96.

[237] Humphrey J. , Schmitz H. How does insertion in global value chains affect upgrading in industrial clusters? [J]. Regional Studies, 2002, 36 (9): 1017 –1027.

[238] Hyun O. D. A global Malmquist – Luenberger productivity index [J]. Journal of Productivity Analysis, 2010, 34 (3): 183 –197.

[239] Ivarsson I. , Alvstam C. G. Supplier upgrading in the home – furnishing value chain: An empirical study of IKEA's sourcing in China and South East Asia [J]. World Development, 2010, 38 (11): 1575 –1587.

[240] Ji Z. , Li P. , Zheng X. Manufacturing agglomeration and environmental efficiency in China: Insights from the panel threshold model [J]. Transformations in Business & Economics, 2019, 18 (1): 257 –277.

[241] Jiao J. , Chen C. , Bai Y. Is green technology vertical spillovers more significant in mitigating carbon intensity? Evidence from Chinese industries [J]. Journal of Cleaner Production, 2020, 257: 120354.

[242] Kammerer D. The effects of customer benefit and regulation on environmental product innovation: Empirical evidence from appliance manufacturers in Germany [J]. Ecological Economics, 2009, 68 (8 –9): 2285 –2295.

[243] Kemp R. , Pontoglio S. The innovation effects of environmental policy instruments——A typical case of the blind men and the elephant? [J]. Ecological Economics, 2011, 72: 28 –36.

[244] King A. , Lenox M. Exploring the locus of profitable pollution reduction [J]. Management Science, 2002, 48 (2): 289 –299.

[245] Koenker R. , Bassett Jr G. Regression Quantiles [J]. Econometrica: Journal of the Econometric Society, 1978: 33 –50.

[246] Kogut B. Designing global strategies: Comparative and competitive value – added chains [J]. Sloan Management Review, 1985, 26 (4): 15.

[247] Koopman R. , Powers W. , Wang Z. , Wei S. – J. Give credit where credit is due: Tracing value added in global production chains [R]. NBER Working Paper, 2010.

参考文献

［248］Koopman R. , Wang Z. , Wei S. J. Estimating domestic content in exports when processing trade is pervasive ［J］. Journal of Development Economics, 2012, 99 （1）: 178 - 189.

［249］Kriechel B. , Ziesemer T. The environmental Porter hypothesis: Theory, evidence, and a model of timing of adoption ［J］. Economics of Innovation and New Technology, 2009, 18 （3）: 267 - 294.

［250］Kummritz V. , Taglioni D. , Winkler D. E. Economic upgrading through global value chain participation: Which policies increase the value - added gains? ［R］. World Bank Policy Research Working Paper, 2017.

［251］Lanoie P. , Patry M. , Lajeunesse R. Environmental regulation and productivity: New findings on the Porter hypothesis ［J］. Journal of Productivity Analysis, 2008, 30 （2）: 121 - 128.

［252］Lanoie P. , Patry M. , Lajeunesse R. Environmental regulation and productivity: Testing the Porter Hypothesis ［J］. Journal of Productivity Analysis, 2008, 30 （2）: 121 - 128.

［253］Lee D. S. , Lemieux T. Regression discontinuity designs in economics ［J］. Journal of Economic Literature, 2010, 48 （2）: 281 - 355.

［254］Lee J. , Veloso F. M. , Hounshell D. A. , Rubin E. S. Forcing technological change: A case of automobile emissions control technology development in the US ［J］. Technovation, 2010, 30 （4）: 249 - 264.

［255］Lee K. , Malerba F. Catch - up cycles and changes in industrial leadership: Windows of opportunity and responses of firms and countries in the evolution of sectoral systems ［J］. Research Policy, 2017, 46 （2）: 338 - 351.

［256］Lee K. , Malerba F. , Primi A. The fourth industrial revolution, changing global value chains and industrial upgrading in emerging economies ［J］. Journal of Economic Policy Reform, 2020, 23 （4）: 359 - 370.

［257］Leonidou L. C. , Christodoulides P. , Kyrgidou L. P. , Palihawadana D. Internal drivers and performance consequences of small firm green business strategy: The moderating role of external forces ［J］. Journal of Business Ethics, 2017, 140 （3）: 585 - 606.

[258] Letchumanan R. , Kodama F. Reconciling the conflict between the "pollution – haven" hypothesis and an emerging trajectory of international technology transfer [J]. Research Policy, 2000, 29 (1): 59 – 79.

[259] Li B. , Wu S. Effects of local and civil environmental regulation on green total factor productivity in China: A spatial Durbin econometric analysis [J]. Journal of Cleaner Production, 2017, 153: 342 – 353.

[260] Li D. , Zheng M. , Cao C. , Chen X. , Ren S. , Huang M. The impact of legitimacy pressure and corporate profitability on green innovation: Evidence from China top 100 [J]. Journal of Cleaner Production, 2017, 141: 41 – 49.

[261] Li Y. F. , Ji Q. , Zhang D. Y. Technological catching up and innovation policies in China: What is behind this largely successful story? [J]. Technological Forecasting and Social Change, 2020, 153: 119918.

[262] Liao Z. Environmental policy instruments, environmental innovation and the reputation of enterprises [J]. Journal of Cleaner Production, 2018, 171: 1111 – 1117.

[263] Liao Z. Temporal cognition, environmental innovation, and the competitive advantage of enterprises [J]. Journal of Cleaner Production, 2016, 135: 1045 – 1053.

[264] Lin H. , Zeng S. X. , Ma H. Y. , Qi G. Y. , Tam V. W. Y. Can political capital drive corporate green innovation? Lessons from China [J]. Journal of Cleaner Production, 2014, 64: 63 – 72.

[265] Lin R. – J. , Tan K. – H. , Geng Y. Market demand, green product innovation, and firm performance: Evidence from Vietnam motorcycle industry [J]. Journal of Cleaner Production, 2013, 40: 101 – 107.

[266] ling Guo L. , Qu Y. , Tseng M. – L. The interaction effects of environmental regulation and technological innovation on regional green growth performance [J]. Journal of Cleaner Production, 2017, 162: 894 – 902.

[267] Liu H. , Li J. , Long H. , Li Z. , Le C. Promoting energy and environmental efficiency within a positive feedback loop: Insights from global value

参考文献

211

chain [J]. Energy Policy, 2018, 121: 175 – 184.

[268] Liu Q. , Wang Q. Pathways to SO2 emissions reduction in China for 1995 – 2010: Based on decomposition analysis [J]. Environmental Science & Policy, 2013, 33: 405 – 415.

[269] Liu X. , Siler P. , Wang C. , Wei Y. Productivity spillovers from foreign direct investment: Evidence from UK industry level panel data [J]. Journal of International Business Studies, 2000, 31 (3): 407 – 425.

[270] Liu Y. L. , Li Z. H. , Yin X. M. Environmental regulation, technological innovation and energy consumption——A cross – region analysis in China [J]. Journal of Cleaner Production, 2018, 203: 885 – 897.

[271] Love J. H. , Roper S. , Du J. The innovation value chain [J]. Journal of Product Innovation Management, 2006, 29 (5): 839 – 860.

[272] Lu Y. China's electrical equipment manufacturing in the global value chain: A GVC income analysis based on World Input – Output Database (WIOD) [J]. International Review of Economics & Finance, 2017, 52: 289 – 301.

[273] Markusen J. R. Location choice, environmental quality and public policy [J]. Handbook of Environmental and Resource Economics, 1999: 569 – 580.

[274] Marshall J. J. , Vredenburg H. An empirical study of factors influencing innovation implementation in industrial sales organizations [J]. Journal of the Academy of Marketing Science, 1992, 20 (3): 205 – 215.

[275] Martinez – Ros E. Explaining the decisions to carry out product and process innovations: the Spanish case [J]. The Journal of High Technology Management Research, 1999, 10 (2): 223 – 242.

[276] Maurer A. , Degain C. Globalization and trade flows: What you see is not what you get! [J]. Journal of International Commerce, Economics and Policy, 2012, 3 (3): 1250019.

[277] Melitz M. J. The impact of trade on intra – industry reallocations and aggregate industry productivity [J]. Econometrica, 2003, 71 (6): 1695 –

1725.

[278] Melitz M. J. , Ottaviano G. I. P. Market size, trade, and productivity [J]. The Review of Economic Studies, 2008, 75 (1): 295 –316.

[279] Mendoza R. U. Trade – induced learning and industrial catch – up [J]. The Economic Journal, 2010, 120 (546): 313 –350.

[280] Mudambi R. Location, control and innovation in knowledge – intensive industries [J]. Journal of Economic Geography, 2008, 8 (5): 699 –725.

[281] Naveed K. , Watanabe C. , Neittaanmaki P. The transformative direction of innovation toward an IoT – based society – increasing dependency on uncaptured GDP in global ICT firms [J]. Technology in Society, 2018, 53: 23 –46.

[282] Oke, Adegoke. Innovation types and innovation management practices in service companies [J]. International Journal of Operations & Production Management, 2007, 27 (6): 564 –587.

[283] Pavlinek, Petr, Zizalova. Linkages and spillovers in global production networks: Firm – level analysis of the Czech automotive industry [J]. Journal of Economic Geography, 2016, 16 (2): 331 –363.

[284] Peretto P. F. Endogenous market structure and the growth and welfare effects of economic integration [J]. Journal of International Economics, 2003, 60 (1): 177 –201.

[285] Porter M. E. America's green strategy [J]. Scientific American, 1991, 264 (4): 193 –246.

[286] Porter M. E. , Linde C. V. D. Toward a new conception of the environment – competitiveness relationship [J]. Journal of Economic Perspectives, 2005, 9 (4): 97 –118.

[287] Porter M. , Van der Linde C. Green and competitive: Ending the stalemate [J]. Harvard Business Review, 1995 (73): 120 –134.

[288] Ramanathan R. , He Q. , Black A. , Ghobadian A. , Gallear D. Environmental regulations, innovation and firm performance: A revisit of the Porter hypothesis [J]. Journal of Cleaner Production, 2017, 155: 79 –92.

[289] Rennings K. Redefining innovation—eco – innovation research and the contribution from ecological economics [J]. Ecological Economics, 2000, 32 (2): 319 –332.

[290] Rennings K. , Ziegler A. , Ankele K. , Hoffmann E. The influence of different characteristics of the EU environmental management and auditing scheme on technical environmental innovations and economic performance [J]. Ecological Economics, 2006, 57 (1): 45 –59.

[291] Roberts E. B. What we've learned: Managing invention and innovation [J]. Research – Technology Management, 1988, 31 (1): 11 –29.

[292] Romer P. New goods, old theory, and the welfare costs of trade restrictions [J]. Journal of Development Economics, 1994, 43 (1): 5 –38.

[293] Roper S. , Du J. , Love J. H. Modelling the innovation value chain [J]. Research Policy, 2008, 37 (6 –7): 961 –977.

[294] Salomon R. , Jin B. Do leading or lagging firms learn more from exporting? [J]. Strategic Management Journal, 2010, 31 (10): 1088 –1113.

[295] Sampath P. G. , Vallejo B. Trade, Global Value Chains and Upgrading: What, When and How? [J]. European Journal of Development Research, 2018, 30 (3): 481 –504.

[296] Sartzetakis E. S. , Constantatos C. Environmental regulation and international trade [J]. Journal of Regulatory Economics, 1995, 8 (1): 61 –72.

[297] Schmitz H. , Knorringa P. Learning from global buyers [J]. Journal of Development Studies, 2000, 37 (2): 177 –205.

[298] Seker M. , Rodriguez – Delgado J. D. , Ulu M. Imported intermediate goods and product innovation: Evidence from India [R]. World Bank Working Paper, 2011.

[299] Severo E. A. , de Guimaraes J. C. F. , Dorion E. C. H. Cleaner production and environmental management as sustainable product innovation antecedents: A survey in Brazilian industries [J]. Journal of Cleaner Production, 2017, 142: 87 –97.

[300] Shu – Hsien L. , Chih – Chiang C. , Da – Chian H. , Yu – chun

C. , Min – Ju Y. Developing a sustainable competitive advantage: Absorptive capacity, knowledge transfer and organizational learning [J]. Journal of Technology Transfer, 2017, 42 (6): 1431 –1450.

[301] Song M. , Wang S. Participation in global value chain and green technology progress: Evidence from big data of Chinese enterprises [J]. Environmental Science and Pollution Research, 2017, 24 (2): 1648 –1661.

[302] Song M. , Wang S. , Zhang H. Could environmental regulation and R&D tax incentives affect green product innovation? [J]. Journal of Cleaner Production, 2020, 258: 120849.

[303] Stalley P. Can Trade Green China? Participation in the global economy and the environmental performance of Chinese firms [J]. Journal of Contemporary China, 2009, 18 (61): 567 –590.

[304] Sterner T. , Turnheim B. Innovation and diffusion of environmental technology: Industrial NOx abatement in Sweden under refunded emission payments [J]. Ecological Economics, 2009, 68 (12): 2996 –3006.

[305] Stucki T. , Woerter M. , Arvanitis S. , Peneder M. , Rammer C. How different policy instruments affect green product innovation: A differentiated perspective [J]. Energy Policy, 2018, 114: 245 –261.

[306] Sun H. , Edziah B. K. , Sun C. , Kporsu A. K. Institutional quality, green innovation and energy efficiency [J]. Energy Policy, 2019, 135: 111002.

[307] Tian X. , Rui W. , Geng Y. , Bleischwitz R. , Che Y. Environmental and resources footprints between China and EU countries [J]. Journal of Cleaner Production, 2017, 168: 322 –330.

[308] Tian Y. , Xiong S. , Ma X. , Ji J. Structural path decomposition of carbon emission: A study of China's manufacturing industry [J]. Journal of Cleaner Production, 2018, 193: 563 –574.

[309] Tone K. A slacks – based measure of efficiency in data envelopment analysis [J]. European Journal of Operational Research, 2001, 130 (3): 498 –509.

[310] Tone K. , Tsutsui M. An epsilon – based measure of efficiency in

DEA——A third pole of technical efficiency [J]. European Journal of Operational Research, 2010, 207 (3): 1554 – 1563.

[311] Tone K. , Tsutsui M. Dynamic DEA: A slacks – based measure approach [J]. Omega – International Journal of Management Science, 2010, 38 (3 –4): 145 – 156.

[312] Trienekens J, van Dijk M P. Global value chains: Linking local producers from developing countries to international markets [M]. Amsterdam University Press, 2011.

[313] Tschang F. T. , Goldstein A. The Outsourcing of "Creative" Work and the Limits of Capability: The Case of the Philippines' Animation Industry [J]. IEEE Transactions on Engineering Management, 2010, 57 (1): 132 – 143.

[314] Tseng M. – L. , Wang R. , Chiu A. S. F. , Geng Y. , Lin Y. H. Improving performance of green innovation practices under uncertainty [J]. Journal of Cleaner Production, 2013, 40: 71 – 82.

[315] Utterback J. M. , Abernathy W. J. A dynamic model of process and product innovation [J]. Omega, 1975, 3 (6): 639 – 656.

[316] Wagner M. On the relationship between environmental management, environmental innovation and patenting: Evidence from German manufacturing firms [J]. Research Policy, 2007, 36 (10): 1587 – 1602.

[317] Wagner M. , Llerena P. Eco – innovation through Integration, regulation and cooperation: Comparative insights from case studies in three manufacturing sectors [J]. Industry and Innovation, 2011, 18 (8): 747 – 764.

[318] Wang H. R. , Cui H. R. , Zhao Q. Z. Effect of green technology innovation on green total factor productivity in China: Evidence from spatial Durbin model analysis [J]. Journal of Cleaner Production, 2021, 288: 125624.

[319] Wang M. , Li Y. , Li J. , Wang Z. Green process innovation, green product innovation and its economic performance improvement paths: A survey and structural model [J]. Journal of Environmental Management, 2021: 120849.

[320] Wang X. , Zhang C. , Zhang Z. Pollution haven or porter? The impact of environmental regulation on location choices of pollution – intensive firms in China [J]. Journal of Environmental Management, 2019, 248: 109 – 248.

[321] Wang Z. , Wei S. – J. , Yu X. , Zhu K. Measures of participation in global value chains and global business cycles [R]. National Bureau of Economic Research, 2017.

[322] Watanabe M. , Tanaka K. Efficiency analysis of Chinese industry: A directional distance function approach [J]. Energy Policy, 2007, 35 (12): 6323 – 6331.

[323] Wernerfelt B. A resource – based view of the firm [J]. Strategic Management Journal, 1984, 5 (2): 171 – 180.

[324] Xie X. , Huo J. , Zou H. Green process innovation, green product innovation, and corporate financial performance: A content analysis method [J]. Journal of Business Research, 2019, 101: 697 – 706.

[325] Xu L. , Fan M. T. , Yang L. L. , Shao S. Heterogeneous green innovations and carbon emission performance: Evidence at China's city level [J]. Energy Economics, 2021 (99): 105269.

[326] Yang C. , Yang H. Research on spatial – temporal differentiation of the coupling coordination degree between cleaner production technology innovation and end – of – pipe treatment technology innovation based on provincial panel data of 2003 – 2013 [J]. Science and Technology Management Research, 2016, 18: 137 – 143.

[327] Yang G. , Zha D. , Wang X. , Chen Q. Exploring the nonlinear association between environmental regulation and carbon intensity in China: The mediating effect of green technology [J]. Ecological Indicators, 2020, 114: 106309.

[328] Yang N, Hong J, Wang H, et al. Global value chain, industrial agglomeration and innovation performance in developing countries: Insights from China's manufacturing industries [J]. Technology Analysis & Strategic Management, 2020, 32 (11): 1307 – 1321.

[329] Yu C. , Luo Z. What are China's real gains within global value chains? Measuring domestic value added in China's exports of manufactures [J]. China Economic Review, 2018, 47: 263 –273.

[330] Zarębska J. , Michalska M. Ecological innovations as a chance for sustainable development – directions and obstacles in their implementation [J]. Management, 2016, 20 (2): 49 –64.

[331] Zhang B. , Luo Y. , Chiu Y. – H. Efficiency evaluation of China's high – tech industry with a multi – activity network data envelopment analysis approach [J]. Socio – Economic Planning Sciences, 2019, 66: 2 –9.

[332] Zhang D. , Du P. , Chen Y. Can designed financial systems drive out highly polluting firms? An evaluation of an experimental economic policy [J]. Finance Research Letters, 2019 (31): 218 –224.

[333] Zhu B. , Zhang M. , Huang L. , Wang P. , Su B. , Wei Y. – M. Exploring the effect of carbon trading mechanism on China's green development efficiency: A novel integrated approach [J]. Energy Economics, 2020, 85: 104601.